LA MAFIA
À HOLLYWOOD

Dans la collection Poche-Documents :

Tim Adler, *La Mafia à Hollywood*
Éric Alary, *Les Grandes Affaires criminelles en France*
Robert Broussard, *Mémoires du commissaire Broussard*
Lydia Cacho, *Trafics de femmes*
Philippe Durant, *Haute Protection*
Yvonnick Denoël, *Les Guerres secrètes du Mossad*
Jean Garrigues, *Les Scandales de la République*
Nicolas Lebourg/Joseph Beauregard, *Dans l'ombre des Le Pen*
Philippe Lobjois, *Mercenaire de la République*
Lœtitia Nathan, *Planète serial killers*
Patrick Pesnot/M. X, *Les Espions russes de Staline à Poutine*
Patrick Pesnot/M. X, *Les Dessous de la Françafrique*
Patrick Pesnot/M. X, *Morts suspectes sous la Vᵉ République*
Patrick Pesnot/M. X, *Les Grands Espions du XXᵉ siècle*
Patrick Pesnot/M. X, *La Face cachée de l'Amérique*
Franck Renaud, *Les Diplomates*
Mohamed Sifaoui, *Histoire secrète de l'Algérie indépendante*
Yvan Stefanovitch, *Aux frais de la princesse*
Jean-Michel Verne, *Main basse sur Marseille... et la Corse*
David Yallop, *Le Pape doit mourir*

Suivi éditorial : Sabine Sportouch
Corrections : Catherine Garnier
Maquette : Farida Jeannet

21, square Saint-Charles – 75012 Paris
ISBN : 978-2-84736-648-8
Dépôt légal : mai 2011
Imprimé en Italie par Grafica Veneta

Tim Adler

LA MAFIA À HOLLYWOOD

Traduit de l'anglais par Muriel Levet

nouveau monde éditions

À Jack et Theo.

« Harry, ce type est un escroc. »
« Et alors ? Il devrait se sentir comme chez lui, dans cette ville. »

Le producteur Harry Zimm
au sujet de l'usurier de la Mafia Chili Palmer
dans *Zigzag Movie* d'Elmore Leonard.

Introduction

Mes parents ont visité New York pour la première fois en 1957. Un matin, il y eut une telle agitation devant leur hôtel que ma mère pensa d'abord que Marilyn Monroe venait d'arriver. Puis, par la vitre d'une porte du hall de l'hôtel, elle aperçut un homme mort étendu sur un siège de barbier. Ce que ma mère venait de voir, c'était une scène de crime, le lieu où l'on venait d'assassiner le mafioso Albert Anastasia.

Anastasia était surnommé par les membres de la Mafia « *the Executioner* » ou « *the Mad Hatter*[1] ». Le comique Jerry Lewis a raconté qu'un soir des années 1950 où il se produisait dans une salle de New York appelée le Copacabana Club, il s'était moqué d'un homme qui se trouvait dans le public. Lewis ignorait que sa victime n'était autre qu'Anastasia. Fort heureusement, Dean Martin intervint à temps pour empêcher son ami de dire quelque chose qu'il aurait pu regretter. Des années plus tard, Lewis se souvenait toujours de ce soir-là – le comique disait que s'il ne pouvait pas les voir, il sentait les yeux froids comme l'acier du gangster qui le frappaient comme des balles.

Anastasia avait fait fortune en prenant le contrôle des docks de Brooklyn, qui étaient à l'époque le point d'entrée de presque toutes les marchandises importées par les États-Unis (et de presque toutes les marchandises exportées). Les quatre mille dockers travail-

1. « Le Bourreau » ou « Le Chapelier Fou » (*N.d.T.*).

lant dans les trois cents ports en eau profonde répartis sur les quais de Brooklyn allaient tous finir sous le contrôle d'Anastasia. Avant de charger les marchandises sur les bateaux, les dockers prenaient ce qu'ils voulaient et remettaient une partie de leur butin aux mafiosi qui les surveillaient. Le film *Sur les quais* (1954) montre bien comment la Mafia intimidait les dockers en décidant de qui avait le droit ou non de travailler tel ou tel jour. Mais Anastasia ne pouvait se contenter de n'être qu'un *capo*, ou chef de rue, des docks. Il assassina son propre *don*, Vincent Mangano, et devint l'homme de main de Frank Costello, chef des cinq familles de mafiosi de New York.

Puis Anastasia se trouva mêlé à une lutte de pouvoir qui éclata au sein de la Mafia. Vito Genovese cherchait à prendre le contrôle de la pègre new-yorkaise, ou comme on l'appelait à cette époque, du *Syndicate*. Genovese était déterminé à prendre la place de Costello – l'homme à la voix rocailleuse et sifflante qui fut l'une des sources d'inspiration de Marlon Brando pour son interprétation de Corleone dans *Le Parrain* – et à devenir le *capo di tutti capi*, le chef des chefs. Il persuada Carlo Gambino, bras droit d'Anastasia et autre source d'inspiration pour Brando –, de se joindre à lui. Mais avant d'évincer Costello, Genovese devait se charger du sort d'Anastasia.

Gambino justifia le meurtre d'Anastasia en expliquant à la Commission le comité de direction des cinq « familles » – que le chef des quais s'était rendu coupable de faire payer aux néophytes une somme de 40 000 dollars pour les initier à la Mafia, une pratique en rupture avec la tradition qui déplut aux dons. Gambino rassembla alors un trio d'assassins, les frères Gallo – Joe (« *Crazy* Joe »), Larry (« *Kid Twist* ») et Albert (« *Kid*

Blast »)[2] – à qui il demanda d'éliminer le gangster de Brooklyn.

Le 25 octobre 1957, deux hommes entrèrent dans le Park Sheraton Hotel, où Anastasia était assis sur un siège de barbier. Il avait des serviettes enroulées autour du visage. Les assassins tirèrent plusieurs fois à l'arrière du crâne du gangster. Les jambes d'Anastasia se soulevèrent et retombèrent si fort qu'elles brisèrent le repose-pieds.

Avant même que ma mère ne me parle de ce jour où elle avait pensé que les gens qui s'étaient pressés autour du Park Sheraton étaient venus pour accueillir Marilyn Monroe, j'avais dans l'idée que, d'une façon ou d'une autre, la Mafia et Hollywood étaient deux entités entrelacées.

En approfondissant les recherches, on découvre que non seulement la pègre apparaît en filigrane tout au long de l'histoire du cinéma, mais aussi que, dans certains cas, la Mafia et Hollywood ne sont qu'une seule et même chose. L'industrie du rêve s'est toujours appuyée sur une réalité ancrée dans le crime. La Mafia a intimidé des acteurs et des producteurs en les menaçant des années 1930 – période où elle extorquait aux studios 1,5 million de dollars par an (l'équivalent de 14 millions de dollars actuels) – à notre époque, où des membres de la famille Gambino ont été emprisonnés pour avoir menacé l'acteur Steven Seagal.

Dans une certaine mesure, on peut d'ailleurs dire que Hollywood et la pègre font partie du même milieu. Depuis des siècles, le monde du spectacle a une réputation douteuse. Ce milieu a toujours été peuplé de

2. « Joe le Fou », « le Tortilleur » (référence à une friandise et/ou à la façon dont Larry étranglait les gens ; ce surnom était aussi celui d'autres illustres gangsters) et « l'Exploseur » (*N.d.T.*).

ménestrels vagabonds, de bonimenteurs de foires, d'imprésarios exploiteurs, et autres escrocs. Le cinéma et le crime organisé offrent tous deux aux gens ce qu'ils demandent. L'un vend de l'évasion par le biais de jolies images et l'autre de l'oubli par le biais de drogue, de sexe et de jeu. « Nos gars ont toujours été attirés par le spectacle, c'est un truc naturel », disait le chef de syndicat et associé de la Mafia Max « *the Butcher*[3] » Block.

L'historien David Thomson souligne qu'à l'âge d'or de Hollywood, les magnats du cinéma se comportaient souvent comme des gangsters. Il s'agissait pour eux d'une façon de jouer les durs et de faire impression sur leurs concurrents. Louis B. Mayer, dirigeant de la MGM, était très ami avec Frank Orsatti, un ancien gangster devenu agent ; et le mafioso Johnny Rosselli était tellement proche de Harry Cohn, dirigeant de la Columbia, que les deux hommes portaient des bagues identiques. Frank Renzulli, l'un des producteurs délégués des *Soprano*, a un jour dit que tout au long de l'histoire du show business, les producteurs avaient aimé être associés aux gangsters. Le cinéma en est ainsi venu à croire au mythe qu'il avait lui-même créé en présentant les gangsters sous un angle glamour plutôt que comme de simples escrocs et truands. Henry Hill, gangster de Brooklyn qui allait plus tard être incarné par Ray Liotta dans *Les Affranchis* (1990), a déclaré : « Tous les gens du cinéma veulent copiner avec les voyous. Les voyous sont comme des bijoux avec lesquels vous pouvez parader pendant les dîners en ville. » La journaliste people Hedda Hopper faisait remarquer que le contraire était aussi vrai – les criminels adorent fréquenter les célébrités.

---

3. « Le Boucher » (*N.d.T.*).

C'est d'ailleurs Hollywood qui a appris aux gangsters à s'habiller et à se comporter. Les véritables gangsters étaient pour la plupart des gens grossiers et incultes. Johnny Rosselli, qui fut pendant des années le représentant de l'*Outfit* sur la côte ouest, était illettré. Mais les gangsters de cinéma, tels Humphrey Bogart et George Raft – acteur qui, dans la vraie vie, était protégé par la Mafia et avait pour meilleur ami Benjamin « Bugsy » Siegel, gangster qui contrôlait le syndicat des figurants de Hollywood – étaient élégants et laconiques. Raft apprit aux voyous à s'habiller – chemise noire et cravate blanche – tandis que Bogart leur apprit à s'exprimer. Dans *Le Grand Sommeil*, Raymond Chandler écrit : « Il parlait avec la voix étudiée et désinvolte des acteurs qui jouent les durs à l'écran... C'était le cinéma qui avait fait de lui ce qu'il était. » Le gangster britannique Reggie Kray copiait le style de Raft, et avait par exemple demandé à son tailleur de reproduire les costumes croisés bleus de l'acteur. Pour ses interprétations, Raft s'était quant à lui inspiré de Joey Adonis, gangster new-yorkais associé à Charles « *Lucky*[4] » Luciano. Ce ne fut qu'après la sortie du film *Le Parrain* que les gangsters se mirent à utiliser le terme « parrain », qui avait été inventé par Mario Puzo, et à faire revivre des coutumes archaïques, comme celle qui consistait à embrasser la bague du don. Un don sicilien demanda même à ce que la musique du film soit jouée au mariage de sa fille.

Bien sûr, si la Mafia a été attirée par Hollywood, ce fut également pour des raisons financières. Le cinéma est un excellent prétexte au blanchiment d'argent – contrairement à l'industrie de production de biens, qui a besoin de temps pour équiper ses usines avant de pouvoir com-

4. « Chanceux » (*N.d.T.*).

mencer à s'adonner à de telles activités. La production de films nécessite d'énormes quantités d'argent immédiatement utilisables. De nos jours, la production et le lancement d'un film américain moyen coûtent 96 millions de dollars. Les bénéfices se font pour la plupart dans les deux ans qui suivent la sortie du film, après son lancement dans les salles et sa diffusion en vidéo. Comme l'a déclaré une source sûre à un journaliste du *New York Times*, l'argent de la pègre a toujours réussi à trouver son chemin dans les finances du cinéma. Hank Messick, journaliste spécialisé dans le crime organisé, conclut que la Mafia a corrompu une très grosse partie du show business. Ce n'est d'après lui pas le seul milieu à avoir été infesté ; mais pour ceux qu'il appelle les « types de l'argent facile », il s'agissait d'une conquête déterminante.

Il faut aussi dire que Hollywood a souvent utilisé le même type de méthodes que la Mafia pour intimider les acteurs et voler de l'argent à ses actionnaires. En 1958, Harry Cohn, homme qui avait racheté la Columbia avec l'argent de la Mafia, menaça de rendre aveugle Sammy Davis Jr et de lui casser les deux jambes s'il ne cessait pas de voir Kim Novak. Jusqu'à la Deuxième Guerre mondiale, les dirigeants de la Metro-Goldwyn-Mayer et de la 20th Century Fox se servaient dans les caisses de leurs studios et « ponctionnaient » des millions de dollars, tout comme le feraient les mafiosi avec les casinos de Las Vegas dans les années 1960. « Personne ne sait mieux ponctionner de l'argent que les types de Las Vegas, car c'est eux qui ont inventé cette pratique », a un jour dit le réalisateur Richard Brooks. « Mais les types de Hollywood arrivent juste après eux. »

Dans les années 1970, les studios qui devaient des centaines de milliers de dollars à des acteurs ne leur payaient que la moitié de ce qu'ils leur devaient – et disaient aux comédiens que s'ils voulaient toucher le reste, ils n'avaient qu'à faire un procès. Les studios savaient bien que les acteurs n'engageraient pas de poursuites, de crainte de ne plus jamais pouvoir retrouver du travail. « D'un point de vue moral, c'est exactement la même chose que de coller un pistolet sur la tempe d'un homme pour lui voler une centaine de milliers de dollars », écrit le présentateur télé et militant anticorruption Steve Allen.

Les romans de Chandler dans lesquels le détective privé et homme ordinaire Philip Marlowe se bat contre des gangsters, des policiers corrompus et les riches parasites qui l'emploient – peuvent être considérés comme une métaphore de la relation de leur auteur avec Hollywood. Dans une lettre adressée à un ami en mai 1949, Chandler souligne l'existence de points communs entre les cadres de Hollywood et les mafiosi :

> Un jour où je regardais les studios [d'Universal] par la fenêtre de Joe Sistrom, j'ai aperçu les grands chefs qui rentraient tranquillement d'un déjeuner dans la salle à manger des cadres. J'ai été paralysé par un bonheur sinistre. On aurait dit une parfaite bande de gangsters de Chicago prêts à aller lire la sentence de mort d'un ancien concurrent. Il m'est apparu dans une sorte de flash qu'il existait un étrange parallèle psychologique et spirituel entre les agissements des grosses entreprises et les rackets. Mêmes visages, mêmes expressions, mêmes manières. Même façon de s'habiller et même liberté excessive dans les mouvements.

Les magnats du cinéma, les gangsters et les stars avaient des origines ethniques communes. À l'instar des gangsters, les magnats de Hollywood étaient soit des immigrants soit des fils d'immigrants : le père des frères Cohn était un tailleur allemand et les quatre Warner étaient les enfants d'un cordonnier polonais. Louis B. Mayer et Meyer Lansky, financier du *Syndicate*, avaient tous deux quitté leur Russie natale, et Mickey Cohen, gangster de Los Angeles, était né à New York de parents russes et juifs. Le grand-père de Frank Sinatra vivait dans le même village sicilien que Lucky Luciano. Danny Kaye avait grandi dans les mêmes rues de Brooklyn que Bugsy Siegel.

À l'instar des Siciliens de la classe ouvrière qui avaient fondé la Mafia pour se donner un sens de la cohésion et se protéger des intimidations des propriétaires terriens, les Juifs qui créèrent Hollywood tentèrent d'ériger un rempart contre l'élite protestante. Hollywood, comme l'écrit l'essayiste Neal Gabler, serait leur royaume. Et à l'instar des immigrants siciliens, la première génération de dirigeants de studios décida de s'occuper elle-même du maintien de la loi plutôt que de laisser des étrangers le faire pour eux. Comme le fait remarquer Celia Brady, narratrice du roman de Fitzgerald *Le Dernier Nabab*, « à Hollywood, on ne se mêle pas trop aux étrangers ». Ainsi, quand, en 1920, durant le scandale Fatty Arbuckle, les journalistes demandèrent au gouvernement de contrôler le milieu du cinéma, Hollywood se choisit pour représentant le censeur Will Hays. L'idée était de se donner une façade respectable, tout comme l'avait fait la Mafia. David Yallop, biographe d'Arbuckle, commente : « On avait réussi à faire de la contrebande derrière des façades de magasins de nettoyage à sec – alors pourquoi pas reproduire cette technique avec le cinéma ? »

La Mafia et les studios se sont parfois dotés d'une structure similaire, en nommant un dirigeant qui faisait office de « paratonnerre » – c'est-à-dire qui détournait l'attention du véritable conseil d'administration. Ainsi, Louis B. Mayer était le représentant de la MGM – et, pendant des années, le cadre le mieux payé d'Amérique –, mais le véritable chef du studio était Nick Schenk, président du holding new-yorkais Loew's. De même, Frank Nitti était le supposé chef de l'*Outfit* de Chicago, mais le véritable pouvoir reposait entre les mains des membres du conseil d'administration Joe « *Batters* » Accardo et Murray « *the Camel*[5] » Humphreys.

Le gangster de Chicago Johnny Rosselli a un jour expliqué que rechercher la vérité, c'était comme de peler un oignon : « Ce que vous pensez être vrai n'est pas vrai. Vous devez continuer de retirer les pelures jusqu'à ce que vous arriviez au cœur. » Mais l'une des meilleures observations qui aient jamais été faites concernant les recherches à effectuer pour découvrir la vérité sur quoi que ce soit a été prononcé dans les années 1970 au sujet du scandale du Watergate : « Suivez l'argent. » Si, à l'apogée de l'influence de la Mafia, les magnats du cinéma tels que Harry Cohn et Lew Wasserman étaient si proches des gangsters, c'était peut-être aussi parce que la pègre était disposée à investir dans le cinéma. On sait que Rosselli et son associé Mickey Cohen ont tous deux investi de l'argent dans des films. La pègre disposait de capitaux, contrôlait les syndicats et était prête à prendre de plus gros risques que Wall Street pour obtenir davantage de profits. Les banquiers conservateurs considéraient le cinéma comme un secteur insaisissable, un milieu incapable de produire des garanties de retours d'investissements, et, qui plus est, un domaine de « Juifs ». Ironiquement, la Bank of Italy était le seul éta-

5. « Le Batteur » et « Le Chameau » (*N.d.T.*).

blissement bancaire qui acceptait de prêter de l'argent aux magnats du cinéma. Sans doute les gangsters étaient-ils d'accord avec A.P. Gianinni, chef de la Bank of America et financier du cinéma, lorsqu'il disait : « Celui qui contrôle le cinéma a le pouvoir de contrôler la pensée du monde. » Aujourd'hui encore, les banquiers hésitent à prêter de l'argent à une industrie qui s'apparente plus à un jeu de hasard qu'à un marché quantifiable. Mais comme l'économie occidentale repose de plus en plus sur le divertissement dans toutes ses formes – de la télévision à la thérapie personnelle –, on peut dire que d'une certaine façon la Mafia s'est montrée tout aussi visionnaire concernant Hollywood que concernant Las Vegas.

Aujourd'hui encore, il subsiste quelques similarités entre Hollywood et la Mafia. S'il est très facile d'intégrer le monde du cinéma, dans ses plus hautes strates, Hollywood est Cosa Nostra, expression que l'on peut traduire littéralement par « Notre Chose ». « Gardez vos amis près de vous, mais gardez vos ennemis encore plus près de vous » est l'une des plus célèbres répliques du *Parrain*. Ainsi, les dirigeants de studios d'aujourd'hui s'invitent à des galas de charité, des matchs de golf opposant des célébrités, et partent même en vacances ensemble. Quand, en 2005, l'ancien agent Brad Grey a repris la Paramount, la première chose qu'il a faite a été de présenter ses hommages aux autres dirigeants de studios – le nouveau parrain visitant les autres dons. Kevin Smith, le réalisateur de *Clerks*, a comparé les cinq « familles » aux filiales spécialisées des studios – Sony Classics, Focus Features, Paramount Classics, Fine Line et Miramax. *Variety*, le quotidien de Hollywood, surnomme les cadres des studios les « *capos* », abréviation de l'expression du lexique mafieux *capo regime*, ou chef de secteur. La façon dont on devient un véritable initié de Hollywood, un « homme d'honneur », demeure mystérieuse.

La meilleure stratégie consiste sans doute à voir les choses à travers l'expression sicilienne que l'on peut traduire par « Une main lave l'autre ». Ce n'est que lorsque l'on a compris cette mentalité du donnant-donnant que l'on peut être initié aux plus hautes strates de l'industrie. Ainsi, quand l'agent Mike Ovitz menaça de détruire la carrière du scénariste Joe Eszterhas après que celui-ci eut tenté de s'engager avec une agence concurrente (Ovitz avait également dit à Eszterhas que ses « soldats qui [arpentaient] tous les jours Wilshire Boulevard lui feraient exploser la tête »), le producteur Ray Stark intervint en proposant au scénariste de lui prêter 2 millions de dollars, ce qui lui permettrait de se tenir à l'abri du besoin. Eszterhas déclina l'offre, voulant sans doute éviter d'être redevable d'un service à Stark. Car un don de la Mafia n'offre jamais son aide sans attendre quelque chose en retour.

Pour Henry Hill, gangster qui intégra le monde du spectacle, Hollywood était un milieu plus dur encore que la pègre : « En surface, ce monde semble aussi éloigné de celui des gangsters que l'on peut l'imaginer. Mais la fange qui se trouve derrière la surface est absolument écœurante. Il n'y a pas si longtemps que ça, je me disais que mes aventures [de gangster] m'avaient bien préparé à nager avec les requins dans Wilshire Boulevard ».

L'écrivain Mario Puzo ajoutait : « Le cinéma est le milieu le plus corrompu que je connaisse. Il vaut encore mieux Las Vegas que Hollywood. »

Mais le premier point commun entre Hollywood et la Mafia, c'est qu'il s'agit dans les deux cas de sociétés secrètes, dont les membres ne parlent jamais aux étrangers. Dans le monde de la Mafia, le cercle clos a juré de respecter l'*omertà*. Don Corleone dit à son fil de ne jamais révéler ce qu'il pense à quelqu'un qui ne fait pas partie de la famille. D'une façon très similaire, Hollywood se débarrasse des gens qui osent briser la « loi sacrée du silence ». Quand la productrice Julia Phillips, qui avait remporté un Oscar pour *L'Arnaque*, écrivit une autobiographie (*You'll Never Eat Lunch in This Town Again*) dans laquelle elle ridiculisait les grands noms du cinéma, elle fut mise de côté par tous les gens du milieu. Phillips mourut d'un cancer en 2002. D'un autre côté, dans son autobiographie, Dawn Steel, dirigeante de Columbia Pictures, respecta l'*omertà*. Ses pairs – dont David Geffen, l'un de ceux qui s'étaient moqués du livre de Phillips – fondèrent pour elle une association destinée à la recherche médicale. Elle mourut d'une tumeur au cerveau en 1997.

D'après l'historien du cinéma Peter Biskind, si Hollywood tend à se comporter comme la Cosa Nostra, les sociétés de production indépendantes des studios tendent à se comporter comme la *Mafya* russe : les « méchants » éliminent les « gentils ». Les majors font la même chose à Hollywood, mais avec une certaine classe – ils envoient par exemple un panier de fruits à l'assistante de leur victime.

En soulignant l'importance de la famille à une époque où les liens familiaux tendent à se disloquer, la légende de la Mafia est devenue le mythe le plus puissant d'Amérique. Ce mythe joue aussi sur le fantasme d'omnipotence : quel homme n'aimerait pas être un roi, comme Michael Corleone du *Parrain* ? Ou multiplier les aventures extraconjugales en toute impunité, comme Tony Soprano ? L'histoire de la Mafia en est arrivée à un point où elle relève davantage du mythe que de la légende. Chaque génération projette ses propres préoccupations sur les histoires de Mafia. Ainsi, par certains aspects, la vengeance de Michael Corleone, à la fin du *Parrain 2*, est une métaphore de la politique menée par l'Amérique au Vietnam (c'est en tout cas ce qu'a dit le réalisateur Francis Ford Coppola), tout comme la série *Les Soprano* reflète notre propre sentiment de malaise vis-à-vis du XXIe siècle. Lors du premier épisode, Tony Soprano résume cette impression d'être arrivé au bout de quelque chose : il explique qu'il a le sentiment que le meilleur est derrière nous, et son thérapeute lui répond que beaucoup d'Américains ressentent la même chose.

En tentant de retracer l'histoire de la corruption de Hollywood par la Mafia, on réalise rapidement que les sources ne sont qu'un palimpseste d'exagérations, de demi-vérités et de mensonges. On serait tenté de dire, tel John Milius, scénariste de *Dillinger* (1973), que si l'histoire n'est pas comme elle a été, elle est comme elle devrait être. Les sources – y compris les témoignages retranscrits au cours des auditions de 1951 ou l'enquête de 1986 sur le crime organisé à Hollywood – ont été élimées à force d'être manipulées, tant et si bien qu'elles tombent presque en poussière sous les doigts.

I

Al Capone à Hollywood

Un soir de 1917, il se produisit un incident qui, bien qu'il passât à l'époque pour insignifiant, allait provoquer une faille – et au bout du compte, un schisme – entre les gangsters de Chicago et ceux de New York. Vingt ans plus tard, à Hollywood, ses ondes de choc continueraient de se faire sentir tandis que des groupes rivaux se disputeraient le contrôle du crime organisé dans l'industrie du cinéma.

Malgré son nom grandiloquent, le café-restaurant Harvard Inn de Coney Island (New York) était un établissement modeste. Ce nom était une pique lancée à un restaurant concurrent, la College Inn, dont le pianiste, Jimmy Durante, jouait pour son danseur de charleston attitré : George Raft. La Harvard Inn occupait un bungalow quelconque sur Seaside Walk. Sa caractéristique la plus intéressante était son bar, qui mesurait six mètres de long et s'étendait sur toute la longueur de la pièce. Elle comportait également une petite piste de danse et une estrade réservée aux orchestres. Francesco Ioele, mieux connu sous le nom de Frankie Yale, était le propriétaire du restaurant. Yale était un gangster qui possédait plusieurs entreprises, notamment une manufacture de cigares et une blanchisserie – et il menaçait les commerçants afin qu'ils achètent ses produits ou services.

Ce soir-là, le jeune homme de 17 ans que Yale avait engagé pour faire office de barman, videur et homme à tout faire servait une table à laquelle se trouvait un couple qui devait avoir à peu près son âge. Son emploi consistait également à corriger les prostituées qui ne rapportaient pas assez d'argent au restaurant. Cela faisait environ un an qu'Alphonse Capone travaillait à la Harvard Inn. Ce jour-là, il n'arrivait pas à détacher ses yeux de sa cliente. C'était une Italienne, avec un très joli visage. Il tourna un peu autour de la table, puis se pencha et finit par dire : « Tu sais trésor, tu as un très joli cul, et c'est à prendre comme un compliment. » À l'instant même, l'homme qui était assis à côté de la jeune fille se leva. Il s'agissait de son frère, et il était ivre. Frank Gallucio n'était pas du genre à laisser qui que ce soit insulter sa sœur. Gallucio envoya un coup de poing à Capone. Cette attaque mit Capone hors de lui, mais Gallucio sortit de sa poche un couteau. Les autres clients s'écartèrent. Gallucio lacéra le visage de Capone à trois reprises. Il y avait du sang partout. Gallucio attrapa sa sœur par le bras et quitta le bâtiment.

Gallucio avait laissé une cicatrice de 10 centimètres courant de l'oreille à la mâchoire sur la joue gauche de Capone, une autre, de 5 centimètres, barrant sa joue, et une troisième sous l'oreille gauche. À ces différents endroits, les poils n'allaient plus jamais repousser. Plus tard, Capone appliquerait sur sa peau des couches de talc afin de masquer les cicatrices, et il deviendrait si obnubilé par leur présence qu'il envisagerait même de recourir à la chirurgie esthétique. Capone présentait toujours son profil droit, intact, aux photographes. Il détestait le surnom que la presse ne tarda pas à lui donner – « *Scarface*[6] ».

Capone fit savoir qu'il voulait se venger de Gallucio. Gallucio demanda l'aide d'un criminel appelé Albert Altierri. À son tour, Altierri alla voir un autre gangster,

---

6. « Le Balafré » (*N.d.T.*).

Salvatore Luciana, qui se ferait bientôt connaître sous le nom de Lucky Luciano. Luciano était allé à l'école avec Capone. Les deux hommes avaient aussi fait partie du même gang d'adolescents. Pourtant, quand il apprit l'histoire de la bagarre, Luciano, qui n'avait que deux ans de plus que Capone, se rangea du côté de Gallucio. Personne n'avait le droit d'insulter la sœur d'un homme de cette façon. Luciano proposa d'organiser une rencontre entre les deux partis afin de régler les différends. Un soir, après la fermeture de la Harvard Inn, Capone, Gallucio, Luciano et Yale se retrouvèrent pour déterminer la suite que devaient prendre les événements. Yale dit à Capone qu'il devait s'excuser auprès de Gallucio. Capone allait se faire tuer s'il essayait de prendre sa revanche. On peut imaginer à quel point Capone dut l'avoir mauvaise. Mais Luciano avait déjà acquis une réputation d'homme dangereux, alors que Capone n'était qu'un jeune garçon qui faisait le ménage dans un bar de Coney Island, autrement dit personne.

Alphonse Capone était né à New York le 17 janvier 1899. Ses parents, Gabriele et Teresina « Theresa » Capone, avaient quitté les quartiers défavorisés de Naples pour les quartiers défavorisés de New York. Entre 1901 et 1903, plus d'un million de Siciliens, soit presque 25 % de la population de l'île, avaient immigré aux États-Unis. En arrivant à Manhattan, les Italiens devaient faire des pieds et des mains pour trouver du travail. Certains choisissaient donc de gagner leur vie en aidant les voyous de la rue. Les immigrants découvrirent que les règles qui régissaient les ghettos étaient similaires à celles qui régnaient chez eux. L'institution du parti démocrate connue sous le nom de Tammany Hall engrangeait des promesses de voix en échange de services, une pratique connue sous le nom de « politique *maccheroni* ». Cette mentalité donnant-donnant était également en vigueur à Naples et en Sicile. Le crime organisé portait des noms différents selon les régions du sud de l'Italie. À Naples, d'où les Capone étaient originaires, on l'appelait la *Camorra*. En Sicile, c'était la *Mafia*. Entre eux, les mafiosi se nommaient les « hommes d'honneur », ou parlaient tout simplement de « l'Organisation ». En Amérique, le crime organisé allait également porter différents noms : à Chicago, l'*Outfit* ; à New York, le *Syndicate*[7] – partout, la pègre[8] ou la *Cosa Nostra*.

Les Capone vivaient à Navy Street (Brooklyn), au cœur du plus grand ghetto italien de New York. Gabriele Capone était barbier, et, par conséquent, dans une situation légèrement plus enviable que celle de la majorité des immigrants illettrés. Capone commença à aller à l'école à l'âge de 5 ans, à Brooklyn. À la *public school* 7 d'Adams Street, Capone et Luciano avaient la même institutrice, une certaine Miss Mulvaney. Il est possible qu'ils se soient battus dans la cour de récréation, étant donné la rivalité qui opposait les Siciliens et les Napolitains.

Les Capone restèrent à Brooklyn, mais s'installèrent ensuite au 38 Garfield Place. À l'école, jusqu'à l'âge de 12 ans, Capone avait une moyenne de B. Mais quand il commença à jouer les truands, ses notes chutèrent. Un jour, alors qu'il redoublait sa septième, le garçon de 13 ans envoya un coup de poing à l'un de ses professeurs. Le directeur de l'établissement corrigea Capone pour son insubordination. Il fut renvoyé de l'école et il n'y remit jamais les pieds.

Il trouva alors un emploi dans une confiserie, puis fut embauché pour replacer les quilles dans un bowling. Il

7. L'« Équipe » et le « Syndicat » (*N.d.T.*).

8. En anglais, *the mob* (*N.d.T.*).

coupa ensuite les pages des livres dans un atelier de reliure. Mais à cette époque, Capone s'était déjà mis à racketter les enfants qui allaient à l'école pour leur voler l'argent de leur déjeuner.

Il avait également déjà rencontré Johnny Torrio, l'homme qui allait bientôt organiser le crime à Chicago puis à New York, et par extension, à Los Angeles. Torrio était né dans le sud de l'Italie, à Orsara, en 1882. Ses parents avaient immigré à New York et emménagé dans le Lower East Side alors qu'il avait 2 ans. Adolescent, Torrio dirigeait déjà un gang, ainsi qu'un club pour jeunes gens, la John Torrio Association, qui était un véritable bureau de recrutement pour les gangs d'adolescents. Torrio présenta Capone aux *Five Pointers*, l'un des nombreux gangs qui rôdaient dans le Lower East Side, à Manhattan, de l'autre côté du pont de Brooklyn. Le nom « *Five Pointers* » était une référence à une intersection entre Broadway et Bowery. Le leader du gang était un ancien boxeur nommé Paolo Antonini Vacarelli. Comme beaucoup de boxeurs italiens, Vacarelli avait pris un nom irlandais – Paul Kelly – pour échapper aux préjugés. Le quartier général du gang était le New Brighton Dance Hall, un dancing de Great Jones Street dont Kelly était le propriétaire. Ce dernier était à la tête des 1 500 voyous des *Five Pointers* et proposait différents services – 2 dollars pour un coup de poing ; 4 dollars pour deux yeux au beurre noir ; 10 dollars pour un nez ou une mâchoire cassés ; 15 dollars pour battre quelqu'un jusqu'à lui faire perdre connaissance ; 19 dollars pour un bras ou une jambe cassés ; 25 dollars pour une balle dans la jambe ; 25 dollars pour un coup de poignard ; et 100 dollars pour un meurtre. Le Tammany Hall protégeait Kelly, qui, en échange, lui garantissait de nombreuses voix pour les futures élections. Plus tard, Luciano allait se souvenir de Capone comme d'un « grand crétin maladroit… » ; « mais il était costaud et utile, et ce qui est sûr, c'est que Johnny Torrio a réussi à faire son éducation vite et bien », ajouterait-il.

Dans les ghettos, les communautés italiennes et irlandaises vivaient en vase clos. Cependant, les garçons italiens étaient censés se marier assez tôt, alors que les garçons irlandais préféraient attendre de s'être fait une situation. Par conséquent, les filles irlandaises qui se sentaient prêtes pour le mariage étaient attirées par les Italiens. Au printemps 1918, dans un cabaret pour adolescents, Capone – qui se faisait désormais appeler Al Brown – rencontra une jeune Irlandaise nommée Mae Coughlin. Capone épousa Coughlin quelques semaines après leur rencontre, le 18 mai 1918. Un an plus tard, Mae donna naissance à leur premier et unique enfant, Albert Francis Capone, surnommé Sonny. Johnny Torrio devint le parrain du garçon.

La même année – 1919 –, le Congrès adopta la loi sur l'interdiction de la vente d'alcool. Le Congrès céda au mouvement pour la tempérance, qui avait fait pression pour établir la Prohibition. Le Volstead Act fut voté le 27 octobre 1919 et l'amendement établissant l'interdiction fut ratifié le 20 janvier 1920. La Prohibition eut un effet plus que stimulant sur le crime organisé. À l'apogée de cette période, les Américains allaient dépenser environ 5 milliards de dollars par an en alcool, soit l'équivalent de 56 milliards actuels. Les gangsters tels que Capone et Luciano aideraient la nation à étancher sa soif. Par le biais de la contrebande d'alcool, le milieu allait générer l'équivalent de 5 % du produit national brut. Le gangstérisme allait également acquérir un certain degré de respectabilité, les entraves à la Prohibition étant considérées comme tendance. Le président Harding lui-même ferait servir du whisky de contrebande à la Maison-Blanche. Ceci étant, les gangsters mirent du temps à comprendre tout ce que pouvait impliquer l'interdiction de l'alcool.

À Chicago, ville décrite par H.G. Wells comme « une tache sombre sous le ciel », des maîtres chanteurs tentaient d'extorquer de l'argent à « Big Jim » Colosimo, le chef des voyous de la ville. Ils demandaient à Colosimo – qui gagnait environ 600 000 dollars par an (l'équivalent de 10 millions de dollars actuels) par les biais des quelque deux cents maisons closes qu'il possédait et des pots-de-vin qu'il collectait auprès des hommes politiques locaux – de leur verser 50 000 dollars – une somme astronomique pour l'époque. Vittoria, la femme de Colosimo, était la cousine de Johnny Torrio. Elle conseilla à son mari d'appeler Torrio pour lui demander son aide. New York n'était après tout qu'à une vingtaine d'heures de train. Torrio décida de faire venir certains de ses hommes à Chicago pour assassiner les maîtres chanteurs. En 1920, il proposa donc cette mission à Capone et deux de ses supposés cousins – Charlie et Rocco Fischetti, les hommes qui allaient plus tard présenter Frank Sinatra à Luciano. Durant une courte période, les quatre gangsters vécurent dans le même appartement de South Wabash Avenue à Chicago.

Torrio devint le second de Colosimo, et Capone l'homme de main de Torrio. Les gangs de Chicago s'affrontaient, quartier par quartier, pour le contrôle de la contrebande. Mais Colosimo, distrait par une histoire d'amour avec une jeune chanteuse, paraissait ignorer la menace qui pesait sur ses affaires. Il est probable que Torrio se soit alors mis à considérer Colosimo comme un frein à ses ambitions. Le 11 mai 1922, Torrio téléphona à Colosimo. Il aurait dit à son chef que deux cargaisons d'alcool allaient être livrées à son restaurant dans l'après-midi. Colosimo arriva dans son établissement, quasiment vide, à 16h00. Les femmes de ménage étaient en train de préparer les lieux pour la soirée. Colosimo attendit une demi-heure, puis retourna dans le vestibule. Ce fut à ce moment-là qu'un assassin surgit et l'abattit à l'aide d'un revolver .38. La balle détruisit l'oreille droite de Colosimo et pénétra dans son cerveau. La police interrogea trente personnes, dont Torrio, mais n'en arrêta aucune. Le principal suspect des autorités était néanmoins l'ancien patron de Capone, Frankie Yale. On supposait que Torrio avait payé Yale, ou un autre, 10 000 dollars pour assassiner Colosimo. Le meurtre fut plus tard mis en scène dans le film de Howard Hawks de 1932, *Scarface*. Mais un témoin, Frank Camilla, le secrétaire de Colosimo, allait décrire l'assassin comme un homme costaud dont le visage présentait des cicatrices sur le côté gauche.

Johnny Torrio était désormais le nouveau chef de tous les chefs de Chicago, et Al Capone son bras droit. Torrio commença par tenter d'apaiser les différends entre les gangs. Le meilleur moyen de réussir, pensa-t-il, était de diviser la ville en territoires distincts. Mais l'un des gangs, dont le chef était Dion O'Banion, décida de se frotter au doux Torrio. O'Banion se mit à braquer les camions qui livraient de l'alcool à Torrio et arrêta même le chef du gang au cours d'une raffle effectuée dans une brasserie dont ils étaient les copropriétaires. Le 10 novembre 1924, une voiture s'arrêta devant le fleuriste Schofield, lieux d'où O'Banion dirigeait son organisation. O'Banion se trouvait dans le commerce quand trois hommes sortirent d'une Cadillac. Il tendit la main pour saluer l'un d'entre eux. L'assassin enserra l'Irlandais dans ses bras. Son acolyte tira plusieurs balles dans son crâne. (Le film *Scarface* fait également référence à cet assassinat.)

Le meurtre d'O'Bannion déclencha une guerre des rues dans la ville. Torrio était inquiet : ce n'était pas lui qui avait commandité l'assassinat – c'était une initiative de Capone. Torrio essaya de rétablir la paix, mais la guerre fit cinq cents morts. Le 25 janvier 1925, Torrio, devant chez lui, était en train d'aider sa femme et son chauffeur à décharger la voiture quand un autre véhicule s'arrêta. Deux hommes en sortirent, armés de mitraillettes. Les assassins criblèrent de balles le visage, la poitrine, l'aine et les bras de Torrio. Pourtant, celui-ci survécut. Il réalisa certainement à ce moment-là que les efforts qu'il avait faits pour rationaliser le crime à Chicago avaient été vains. Après trois semaines d'hôpital, Torrio partit pour New York, où il allait bientôt fondre le gangstérisme de la côte est en une seule et même organisation, le *Syndicate*. Ainsi, Torrio aurait fondé deux organisations rivales qui lutteraient pour des intérêts conflictuels. Sans le savoir, il provoquerait une collision entre New York et Chicago, sur des trajectoires communes, comme les axes d'un graphique qui allaient converger, quelques années plus tard, vers un même but – le contrôle des syndicats de Hollywood.

Torrio étant parti, les gangsters trouvèrent tout naturel que Capone prenne sa place. Ils se mirent à lui poser des questions. Ce fut donc par défaut que Capone devint le chef du crime organisé à Chicago. D'après un témoin, Luis Kutner, Capone n'avait pas pour ambition de devenir dirigeant. Et il n'était pas doué pour les affaires – il allait dilapider des millions de dollars et mourrait sans le sou. Mais il suffit parfois de se trouver au bon endroit au bon moment, et Capone avait eu la chance de se trouver à Chicago en 1925. La ville était devenue un puzzle tridimensionnel d'intérêts personnels. Les gangsters assistaient au dépouillement les soirs d'élections afin de s'assurer que les bons hommes politiques seraient élus ; ces politiques nommaient des capitaines de police, qui, en échange, veillaient à ce que leurs hommes laissent les gangs en paix ; et les gangsters extorquaient aux travailleurs de l'argent – la graisse verte dont les rouages de la machine avaient besoin pour fonctionner –, dont ils reversaient une partie aux dirigeants de la ville. Capone distribuait plus de 30 millions de dollars par an aux fonctionnaires de la police de Chicago, dont la moitié environ touchait des pots-de-vin. En règle générale, pour ses affaires, il dépensait 300 000 dollars par semaine – afin de rémunérer les trois mille hommes qui travaillaient pour lui. D'un autre côté, l'alcool, le jeu et la prostitution lui rapportaient près de 10 millions de dollars par semaine.

Sur la liste des personnes rémunérées par Capone figurait le nom de Filipo Sacco, son chauffeur. Ce fut Capone lui-même qui suggéra à Sacco de prendre le nom à consonances plus américaines de Johnny Rosselli. Après un hiver particulièrement rigoureux, Rosselli apprit qu'il était atteint d'un début de tuberculose. Capone envoya alors son chauffeur en Californie afin d'étudier les opportunités qui se présentaient dans l'industrie du cinéma, en plein développement. Une fois à Los Angeles, Rosselli fit le tour des studios, recherchant des emplois de figurants. Avec le temps, Rosselli allait devenir le *capo regime*, ou chef de secteur, de l'*Outfit* à Hollywood.

Capone établit son quartier général au Lexington Hotel de Chicago. Il s'y appropria entre cinquante et soixante chambres, dispersées sur deux étages. Le gang avait son propre ascenseur, son propre bar, sa propre cave à vin, et il dépensait aux alentours de 1 500 dollars par jour dans l'hôtel. Pour obtenir un entretien avec Capone, il fallait se frayer un chemin à travers une armée de gardes du corps, qui, d'après les mots d'un journaliste, avaient « des yeux aussi inexpressifs que ceux d'un banc de harengs ». Capone présidait, assis sur un trône à haut dossier de style italien – un accessoire scénique qui avait été emprunté à un théâtre local –, ses mains reposant sur des têtes de lions sculptées qui terminaient les accoudoirs. Il y avait derrière lui des photographies de ses stars de cinéma préférées : Fatty Arbuckle et Theda Bara.

À 25 ans, Capone était un homme immensément riche, mais il était désormais mêlé à une guerre des gangs qui l'opposait à Earl « *Hymie*[9] » Weiss, l'homme qui avait repris en main l'organisation d'O'Banion (la versatilité de Capone – qui alternait phases d'exaltation et de désespoir – était probablement due à sa consommation croissante de cocaïne). À Chicago, l'ambiance devint si violente que même Luciano disait qu'il s'agissait d'une « ville complètement dingue [où] personne n'[était] en sécurité dans les rues ». Sur une période de quatre ans, dans les années 1920, il y eut deux cents meurtres non résolus. À cette époque, la réputation d'anarchie de la ville était telle qu'elle avait dépassé les frontières de l'URSS. Au cours d'un voyage à Chicago, le réalisateur soviétique Sergueï Eisenstein (*Le Cuirassé Potemkine*) demanda à un détective de lui faire visiter le monde des gangs. Le réalisateur fut déçu : suite à un meurtre récent, tous les gangsters s'étaient cachés.

---

9. « Youpin », expression péjorative pour désigner une personne de confession juive (*N.d.T.*).

Pour encaisser davantage d'argent, Capone forçait les travailleurs à adhérer à des syndicats puis empochait leurs cotisations. Il se concentrait sur les syndicats qui contrôlaient les usines, les bars et les sociétés de transport, entre autres. Son second, Frank « *The Enforcer*[10] » Nitti, faisait venir ses hommes dans les usines et les entrepôts pour obliger les ouvriers à intégrer les syndicats, revolver à la main.

Compte tenu de l'importance des sommes que généraient les syndicats, il est quelque peu surprenant que Capone ait ignoré la Motion Picture Operator's Union, le Local 110. Les films étant toujours considérés comme des divertissements destinés à la classe ouvrière, il est fort probable qu'il ait estimé que le contrôle des cinémas était indigne de lui. Pourtant, Chicago était l'un des grands centres du cinéma des États-Unis. Dans les années 1920, la ville allait produire un cinquième des films américains. Il y avait beaucoup de magnats de Hollywood qui venaient de Chicago : Carl Laemmle, fondateur d'Universal ; Adolph Zukor, fondateur de la Paramount ; et Leo Spitz, directeur général[11] de RKO. Avant de s'installer en Californie, Laemmle et Zukor avaient tous deux dirigé des studios dans le North Side de Chicago. À cause du mauvais temps, il était impossible de tourner des westerns aux alentours de la ville.

C'était Tommy Maloy, un gangster irlandais né à Chicago en 1893, qui contrôlait le Local 110, filiale d'un gigantesque syndicat, l'International Alliance of Theatrical Stage Employees (IATSE), qui représentait toutes les personnes travaillant dans l'industrie du

10. « L'Exécuteur » (*N.d.T.*).

11. En anglais, *president*. Ce terme, utilisé dans le contexte de l'entreprise, sera toujours traduit par « directeur général » (*N.d.T.*).

cinéma – des directeurs artistiques, chefs opérateurs et électriciens au personnel de laboratoire et autres projectionnistes. Maloy – soupçonné d'être l'auteur de neuf meurtres, dont un qui avait été commis dans son propre bureau – était le protégé de Maurice « Mossy » Enright, un chef de syndicat qui contrôlait le secteur du bâtiment et les éboueurs. Enright avait commencé sa carrière en qualité d'homme de main de Dion O'Banion. Il allait plus tard faire exploser les locaux d'une affaire qui lui résistait. Maloy devint le chauffeur d'Enright ; il accompagnait partout le leader du syndicat dans une voiture connue sous le nom de « *the Gray Ghost*[12] ». Mais Maloy se retrouva au chômage le jour où Enright devint la victime du premier *drive-by shooting*[13] de Chicago, en février 1920.

Maloy travailla quelque temps en tant que projectionniste, tout en organisant des jeux d'argent illégaux dans les locaux du cinéma qui l'employait. Il devint ensuite l'homme de main de Jack Miller, le dirigeant du Local 110. Miller se fit bientôt assassiner, et Maloy prit sa place à la tête du syndicat. Les choses dégénérèrent lors de sa première réunion en qualité de dirigeant, en 1924, quand certains membres contestèrent sa prise de pouvoir. Pour rétablir l'ordre, des gangsters tirèrent plusieurs rafales de balles dans le plafond à la mitraillette.

Mais le nombre de projectionnistes syndiqués augmenta sous la direction de Maloy, et ce en partie parce que ses hommes menaçaient les employés de leur faire du mal s'ils ne s'inscrivaient pas. De toute façon, la plupart des projectionnistes étaient ravis d'adhérer au syndicat, car cela leur faisait faire des économies. À Chicago, cet emploi était bien rémunéré : les projectionnistes

12. « Le Fantôme Gris » (*N.d.T.*).

13. Fusillade exécutée d'une voiture en marche (*N.d.T.*).

pouvaient gagner jusqu'à 95 dollars par semaine. Maloy réclamait aux membres du syndicat 4 dollars par semaine – 3 dollars destinés au Local 110 et 1 dollar à l'IATSE (qui repartait probablement dans la poche de Maloy). Cependant, les projectionnistes non adhérents, que les cinémas pouvaient embaucher à la journée, devaient reverser 10 % de leur salaire au syndicat. Il était donc plus rentable de s'inscrire au Local 110 (jusqu'au milieu des années 1990, les projectionnistes de Chicago allaient gagner beaucoup plus d'argent que leurs collègues du reste du pays, touchant aux alentours de dix fois la moyenne nationale, qui oscillait entre 10 et 15 dollars de l'heure).

La chaîne de cinémas la plus prospère de Chicago était Balaban & Katz. Elle appartenait à Barney Balaban et Stan Katz. Balaban allait plus tard diriger Paramount Pictures avec son frère, tandis que Katz était l'un des futurs cadres de la MGM. Les deux hommes avaient ouvert leur premier cinéma en 1908, et, au milieu des années 1920, possédaient une douzaine de sites – de magnifiques cinémas, qui portaient des noms tels que le Riviera, le Valencia ou le Tivoli. L'empire Balaban & Katz dépendait des projectionnistes, et par extension, de la Motion Picture Operators' Union. Maloy extorquait de l'argent à Balaban & Katz, entre autres chaînes, en échange de la tranquillité du syndicat. En plus, Maloy faisait pression pour obtenir de petites augmentations salariales de la part des exploitants. Comme avec les autres rackets de syndicats, il redistribuait quelques miettes à ses adhérents afin qu'ils ne se sentent pas trop lésés par l'escroquerie dont ils faisaient l'objet.

Les adhérents du syndicat payaient également pour le fond de « cotisations spéciales » réservé à Maloy. Ce dernier touchait cet argent en plus de son salaire annuel de 25 000 dollars. Maloy s'en servit pour s'offrir, entre autres, un voyage en Europe à 22 000 dollars avec sa maîtresse, ainsi qu'un bar à 5 000 dollars et une salle de bain à 4 000 dollars pour sa maison – qui devaient officiellement lui servir à diriger les affaires du syndicat depuis son domicile. Des enquêtes allaient plus tard révéler que Maloy avait extorqué au moins 500 000 dollars aux adhérents.

En octobre 1927, la Warner Brothers sortit le premier film parlant, *Le Chanteur de jazz*. Maloy utilisa l'introduction du son pour accroître ses revenus. Au début de l'ère du son, il fallait lancer les disques sur un gramophone en synchronisation avec la projection du film. Maloy fit pression pour que les cinémas installent un deuxième employé, appelé le « *fader* », dans les cabines de projection. Les *faders* étaient chargés de passer les disques. Puis, quand le son fut intégré aux bobines de celluloïd, Maloy força les exploitants à lui verser 1 100 dollars pour chaque employé licencié. Les propriétaires de cinéma payèrent, car cela revenait de toute façon moins cher que de garder les *faders*.

Pendant ce temps, à Chicago, la presse cherchait à pousser les autorités à enquêter sur la corruption systématique qui semblait régner sur la ville. Le maire, William « Big Bill » Thompson – qui figurait sur la liste des personnes rémunérées par Capone –, sentit qu'il devait agir et ordonna à la police de sévir. Thompson aspirait à devenir président. Hughes, le commissaire de police, conseilla à Capone de quitter la ville jusqu'à ce que les choses se soient calmées.

Capone visita Los Angeles pour la première fois à la fin de l'année 1927. La ville était en plein essor : les gens qui avaient échoué à l'est affluaient, attirés par le climat, la promesse d'argent facile, ou le rêve hollywoodien –

aussi « addictif » et illusoire que les scintillements de la cocaïne. Le cinéma était devenu la quatrième plus importante industrie d'Amérique. Son actif immobilisé, sous forme de cinémas, studios et bureaux, était estimé à 1,5 milliard de dollars. Ce chiffre ne comprenait pas le capital immatériel, telles les collections de films, qui, avec le temps, deviendraient les biens les plus précieux des studios. Près de cent millions d'Américains allaient au cinéma chaque semaine, achetant leur billet dans l'une des 21 000 salles du pays. L'association professionnelle Motion Picture Producers and Distributors affirmait que Hollywood utilisait plus d'argent pour imprimer ses films que le Trésor public pour frapper la monnaie. Le holding qui détenait Warner Bros, par exemple, était estimé à 160 millions de dollars (l'équivalent de 1,8 milliard de dollars actuels).

Le gang de Capone dépensa plusieurs centaines de millions de dollars pour acquérir des biens en Californie du Sud, qu'il acheta, apparemment, par le biais d'hommes d'affaires « réglos ».

Il semblerait également que le gang ait prêté de l'argent à Joseph P. Kennedy, le père du futur président John F. Kennedy, ce qui lui permit d'acquérir un studio de cinéma. Kennedy essayait à cette époque de monter la première société de Hollywood intégrée verticalement, c'est-à-dire comprenant la production, la distribution et l'exploitation – un modèle d'entreprise que tous les studios allaient finir par adopter. Kennedy était également associé à la pègre new-yorkaise dans des affaires de contrebande qui consistaient à faire passer de l'alcool en Amérique via le Canada.

Né en 1888, Kennedy était le fils d'un cafetier dont le père avait fui la famine irlandaise. Il grandit à Boston, ville dominée par les protestants – qui l'avaient fondée quatre cents ans auparavant – mais qui comprenait également des ghettos catholiques. Kennedy obtint un diplôme de Harvard en 1912 et décida de devenir banquier. Il voyait la banque comme un tremplin qui lui permettrait de se lancer dans n'importe quelle carrière. Il fut rapidement engagé en qualité d'employé par une petite banque, la Columbia Trust. Quelques mois plus tard, Kennedy se vantait d'être devenu le premier inspecteur de banque catholique et irlandais du Massachusetts. Une banque concurrente essaya de racheter la petite Columbia Trust, mais Kennedy déjoua ses plans. La direction lui en fut tellement reconnaissante qu'elle le nomma directeur général.

En 1919, Kennedy rejoignit une banque et société de courtage rivale : Hayden, Stone and Company. Il était de plus en plus convaincu que le cinéma était « le » moyen de faire fortune. À cette époque, Hollywood n'était pris au sérieux que par quelques rares organismes de crédit. Au départ, la main-d'œuvre de l'industrie du cinéma, divisée en centaines de petites sociétés, était principalement constituée d'immigrants et de femmes. La consolidation restait encore à faire. Seul Amadeo Gianinni, fondateur de la Bank of Italy (la future Bank of America), était disposé à prêter de l'argent aux gens qui travaillaient dans le spectacle ; il aida par exemple Louis B. Mayer – magnat du cinéma que Kennedy appelait « le brocanteur youpin ». La plupart des films étaient financés avec les bénéfices des précédents – une stratégie pragmatique qui tendait à effrayer les banquiers prudents. Mais Kennedy, qui par le biais de Hayden, Stone, devint le prêteur des sociétés de cinéma, avait le goût du risque. Très vite, des dizaines d'entreprises se mirent à lui réclamer des prêts. Ce que les demandeurs ignoraient, c'était que le prêteur lui-même envisageait de se lancer dans les affaires.

Kennedy se dit qu'il valait mieux investir dans un studio déjà établi plutôt que de monter une société soi-même. C'est-à-dire laisser quelqu'un faire le travail à sa place, puis intervenir. Il rassembla un petit groupe d'investisseurs qui devinrent actionnaires de Hallmark Pictures, une grosse société qui avait été fondée à partir de plusieurs petites. Hallmark fusionna avec Robertson-Cole/Film Booking Offices, un distributeur qui fournissait des films à des cinémas partout en Amérique. Robertson-Cole était une filiale d'une société britannique qui distribuait British Rohmer Automobiles aux États-Unis. La société monta un studio à Hollywood en 1920 et prit le nom de Film Booking Office of America (FBO). Le FBO commença par distribuer des feuilletons avec des acteurs relativement peu connus et des westerns à petit budget qu'il produisait lui-même ou en collaboration avec d'autres producteurs de Hollywood. Mais vers 1920, le FBO connut des problèmes de trésorerie. Les revenus de la distribution arrivaient trop lentement pour financer les productions. Rufus Cole, directeur général de RC/FBO, alla trouver Kennedy pour lui demander davantage d'argent. Kennedy refusa.

La banque britannique Graham's racheta le FBO 7 millions de dollars. Graham's confia les commandes au major H.C.S. Thompson, mais l'ancien soldat ne connaissait pas grand-chose à l'industrie du cinéma. En 1921, Graham's décida de se débarrasser de la société et confia la vente à Kennedy, qui devint ainsi membre du conseil d'administration. Kennedy écrivit à Frank Joseph Godsol, président de Goldwyn Pictures, pour lui proposer une fusion entre le FBO, Goldwyn, Cosmopolitan Pictures – la société de production du magnat de la presse William Randolph Hearst –, Metro et Selznick. Le banquier était convaincu que si ces petites sociétés ne se regroupaient pas, elles feraient faillite dès que le marché se serait développé. Cependant, Hearst ne considérait Cosmopolitan Pictures que comme un prétexte pour faire jouer sa maîtresse, Marion Davies, dans des films. Ayant rejeté une offre de la Paramount, Hearst ne voyait pas vraiment l'intérêt qu'il avait à fusionner avec l'inconnu qu'était Kennedy. Au bout du compte, Hearst allait s'arranger pour que les films de Davies soient distribués par la Metro-Goldwyn-Mayer, un studio né en 1924 d'une fusion fondée sur la stratégie que Kennedy avait élaborée trois années auparavant. L'analyse du banquier était très juste, mais il était trop en avance sur son temps. En 1924, le FBO n'était toujours pas vendu, malgré les 18 000 dollars annuels que Kennedy touchait pour s'occuper de la vente. Le banquier donna sa démission, qui fut « acceptée et comprise à regret » par le conseil.

Cependant, un an plus tard, au cours de l'été 1925, Kennedy se présenta à Londres avec une offre de rachat. Le FBO était proche de la faillite. Graham's découvrit qu'il ne pouvait plus emprunter qu'à un taux de 18 % – plus proche de l'usure que du prêt. Les propriétaires anglais durent grincer des dents quand ils réalisèrent que Kennedy avait en réalité tout fait pour empêcher la vente afin de racheter lui-même la société. Néanmoins, Kennedy était désormais le seul acheteur potentiel. Après plusieurs mois de débats, les banquiers acceptèrent de vendre le FBO (la société avait supprimé les initiales RC de son nom) à Kennedy pour la somme de 1,1 million de dollars – soit 400 000 dollars de moins que ce qu'ils proposaient cinq ans auparavant. Pour financer son projet, il est probable que Kennedy ait emprunté de l'argent aux gangsters de Chicago qu'étaient Ricca, Humphreys et Frank « *the Enforcer* » Nitti – l'homme qui avait pris la succession de Capone à la tête de l'*Outfit*.

Au milieu des années 1920, les dirigeants des studios de Hollywood étaient presque tous des immigrants. Il s'agissait d'hommes tels que Carl Laemmle d'Universal, Louis B. Mayer et Marcus Loew de la MGM, et Adolph Zukor de la Paramount. Ces dirigeants, tous juifs, avaient toujours été dans le monde du divertissement ; ils avaient fait leurs débuts dans le secteur des machines à sous, du *nickelodeon*[14] ou du théâtre burlesque. Par conséquent, quand le *New York Times* titra « *Boston Banker Buys British Film Concern*[15] », les gens furent tout étonnés. « Un banquier ? » On dit que Marcus Loew aurait fait ce commentaire : « Je pensais que le secteur était réservé aux fourreurs. » Pour sa part, Kennedy aurait dit à un collègue : « Regarde-moi tous ces repasseurs de pantalons qui deviennent millionnaires à Hollywood. Je pourrais leur reprendre tout le marché en un rien de temps. »

Les films FBO n'étaient pas diffusés dans les villes – ils étaient destinés au marché rural. Mais Kennedy réussit à persuader un cinéma de New York de projeter l'un des westerns du studio, qui fit un carton au box-office. Au cours de sa première année sous la nouvelle direction, le FBO fit un chiffre d'affaires de 9 millions de dollars.

La stratégie de Kennedy consistait à accroître la production afin de réaliser cinquante films à petit budget par an. Aucun film ne devait coûter plus de 30 000 dollars et les tournages ne devaient pas dépasser sept jours. À titre de comparaison, les productions de la MGM telles que

---

14. Lieu de divertissement (le plus souvent un cinéma) bon marché assez courant aux États-Unis dans la première moitié du XXe siècle. Le nom vient du mot *nickel*, ou pièce de 5 cents, et *Odeon* (« Odéon ») (*N.d.T.*).

15. « Un banquier de Boston rachète une société de cinéma britannique » (*N.d.T.*).

La Grande Parade ou *Ben-Hur* avaient un budget moyen de 700 000 dollars et étaient tournées en plusieurs mois.

Kennedy envisagea ensuite de proposer à de grandes sociétés étrangères au secteur, telles que General Electric, de devenir actionnaires et membres du conseil d'administration. C'était la première fois que cela se produisait à Hollywood.

Parallèlement, Kennedy se lia d'amitié avec William Randolph Hearst et Will Hays, contrôleur et censeur de l'industrie du cinéma. Kennedy était également ami avec la maîtresse de Hearst, Marion Davies, star du cinéma muet. Il est probable qu'il ait servi de contact à Davies quand il venait la voir dans le château qu'elle occupait avec Hearst à San Simeon. On faisait en effet discrètement entrer de l'alcool entre les murs à l'insu de Hearst : le baron de la presse avait une mauvaise opinion de la boisson. D'après Ted Schwartz, l'un des biographes de Kennedy, l'homme d'affaires interférait auprès des soldats d'Al Capone pour qu'ils livrent de l'alcool à Davies et à ses invités, dont faisait souvent partie Charlie Chaplin. Kennedy, qui était marié, entama également une liaison avec Gloria Swanson, la plus grande star de cinéma de l'époque.

Frank Costello était associé avec Kennedy dans la contrebande ; il importait du whisky écossais et irlandais en Nouvelle Angleterre et dans l'État de New York. Owney Madden, le chef du Gopher Gang, a également déclaré avoir fait des affaires avec Kennedy dans la contrebande. Quand, en juin 1922, les anciens étudiants de la promotion 1912 de Harvard se rassemblèrent pour leur réunion annuelle, le délégué des élèves, Ralph Cowell, présenta Kennedy comme « notre contrebandier en chef ». En 1926, John Kohlert, un musicien que

Capone avait pris sous son aile, assista à une rencontre entre Kennedy et Capone au cours de laquelle les deux hommes discutèrent contrebande. Les noms de Kennedy, Capone et Jake « *Greasy Thumb*[16] » Guzik, comptable de l'*Outfit*, apparaissent ensemble sous la mention « importateurs de whisky » dans des documents de Canadian Customs[17] datés de cette même année.

Mais des gangsters juifs mirent à prix la tête de Kennedy quand ce dernier essaya de vendre de l'alcool à Detroit. C'était le Purple Gang qui contrôlait la contrebande dans la ville, et il refusait que qui que ce soit s'immisce dans ses affaires. Kennedy demanda à deux des soldats de Capone, Paul « *the Waiter* » Ricca et Murray « *the Camel*[18] » Humphreys – le corrupteur de politiques du gang – d'intercéder en sa faveur. Le Purple Gang abandonna ses velléités d'assassinat.

Kennedy accéléra le mouvement d'introduction du son dans le cinéma. Si, dans le secteur, beaucoup de personnes méprisaient les films parlants, considérés comme des « attrape-gogos », Kennedy était convaincu que l'avenir ne se ferait pas sans eux. En octobre 1927, deux mois avant que Capone n'arrive à Los Angeles, dans le bar à huîtres de la Grand Central Station (New York), Kennedy rencontra David Sarnoff, l'homme de 36 ans qui était le propriétaire de la Radio Corporation of America. La Warner Brothers venait de sortir *Le Chanteur de jazz*. Sarnoff, qui, l'année précédente, avait fondé la National Broadcasting Company – le premier réseau national de stations de radio – possédait

16. « Pouce graisseux » (*N.d.T.*).
17. Société canadienne de transport de marchandises (*N.d.T.*).
18. « Le Serveur » et « Le Chameau » (*N.d.T.*).

l'expérience et les outils nécessaires à l'adjonction du son. Kennedy lui proposa son réseau de distribution et ses studios. Snarnoff accepta d'acheter 400 000 dollars d'actions dans le FBO. Les deux hommes n'avaient plus qu'à déterminer où ils allaient projeter leurs films parlants.

Keith-Albee-Orpheum était une chaîne composée d'environ trois cents théâtres, qui présentaient toujours des spectacles de variétés. Edward Albee, grand-père du dramaturge du même nom, possédait la société depuis des années. Kennedy manœuvra dans le dos d'Albee : il acheta des parts au bras droit du propriétaire, John Murdock. Puis Kennedy, appuyé par diverses banques de Wall Street, dont Lehman Brothers et la Chase National Bank, fit une offre de rachat. Albee se retrouva coincé et n'eut pas d'autres choix que de vendre sa société à Kennedy pour 4,2 millions de dollars. En apparence, l'acquisition d'une chaîne de théâtres démodés n'avait pas grand-chose à voir avec l'industrie du cinéma. Mais il s'agissait là d'une erreur d'interprétation que Kennedy prenait un malin plaisir à encourager. Dans une lettre adressée à Louis B. Mayer, il expliquait par exemple qu'il s'était lancé dans le théâtre de variétés parce qu'il trouvait que le cinéma n'était pas assez intéressant. Kennedy devint président[19] du conseil d'administration de Keith-Albee-Orpheum, et il garda Albee comme directeur général. Quelques mois plus tard, Albee discutait avec son nouveau président, quand celui-ci lui dit : « Tu sais quoi, Ed ? Tu n'es plus dans le coup, tu es fini. » Albee donna sa démission et mourut seize mois plus tard.

19. En anglais, *chairman*. Ce terme, utilisé dans le contexte de l'entreprise, sera toujours traduit par « président » (*N.d.T.*).

Kennedy et son associé toujours secret David Sarnoff avaient désormais des studios, l'équipement nécessaire à l'introduction du son et des théâtres à transformer en cinémas pour films parlants. Kennedy demanda à ses propres hommes de l'aider à diriger le FBO et Keith-Albee-Orpheum. E.B. Derr, Edward Moore, Charles « Pat » Sullivan et Pat Scollard formèrent ainsi la garde prétorienne de Kennedy. Ce dernier appréciait particulièrement leur volonté « d'y aller franchement, de ne pas hésiter à se salir les mains et à se battre », comme Derr allait l'écrire à Scollard. À l'instar d'une famille de mafiosi, la nouvelle équipe appelait Kennedy « le chef » et parlaient pour elle-même du « gang ». L'une des secrétaires trouvait qu'avec leurs cravates voyantes, les dirigeants avaient l'air d'une bande de gangsters quand ils entraient dans une pièce.

Le 23 octobre 1928, Sarnoff racheta le FBO et Keith-Albee-Orpheum. Les trois sociétés fusionnèrent pour former la Radio-Keith-Orpheum, ou RKO, premier studio créé dans la volonté de produire exclusivement des films parlants. Avec cette vente, Kennedy empocha 5 millions de dollars, ce qui lui permit de rembourser le 1,1 million de dollars qu'il avait apparemment emprunté à Chicago, et de se garder une jolie somme.

Mais Kennedy n'en avait pas fini avec le cinéma. La société française Pathé lui demanda de sauver ses finances. Kennedy se lança dans une affaire compliquée de parts, s'attribuant des actions d'une valeur de 80 dollars alors que les investisseurs ordinaires devaient se contenter de parts à 1,50 dollar. Au bout du compte, beaucoup de petits actionnaires perdirent les économies de toute leur vie tandis que Kennedy s'en alla tranquillement avec 5 millions de dollars en poche.

En 1929, Kennedy essaya de racheter la chaîne de cinémas californienne Pantages, qui comptait une soixantaine de sites dispersés le long de la côte Ouest, du Mexique au Canada. Mais Alexander Pantages, le propriétaire de la chaîne, refusait de vendre à Kennedy. Alors, le 9 août 1929, Eunice Pringle, une danseuse âgée de 17 ans et originaire de la ville californienne de Garden Grove, accusa Pantages de viol. Au cours du procès, l'avocat de Pantages, Jerry Giesler – qui allait plus tard défendre Bugsy Siegel, Charlie Chaplin et Marilyn Monroe – clama l'innocence de son client, mais Pantages fut jugé coupable et condamné à cinquante ans de prison. Kennedy put alors acheter la chaîne de cinémas, discréditée, bien en dessous de sa valeur réelle. Giesler fit appel de la décision et la Cour suprême de Californie infirma le jugement. L'avocat argua que la cour devait enquêter sur les mœurs de la plaignante, et ce même si elle était mineure – ce qui allait faire jurisprudence. Quatre ans plus tard, Pringle avoua que Kennedy avait manœuvré pour pouvoir racheter la chaîne de cinémas. Kennedy avait promis à la danseuse qu'il ferait d'elle une star du cinéma et lui avait offert la somme de 10 000 dollars pour qu'elle accuse Pantages de viol. Rongée par les remords, la jeune fille mourut subitement à l'âge de 21 ans, des suites, apparemment, d'un empoisonnement au cyanure.

En ce qui concerne l'alcool, quand la Prohibition fut abolie, Kennedy sortit son affaire de l'illégalité et entra en compétition avec la société canadienne Seagram, qui avait elle-même eu des liens avec la contrebande. Quelques années plus tard, Seagram allait racheter Universal Pictures. D'après une source, la famille Bronfman, propriétaire de Seagram, dut fournir à la pègre la moitié de l'alcool qui fut revendu aux États-Unis entre 1920 et 1933. En 1946, Kennedy vendit sa société de boissons alcoolisées, Somerset Importers, au chef de la pègre du New Jersey Longy Zwillman et à son associé Joe Reinfeld, autre ancien contrebandier.

À la Los Angeles, le dimanche 11 décembre 1927, Capone s'installa au Biltmore Hotel afin de visiter Hollywood. Il s'était fait happer par une drogue beaucoup plus « addictive » et perverse que la cocaïne – celle de la publicité. D'après Kutner, Capone était le modèle originel du gangster star, qui « distribuait les conférences de presse comme des confettis ». Les journalistes locaux s'entassèrent dans sa suite et le bombardèrent de questions. Capone faisait-il assassiner les gens qu'il considérait comme ses rivaux ? Le gangster répliqua qu'il était un homme d'affaires et que les meurtres n'étaient pas bons pour les affaires. Il rit et les journalistes rirent avec lui – Capone faisait vendre, et il aimait être le centre d'attention de la presse.

En 1927, Los Angeles était une « ville ouverte » – contrairement, par exemple, à Detroit où aucune organisation particulière ne dominait le crime organisé. Les gangsters qui arrivaient en train étaient accueillis par la police, qui les conduisait au fond d'Union Station, leur infligeait une bonne correction, puis les renvoyait chez eux. Quand les journalistes étaient partis, des détectives arrivaient, envoyés par la *Combination*[20]. La *Combination*, qui n'était pas une Mafia, représentait le crime organisé à Los Angeles. Le groupe payait des policiers et des juges afin qu'ils protègent leurs activités illégales, qui s'étendaient du jeu à la prostitution. Ainsi, les bordels et les casinos reversaient environ 50 millions de dollars par an à l'organisation. Beaucoup

20. « L'Association » (*N.d.T.*).

de personnes qui avaient été élues pour mettre un terme à la corruption préféraient fermer les yeux en échange de pots-de-vin. La *Combination* avait quelques liens avec les gangs de New York et de Chicago, mais dans l'ensemble restait une organisation indépendante. Ses membres eurent donc très peur quand ils apprirent que Chicago avait des vues sur leurs rackets. Capone accueillit les détectives chaleureusement et leur offrit un café. Il leur dit qu'il savait qui ils représentaient et les rassura en leur expliquant qu'il n'était là qu'en touriste.

Capone occupa sa seconde journée à Los Angeles à visiter un studio de cinéma. « C'est la première fois que je peux observer comment on fait des films, déclara-t-il. C'est un merveilleux racket. » Il poursuivit en faisant le tour des résidences de stars, et s'arrêta notamment à *Pickfair*, la villa de Mary Pickford et de Douglas Fairbanks.

Mais quand Capone rentra, la rue grouillait de policiers devant le Biltmore. Les autorités lui demandèrent de partir. Johnny Rosselli, représentant de l'*Outfit* à Hollywood, fit office d'intermédiaire entre le gangster, la police et la presse. Il proposa que Capone et son entourage séjournent dans sa résidence, mais la police refusa. Ainsi, le soir du 12 décembre, le détective « *Roughhouse*[21] » Brown escorta Capone, son cousin Charlie Fischetti et un garde du corps à Santa Fe Station et les mit dans un train pour Chicago. Jusqu'ici, alors que les stars de cinéma l'avaient toujours fasciné, Capone ne semblait pas avoir envisagé l'industrie du cinéma comme un éventuel racket. Désormais, il parlait de s'installer définitivement à Los Angeles. Car il semblait y avoir énormément d'escroqueries à faire à Hollywood.

---

21. « La Bagarre » (*N.d.T.*).

« Je me suis fait beaucoup d'argent à Chicago, et j'ai beaucoup d'argent à dépenser », déclara Capone à un journaliste du *Los Angeles Times*. « Je suis en pétard. Vous ne pourrez pas me tenir à distance... je reviendrai très bientôt. »

Mais Capone ne retourna jamais à Los Angeles, principalement parce que lorsqu'il rentra à Chicago, il dut s'occuper de mater les North Siders, George « *Bugs*[22] » Moran ayant repris la tête du gang d'O'Banion. Capone envoya donc son frère Ralph à Los Angeles afin d'étudier les différentes possibilités liées à la contrebande. Les magnats du cinéma et les stars dépensaient des centaines de dollars pour leurs dîners en ville. Les restaurants commençaient à se multiplier à Hollywood. Ralph Capone se mit donc à menacer les restaurateurs afin qu'ils lui revendent leurs affaires pour une somme modique.

À Chicago, Al Capone en arriva à la conclusion que le seul moyen de se débarrasser de Moran était de détruire l'ensemble du gang, en une seule fois. Le 14 février 1929, deux officiers de police entrèrent dans le quartier général de Moran, un garage *sis* au 2122 North Clark Street. Ils ordonnèrent à sept partisans de Moran de s'aligner contre un mur. Les gangsters s'exécutèrent, pensant qu'il s'agissait d'une banale fouille. Trois hommes en civil qui avaient accompagné les officiers de police ouvrirent le feu avec des mitraillettes. On pense que l'un des hommes déguisés en officiers de police était Sam Giancana, un ami de Sinatra. W.R Burnett, auteur du roman *Little Ceasar* – qui allait être adapté au cinéma deux ans plus tard avec Edward G. Robinson dans le rôle de Capone[23] –, aperçut de loin

22. « Les Ennuis » (*N.d.T.*).

23. Le titre français du film est *Le Petit César* (*N.d.T.*).

le résultat du massacre de la Saint-Valentin, mais ne put se résoudre à rentrer dans le garage. « J'ai vu, j'ai seulement vu. C'était une boucherie – il y avait du sang partout sur le mur et des types qui gisaient sur le sol. J'ai jeté un coup d'œil et je me suis dit "Hein, hein". Je ne voulais pas voir ça. »

Billy Wilder allait faire unc référence légère à cet épisode dans *Certains l'aiment chaud* (1959). Roger Corman, quant à lui, embauchera Harold Browne, un journaliste de Chicago, pour écrire le script de son film de 1967 sur les luttes de pouvoir entre Capone, O'Banion et Moran, *L'Affaire Al Capone*. Corman prétendrait que *L'Affaire Al Capone* était le film de gangsters le plus juste et précis qui ait jamais été fait. La 20th Century Fox s'opposa à ce que le rôle de Capone soit confié à Orson Welles, et ce fut donc le grand et mince Jason Robards qui incarna le gangster. *L'Affaire Al Capone* ne coûta que 1 million de dollars, mais passa pour un film à plus grand budget, Corman ayant utilisé des décors d'anciennes productions de la Fox. La salle de bal créée pour *La Mélodie du bonheur* (1965) devint par exemple la villa de Capone.

Au départ, la presse pensa que le massacre de la Saint-Valentin était l'œuvre de policiers qui avaient été doublés dans une affaire de corruption. Quand il comprit que Capone en avait été le commanditaire, le public se mit à faire pression pour que l'on « fasse quelque chose » contre le développement du gangstérisme.

La façon dont Capone s'était débarrassé du gang du North Side alarma également ses « collègues » de New York. Luciano, l'ennemi d'adolescence de Capone, était désormais à la tête de ce qui n'allait pas tarder à devenir le *Syndicate* de New York. Tout comme Johnny Torrio, il souhaitait moderniser le crime organisé et proscrire le type de boucherie qui s'était produit à la Saint-Valentin. Luciano et Torrio invitèrent tous les éminents gangsters d'Amérique à un rassemblement qui eut lieu entre le 13 et le 16 mai 1930 à l'Hotel President d'Atlantic City. Capone, Albert Anastasia, Bugsy Siegel et Longy Zwillman étaient présents. Les gangsters considéraient Atlantic City comme un terrain neutre : c'était l'endroit où passaient leur week-end les dirigeants des studios de cinéma, qui, à cette époque, avaient tous leurs sièges sociaux à New York. Le but de cette rencontre – également brocardée dans le film *Certains l'aiment chaud*, qui la resitue à Miami – était de refréner les excès de Capone.

Le premier soir, dans l'une des salles de conférence de l'hôtel, les seigneurs du crime s'assirent autour d'une table d'acajou sous un lustre à pampilles. La délégation de New York, présidée par Lucky Luciano, se mit à l'un des bouts de la table. Johnny Torrio, Frank Costello et Bugsy Siegel étaient aux côtés de Luciano. Al Capone et sa délégation – Frank Nitti, Jake « *Greasy Thumb* » Guzik et Frank Rio – s'assirent à l'autre bout. Ce furent Torrio et Costello qui commencèrent à parler : ils lancèrent un appel à l'unité, et placèrent les choses sur un terrain professionnel. Ils expliquèrent que la guerre des gangs devait cesser à Chicago. Ce fut ensuite au tour de Luciano de parler. Il proposa que l'on organise une commission nationale, à laquelle toutes les familles seraient représentées. À partir de maintenant, tout assassinat devrait être approuvé par la commission. « Si les fusillades ne cessent pas, dans un an, nous serons tous au chômage », déclara Luciano avant de se rasseoir. (Les gangsters étaient si satisfaits d'eux-mêmes qu'ils faisaient tous les jours des rapports à la presse.)

Torrio se leva pour parler à nouveau et demanda à Capone de se porter volontaire pour aller en prison, au moins jusqu'à ce que les choses se calment. Capone commença à hurler des obscénités. Il se leva d'un bond et jeta violemment sa chaise par terre. « Vous allez entendre parler de moi », dit-il. Il quitta la pièce, suivi de ses hommes. Mais après avoir discuté avec les autres gangsters, il comprit que Luciano, une fois de plus, ne lui avait pas laissé d'autre choix que de se plier à sa volonté : il devait aller en prison. Une fois calmé, il envisagea probablement la prison comme une opportunité à saisir. Il est vrai qu'il avait parfois émis l'idée de passer à autre chose. Deux jours après la réunion d'Atlantic City, les détectives James Malone et John Creedon arrêtèrent Capone et Rio à Philadelphie pour détention d'armes. Malone et Creedon figuraient tous deux sur la liste des personnes rémunérées par l'*Outfit* ; ils avaient séjourné avec Capone en Floride. Capone leur versa 20 000 dollars pour l'arrestation. Rio et Capone furent condamnés à un an de prison pour détention d'armes cachées[24]. Capone fut envoyé à l'Eastern State Penitentiary (Philadelphie). Il fut bien soigné. Sa cellule était munie d'un tapis, d'un téléphone qui permettait les appels à longue distance, d'un meuble radio et d'une commode assortie.

Capone resta dix mois en prison, de mai 1929 à mars 1930. Durant son absence, ce fut son frère Ralph qui s'occupa du gang. Mais des agents de la Prohibition avaient mis le téléphone de Ralph sur écoute, et ne tardèrent pas à faire intrusion dans trois des brasseries illégales de Capone. L'agent fédéral chargé de l'enquête, Eliot Ness, allait être immortalisé par la télévision et le

---

24. En anglais, *concealed weapons* (*N.d.T.*).

cinéma, qui le présenteraient comme l'ennemi juré de Capone. Ness fit irruption dans l'une des brasseries de Capone en enfonçant la porte à l'aide d'un chasse-neige, une scène qui serait recréée par Brian De Palma dans *Les Incorruptibles*.

Eliot Ness était né à Chicago en 1903. Ses parents étaient norvégiens, et par une étrange coïncidence habitaient sur Prairie Avenue, à l'instar de la famille de Capone. Ness obtint un diplôme de l'Université de Chicago puis intégra le Bureau de la Prohibition en 1928, œuvrant sous l'autorité du procureur du district[25] George E.Q. Johnson. Ness commença par travailler sous couverture, se faisant passer pour un officier corrompu. L'opération aboutit à l'inculpation de quatre-vingt-un hommes et au démantèlement d'un circuit de contrebande qui générait 36 millions de dollars par an. Ness tourna alors son attention vers Cicero, ville de la banlieue de Chicago qui était contrôlée par Capone. Mais le Bureau de la Prohibition était très corrompu, ce qui rendait difficile toute opération contre la contrebande. Ness sélectionna neuf agents qu'il savait être honnêtes. Ils résistaient si bien aux propositions de Capone que la presse finit par les surnommer « *the Untouchables*[26] ». En suivant la piste des fûts, des tavernes aux brasseries, les *Untouchables* détectèrent six fabriques et cinq entrepôts de Capone. Ils saisirent vingt-cinq camions, et des stocks de bière d'une valeur de 9 millions de dollars. Capone était désormais sorti de prison. Pour l'humilier, Ness fit défiler les camions de bière sur Michigan Avenue, devant

25. En anglais *district attorney*. Cette expression sera toujours traduite par « procureur du district » (*N.d.T.*)

26. Titre original du film de De Palma. « Les Incorruptibles » (*N.d.T.*).

le Lexington Hotel, après avoir téléphoné à Capone pour lui dire de regarder par la fenêtre.

Il est indéniable que Capone fut affaibli par Ness, qui avait endommagé la structure de son organisation. Ness survécut à plusieurs tentatives d'assassinat, dont un attentat à la voiture piégée. En 1931, suite à une enquête présentée à un grand jury – le système judiciaire américain permet de présenter des preuves à un jury, qui détermine si elles sont ou non suffisantes pour ouvrir un procès –, Capone et soixante-huit membres de son gang furent inculpés de cinq mille entraves au Volstead Act. Mais plusieurs témoins de l'accusation furent assassinés – faits qui allaient également être repris dans *Les Incorruptibles*. Le climax du film met en scène Ness brocardant Capone dans le tribunal. Cependant, les deux hommes ne se rencontrèrent en réalité jamais. L'accusation retira ses plaintes suite à l'intimidation des témoins.

Ness partit pour Cleveland (Ohio) où il devint directeur de la sécurité publique[27]. Il lutta contre le crime organisé et contre la corruption au sein de la police. Mais il ne réussit pas à arrêter un tueur en série, ce qui entacha sa réputation, et il échoua aux élections municipales de 1947. Cet échec, combiné à celui de son mariage, précipita Ness dans l'alcoolisme. Le journaliste sportif d'United Press International Oscar Fraley le rencontra en 1956 et, en deux semaines, écrivit un livre inspiré des souvenirs qu'il avait de Capone. Ness venait à peine de terminer de lire les épreuves quand il se rendit dans sa cuisine pour aller chercher un verre d'eau et s'effondra, victime d'une crise cardiaque. Ness avait 54 ans et

27. *Director of public safety*.

9 000 dollars de dettes ; il avait, comme allait le dire Fraley, oublié de réfléchir à sa propre mortalité.

Le livre de Fraley, *Les Incorruptibles*, s'écoula à 1,5 million d'exemplaires. Desi Arnaz, l'acteur qui donnait la réplique à sa femme Lucille Ball dans la série télévisée *I Love Lucy*, possédait une société de production, Desilu Productions. Arnaz acheta les droits du livre à l'éditeur Julian Messner et l'adapta en un téléfilm en deux parties à 600 000 dollars qui fut diffusé au cours de l'émission « Desilu Playhouse » sur ABC. Réintitulé *Le Tueur de Chicago*, le téléfilm avait pour acteurs principaux Robert Stack dans le rôle de Ness et Neville Brand dans le rôle de Capone. Le journaliste Walter Winchall était le narrateur. Ce fut un tel record d'audience qu'Arnaz et son producteur, Quinn Martin, décidèrent de rattacher les deux téléfilms et de les distribuer en Europe sous la forme d'un long-métrage.

La chaîne ABC était tellement satisfaite des résultats du *Tueur de Chicago* qu'elle demanda à Desilu de créer une série pour la saison 1959-1960. Le premier épisode des *Incorruptibles* fut donc diffusé en octobre 1959. Les taux d'audience furent spectaculaires. Pour sa première saison, la série *Les Incorruptibles* remporta les Emmy Awards du meilleur acteur, de la meilleure photographie, du meilleur montage et de la meilleure direction artistique.

Mais la série s'attira l'hostilité d'Edgar J. Hoover – qui lui reprochait d'attribuer à Ness des succès remportés par le FBI –, ainsi que de la veuve de Capone, Mae – qui lança en vain des poursuites pour diffamation. Le gangster Jimmy « *the Weasel*[28] » Fratiano allait plus tard affirmer que Sam Giancana, chef de la Mafia de Chicago,

28. « La Fouine » (*N.d.T.*).

avait envisagé de faire assassiner Arnaz. D'après Fratiano, Giancana aurait ordonné à Frank « Bomp » Bompensiero de tuer Arnaz, puis aurait changé d'avis.

La série *Les Incorruptibles* provoqua également la colère des associations d'Italo-Américains, qui lui reprochèrent ses stéréotypes ethniques. Et il est vrai que tous les méchants étaient des Italiens. Frank Sinatra et le sénateur John Pastore, président du comité communication du Sénat, commencèrent à faire pression sur Arnaz afin qu'il supprime les noms italiens. Lors d'une rencontre avec la Federation of Italian-American Democratic Organizations, des cadres d'ABC acceptèrent d'introduire des personnages ayant d'autres origines ethniques. L'un des gangsters russes de la dernière saison de la série serait ainsi le « bien nommé » Joe Vodka.

Parallèlement, la Mafia fit comprendre au sponsor de la série, le fabricant de tabac Liggett and Meyers (L&M), qu'il pourrait avoir des problèmes s'il continuait de financer *Les Incorruptibles*. Le frère cadet d'Albert Anastasia, Anthony « *Tough* Tony[29] » Anastasia de la Longshoreman's Union de New York, expliqua à L&M que les membres du syndicat ne s'occuperaient plus des cigarettes de la marque dans les ports américains et canadiens jusqu'à ce qu'elle ait cessé de sponsoriser la série. « C'est donnant-donnant », dit Anastasia. L&M ne tarda pas à annoncer qu'il arrêtait de financer la série. Les attachés de presse de la société se justifièrent en disant qu'ABC avait décidé de diffuser la série à 22h00 et non plus à 21h30.

Cependant, ce ne fut ni la Mafia ni les associations d'Italo-Américains qui furent à l'origine de la suppression de la série. ABC décida d'annuler sa programmation

29. « Tony le Dur » (*N.d.T.*).

quand un programme musical concurrent commença à faire de meilleurs taux d'audience. Le 118e et dernier épisode des *Incorruptibles* fut diffusé le 10 septembre 1963.

Vingt ans plus tard, la Paramount, qui possédait les droits, réussit à persuader Brian De Palma et le producteur Art Linson de créer un long-métrage adapté de la série. Aucun d'entre eux n'avait une affection particulière pour le matériau originel. Mais De Palma avait envie de raconter une histoire simple dans un style classique. Il voyait dans *Les Incorruptibles* le triomphe d'un homme de principes sur le système. Ses précédents films étaient en général plus sombres ; il laissait ses héros tomber dans le cynisme (*Blow Out,* 1981) ou faire face à la mort (*Body Double,* 1984).

Robert De Niro accepta d'incarner Capone. L'acteur estimait que le gangster n'était pas un être foncièrement mauvais ; qu'il aurait dû devenir un homme politique, un administrateur. « Il devait avoir quelque chose en lui, au-delà de la peur », allait-il déclarer à un journaliste de *Newsweek*. « Il devait avoir beaucoup de charisme. »

Al Wolff, le dernier survivant de l'équipe de Ness, fut engagé comme conseiller technique – et ce en dépit du fait que De Palma ne voulait pas tant décrire la vérité que « dépeindre la légende ». Le réalisateur de *Pulsions* et de *Blow Out* souhaitait que Chicago ait un air opulent, rappelant l'Allemagne nazie. « La corruption est attrayante », déclara-t-il. « C'est un monde enjôleur, un monde régi par l'argent. »

Quelques scènes sont adaptées de faits réels, telle celle où Capone, armé d'une batte de base-ball, frappe à plusieurs reprises le visage d'un traître. Le film tend néanmoins à édulcorer la réalité. En fait, ce furent trois gangsters – Albert Anselmi, Joseph Guinta et John Scalise

– que Capone frappa avec sa batte lors d'un banquet. Il soupçonnait le trio de s'être allié à un autre gang.

Le film se fixe sur les exploits de Ness et laisse dans le flou la véritable cause de la chute de Capone – la fraude fiscale. Dans *Les Incorruptibles*, l'un des agents de Ness, Oscar Wallace – personnage inspiré du comptable Frank Wilson – réussit à convaincre Ness (Kevin Costner) que le seul moyen d'envoyer Capone en prison est de le faire inculper pour fraude fiscale. En 1931, la fraude fiscale était devenue la stratégie préférée du gouvernement pour mettre les gangsters derrière les barreaux. L'impôt sur le revenu n'existait que depuis dix-huit ans. Seule 7 % de la population américaine possédait assez d'argent pour payer quelque impôt que ce soit. D'après la légende de la Mafia, le facteur qui poussa le gouvernement à s'occuper de Capone fut la visite du président Hoover dans les quartiers des gangsters, à Miami Beach. On dit que Hoover aurait vu des femmes nues danser autour d'un feu, alors que des gangsters tiraient en l'air sous le ciel étoilé. Hoover aurait alors déclaré qu'il fallait agir contre Capone. Le procureur du district Johnson demanda au procureur spécial[30] Dwight H. Green d'enquêter sur d'éventuelles fraudes fiscales au sein du gang de Capone. Johnson, Green et Elmer Irey, directeur de l'International Revenue Service (IRS), commencèrent par s'occuper de Frank Nitti, l'héritier présomptif de Capone. Sur les trois dernières années, Nitti avait dépensé au minimum 624 888 dollars, et n'avait payé aucun impôt. Le gangster fut condamné à dix-huit mois de prison et dut payer une amende de 10 000 dollars. Ralph Capone était le prochain sur la liste. Il dut lui aussi

30. En anglais, *special prosecutor*. Cette expression sera toujours traduite par « procureur spécial » (*N.d.T.*).

payer une amende de 10 000 dollars, et il passa trois ans au Leavenworth Penitentiary (Kansas), décrit par un prisonnier comme « un mausolée géant abandonné au milieu d'un océan de néant ». Mais il ne s'agissait pour le Département de la Justice que d'un échauffement avant l'arrestation de Capone.

Entre-temps, le producteur Howard Hughes avait acheté les droits du roman *Scarface*. Écrit par Maurice Coons sous le pseudonyme d'Armitage Trail, *Scarface* avait été publié en 1930. Le roman contait l'histoire de deux frères, l'un devenant gangster et l'autre policier. Ayant perdu beaucoup d'argent dans l'industrie du cinéma, Hughes estimait que les films de gangsters étaient un moyen très sûr de faire du profit. Il engagea plusieurs scénaristes, dont W.R. Burnett, pour adapter le roman. Puis il proposa à Howard Hawks 25 000 dollars pour réaliser le film. Hawks, qui avait connu plusieurs gangsters à Chicago, apporta une perspective originale. Il avait entendu dire que Capone avait un jour tué trois gangsters à coups de batte. Il lui vint à l'esprit que Capone était l'équivalent moderne de Cesare Borgia, fils du pape Alexandre V (Rodrigo Borgia), et homme qui assassinait des prisonniers papaux. Ce qui l'amena à se poser la question suivante – et si Capone avait eu des relations incestueuses avec sa sœur, tout comme Borgia ? Hawks contacta Ben Hecht, ancien journaliste de Chicago et coscénariste de *The Front Page*, et lui demanda d'écrire le script. Hecht refusa. Il venait de remporter le tout premier Oscar du meilleur scénario original pour un autre film de gangsters, *Underworld* (1927). Il n'avait pas envie se répéter.

Cependant, l'agent de Hecht, Myron Selznick, ne tarda pas à clamer haut et fort que Hughes allait payer Hecht 1 000 dollars pour chacun des jours où il travaillerait sur *Scarface*. Selznick avait déjà lancé pour son client le surnom de « Shakespeare du cinéma ». Ce que la presse ignorait, c'était que le salaire de Hecht était plafonné à 15 000 dollars. Hecht écrivit un synopsis de soixante pages en onze jours.

Très vite, Capone apprit que Hollywood était en train de préparer un film à son sujet. Un soir, quelqu'un frappa à la porte de la chambre d'hôtel de Hecht. Quand le scénariste ouvrit, il aperçut deux étrangers qui, d'après lui, avaient « l'air mauvais ». L'un d'entre eux avait à la main un exemplaire de son synopsis. Il demanda à Hecht si c'était bien lui qui avait écrit cette ébauche de scénario. Hecht admit en être l'auteur. « On l'a lu », lui dit le gangster. Hecht leur demanda ce qu'ils en pensaient. « Est-ce que ce truc parle de Capone ? », demanda l'un des hommes. Hecht mentit : il expliqua que le script avait pour sujet d'autres gangsters, tels que Dion O'Banion. « Bon. Alors on va leur dire que ce truc que tu as écrit parle d'autres types. » Ils étaient sur le point de partir, quand l'un des deux hommes se retourna, comme s'il venait de penser à quelque chose : « Si ce truc ne parle pas de Capone, pourquoi est-ce que tu l'as appelé *Scarface* ? Tout le monde va croire que c'est sur lui ». Hecht trouva une mauvaise excuse : il voulait berner les gens en leur faisant croire qu'il s'agissait d'un film sur Al Capone, alors que l'histoire n'était pas du tout centrée sur lui. Cela faisait partie, expliqua Hecht, du racket du show business. « Je dirai ça à Al. Et qui c'est, ce Howard Hughes ? » Hecht répondit qu'il s'agissait du pigeon qui fournissait l'argent. « OK. Alors on s'en fout de lui. » Les gangsters partirent, satisfaits.

On engagea Paul Muni pour le rôle de Camonte/Capone et Ann Dvorak pour celui de la sœur du gangster, personnage inspiré de Lucrèce Borgia. Hecht, qui avait déjà rencontré Capone, déclara que, dans ce rôle, Muni faisait plus penser à Hitler qu'au gangster de Chicago, qui dans la vraie vie était volubile, et non sinistre.

Hawks engagea l'ancien danseur George Raft pour le rôle de l'homme de main de Camonte/Capone, personnage inspiré de Frank Rio, le garde du corps de Capone. Le père de Raft était allemand, et sa mère italienne. L'acteur s'appelait en réalité George Ranfft, mais il avait supprimé le « n » et un « f » de son nom afin de le rendre plus facile à prononcer – et plus facile à mémoriser. Raft avait des liens avec la Mafia de New York et était le protégé d'Owney Madden. Comme allait un jour le dire le présentateur de télévision Ed Sullivan, connaître Madden dans les années 1920, c'était un peu comme être ami avec le maire. Madden avait présenté Raft à Capone dans un restaurant de New York, le Delmonico's. Au cours de sa carrière de danseur, Raft avait également rencontré les gangsters Lucky Luciano, Meyer Lansky et Bugsy Siegel. Raft fréquentait le club de jeu d'Arnold Rothstein, près de Broadway. Un soir, il y fut arrêté alors qu'il était en train de jouer au craps. Raft ne donna pas son véritable nom, la police n'osa pas prendre ses empreintes, et toutes les charges qui pesaient contre lui finirent pas être abandonnées. Un autre soir, la police fit une descente dans une taverne illégale où Raft était en train de dîner après s'être produit dans un night-club. Le contrebandier du New Jersey Dutch Schultz se leva de sa table et glissa son arme sous le manteau de Raft. Il attendit que la police s'en aille, puis sans dire un mot, la retira.

Raft a un jour admis que quand il était plus jeune, il rêvait de devenir gangster, et non acteur. « Quand je suis devenu une star du cinéma et que les gens ont commencé à me poser des questions sur les gros durs que je connaissais, je répondais : “Je crois que ce sont les types les plus formidables du monde”, allait raconter Raft à son biographe, avant d’ajouter :

> Ces types – [Bugsy] Siegel, Costello, Adonis, Luciano et Madden – étaient des dieux pour moi. Ils avaient des Cadillac 16 cylindres, et comme on dit, quand il y a de l’argent quelque part, tout le monde a envie d’avoir sa part du gâteau. Partout où ils allaient, il y avait des commissaires de police et des politiciens qui se prosternaient devant eux. Alors je me disais que ce que faisaient ces types ne pouvait pas être aussi mal qu’on le disait. Je voulais leur ressembler. J’avais envie de faire comme eux.

Hawks trouvait que Raft avait « un merveilleux air impassible », ce qui le rendait parfait pour le rôle de Guido Renaldo. Raft s’inspira du gangster new-yorkais Joe Adonis pour certaines de ses mimiques. Il prit note de la façon dont celui-ci bougeait ses mains, de la façon dont il parlait et de l’angle d’inclinaison particulier de son menton. Adonis fut tellement flatté de l’imitation de Raft qu’en 1951, il demanda à l’acteur de lui donner quelques leçons de comédie : il devait témoigner devant la commission Kefauver enquêtant sur le crime organisé, et ses déclarations seraient retransmises à la télévision.

On a tendance à penser que *Scarface* fut le premier film de Raft. En réalité, il s’agissait de son douzième. Mais jusqu’à présent, Raft avait surtout joué dans des comédies musicales, sur les grandes scènes américaines et européennes, ainsi qu’à l’écran. Hawks avait entendu parler de Jack McGurn, un membre du gang de Capone (dont le véritable nom était Vincenzo DeMora), qui laissait une insignifiante piécette dans la paume de la main de ses victimes, en signe de mépris. Pour le film, Hawks allait demander à Raft de jeter sans arrêt des pièces – une habitude qui serait adoptée par tous les futurs gangsters. Au cours des années 1940, Raft devint le meilleur ami de Bugsy Siegel. Au cours des années 1950, il se moqua de lui-même en acceptant d'incarner le chef de la Mafia « *Spats*[31] » Columbo dans *Certains l'aiment chaud* (dans un petit clin d'œil au public, Raft arrête un gangster qui cherche rageusement à lui jeter une pièce en ronchonnant : "Mais qui t'a appris cette habitude stupide ?"). En 1967, Raft, qui habitait Londres, se fit expulser par le gouvernement britannique pour avoir financé le Colony Club, un casino londonien soutenu par la Mafia.

Les censeurs avaient dit à Hughes et Hawks qu'ils interdiraient la sortie de *Scarface* s'ils étaient assez bêtes pour le produire. « Le public américain et tous les comités de censures consciencieux exècrent les mafieux et les truands », avait dit le censeur Jason Joy. « Le cinéma ne doit pas faire allusion au gangstérisme. » Hughes n'abandonna pas son idée et envoya une lettre à Hawks : « On se fout du Hays Office. Commence le film et rends-le aussi réaliste, aussi passionnant et aussi effrayant que possible ».

Fred Paisley, journaliste du *Chicago Tribune* spécialisé dans le crime organisé, fut embauché en qualité de conseiller afin de rendre le film plus réaliste. Un jour, un homme qui se présenta sous le nom de George White arriva sur le plateau. White demanda s'il pouvait observer le tournage. Hawks envoya un télégramme à un ami de Chicago pour lui demander de se renseigner sur ce George White. Il s'avéra que George White était en réa-

31. « Claques », « Querelles » ou « Demi-guêtres » (*N.d.T.*).

lité Whitney Krokower, alias Puggy White, un membre du gang de Capone. Sa sœur Estelle était la femme de Bugsy Siegel. Le lendemain matin, quand White revint, Hawks lui dit qu'il savait qu'il était proxénète et qu'il avait tué une dizaine d'hommes. White avoua être un meurtrier mais refusa d'être qualifié de proxénète. Puis il se mit à conseiller Hawks, lui expliquant comment il pourrait rendre certaines scènes plus réalistes. Celle, par exemple, où des gangsters apportent des fleurs à l'un de leurs ennemis qui est à l'hôpital et sortent des armes du bouquet avant de lui tirer dessus est ainsi adaptée de faits réels.

Plusieurs historiens du cinéma disent que Capone se serait rendu à Hollywood pour observer le tournage. Hawks lui-même a raconté avoir invité Capone, qui se trouvait à cette époque à Los Angeles, à venir observer les rushes du film. Il a également déclaré que d'autres gangsters étaient venus le voir au cours du montage en disant : « Le patron veut qu'on regarde le film. » Capone aurait organisé un cocktail au Lexington Hotel en l'honneur de Hawks. Ce dernier aurait été frappé par la politesse et la gentillesse de tous les invités. Le point culminant de la soirée aurait été l'arrivée de Capone, vêtu d'une jaquette et d'un pantalon à rayures, qui aurait offert une petite mitraillette à Hawks en guise de souvenir. D'après une autre anecdote, Capone aurait fait venir Raft au Lexington Hotel le soir de la première de *Scarface* à Chicago – ce qui est chronologiquement impossible, Capone ayant à cette époque déjà été incarcéré.

Scarface est précédé d'un avertissement visant à justifier le spectacle violent que le public est sur le point de regarder : « Ce film est une dénonciation de la loi de la pègre en Amérique, et de l'inhumaine indifférence du gouvernement face à cette menace grandissante pour notre sécurité et notre liberté. Tous les faits présentés dans ce film sont la reproduction d'événements réels, et le but de ce film est de demander aux membres du gouvernement : "Que comptez-vous faire pour régler ce problème ?" »

Hawks débute en fondu sur les restes d'une réception organisée par « Big Louis » Costillo, personnage adapté de « Big Jim » Colosimo. On aperçoit la silhouette d'un homme qui abat le chef du gang dans le hall de son restaurant. Cet homme est Tony Camonte, personnage inspiré de Capone. Quand un détective demande à Camonte comment il s'est fait sa cicatrice, le gangster, comme Capone, répond qu'il a été blessé au cours de la Première Guerre mondiale. L'éditeur du journal prédit que les gangsters ne vont pas tarder à s'exterminer entre eux pour le contrôle du trafic d'alcool à Chicago. Le successeur de Costillo, Johnny Lovo (ou John Torrio) engage Camonte comme homme de main. À l'instar de Torrio, Lovo désire organiser la contrebande de façon plus professionnelle. Camonte, épaulé par son fidèle, Guido Renaldo (George Raft), assassine les membres des gangs rivaux et fait exploser leurs restaurants jusqu'à ce que Lovo prenne le contrôle du Southside.

Camonte est obsédé par sa sœur, Cesca, dont il cherche à protéger la virginité (pour se la réserver ?). Mais Cesca est dotée d'un fort appétit sexuel. Dans l'une des scènes, elle observe Renaldo, qui se repose sur le capot de sa voiture, et lui jette une pièce, qu'il met dans sa poche.

Camonte a des vues à la fois sur la petite amie de Lovo, Poppy (personnage imaginé par Hecht et Hawks) et sur le trafic d'alcool dans le North Side. O'Hara, le personnage inspiré de Dion O'Banion, est le leader du gang du

North Side. Camonte le fait tuer dans son magasin de fleurs. Une nouvelle guerre est ainsi déclenchée. Le problème, c'est que les gangsters du Northside font également du trafic d'armes – des mitraillettes qu'ils font passer hors des frontières de l'État. Un convoi de gangsters des quartiers nord mitraille le restaurant où Camonte est en train de manger, mais ce dernier s'en sort indemne – scène très similaire à la tentative d'assassinat dont Capone avait fait l'objet le 20 septembre 1926. En guise de représailles, sept gangsters du North Side sont tués à coups de mitraillettes dans une maison close – scène rappelant le massacre de la Saint-Valentin.

Alors, Tom Gabney (Boris Karloff) – personnage composite mêlant les caractéristiques d'Earl « *Hymie* » Weiss, le Polonais qui allait prendre le contrôle du gang du North Side, et de son successeur George « *Bugs* » Moran – cherche à se cacher, craignant d'être la prochaine cible. Mais Camonte retrouve Gabney dans un bowling et l'abat (à chaque fois qu'un meurtre est commis, un « X » apparaît à l'écran – la cicatrice en forme de X de Camonte –, formé par les ombres projetées par un réverbère éclairant les poutres croisées d'une grange, ou présenté sur le tableau affichant les scores du bowling).

Il y avait dans le script une scène inspirée par Capone qui ne fut jamais tournée. Elle devait montrer Camonte en Floride se prélassant sur son yacht avec divers artistes, dont une romancière, et des membres de l'*establishment*. Hawks décida de supprimer la scène, qui, d'après lui, mettait trop en avant la façon dont les gens comme Capone avaient pu s'enrichir par le biais du crime en cette période de Grande Dépression.

Dans le film, la guerre des gangs est de plus en plus mal vue par le public. Camonte passe à tabac un homme qui danse avec sa sœur dans un night-club. Il réussit également à voler à Lovo sa petite amie. Lovo tente de faire assassiner son protégé, mais Camonte échappe à cette deuxième tentative d'assassinat et décide de se venger de son mentor.

Camonte, qui est néanmoins blessé, se met à la recherche de Renaldo. Il découvre alors que ce dernier a épousé sa sœur. Fou de jalousie, il tue son meilleur ami et se réfugie dans un endroit sûr. Mais très vite, le bâtiment où il se cache est encerclé par des policiers. Camonte est bientôt rejoint par sa sœur, qui se barricade avec lui dans l'appartement. Il se met à tirer à la mitraillette dans la rue. Mais il perd courage au moment où sa sœur se fait tuer. Il implore les policiers de lui laisser la vie sauve, mais ces derniers ouvrent le feu. Capone tombe sur le trottoir sous un néon annonçant : « *The World Is Yours*[32] ».

Scarface est un film qui a fait et fait toujours autorité pour ce qui est du gangstérisme des années 1920 à Chicago ; c'est la description la plus fine, la plus intelligente et la plus énergique qui ait jamais été faite de l'ascension et de la chute d'un individu de la pègre. Comme l'écrit Todd McCarthy, biographe de Hawks, « *Scarface* resterait le film de gangsters le plus puissant de tous ceux qui allaient être produits par Hollywood pendant des décennies ». Il resterait aussi le film préféré de Hawks, qui continuerait sur cette lignée avec *Le Port de l'angoisse* (1944) et *Le Grand Sommeil* (1946). Soixante-dix ans après sa sortie, *Scarface* et ses quarante-trois meurtres porteraient toujours la mention « Interdit au moins de 15 ans ». Il s'agit, en langage de jeux vidéo, d'un merveilleux *shoot'em up*, dominé par la prestation

32. « Le monde est à toi » (*N.d.T.*).

de Muni. Dans une même scène, Muni passe de la phase de déprime post-cocaïne au rire hystérique. Il réussit à transmettre, d'après les mots d'un témoin de l'époque, une partie de la charismatique folie de Capone, qui pouvait pourtant en un clin d'œil se transformer en une créature de Frankenstein titubante aux yeux écarquillés.

La violence de *Scarface* exaspéra tant le Hays Office qu'il ordonna à Hawks d'ajouter le sous-titre *The Shame of the Nation*, afin d'expliquer au public ce qu'il devait en penser. Il obligea également Hawks à changer la scène finale pour la rendre plus morale : Camonte écoute un discours sur les méfaits du crime avant de se pendre. Les censeurs firent également pression pour qu'une autre scène soit ajoutée : un groupe de citoyens responsables, qui comprend un Italo-Américain, reproche à l'éditeur d'un journal de couvrir la guerre des gangs. L'éditeur se met alors à parler directement à la caméra, conseillant aux spectateurs de chercher à lutter contre le gangstérisme. Ce fut Richard Rosson qui dirigea ces deux scènes, Hawks s'étant déjà mis à travailler sur *La Foule en délire* (1932). Muni lui-même n'allait pas apparaître dans la nouvelle fin. Ce fut une doublure qui joua le rôle de Camonte, dos à la caméra. Quand, en avril 1932, le film fut distribué par United Artists, deux versions différentes sortirent dans les salles du pays : la version morale dans les zones rurales et la version originale dans les grandes villes.

Le budget de *Scarface* était à l'origine de 600 000 dollars, mais avec les frais engendrés par ces scènes supplémentaires, il finit par s'élever à 700 000 dollars. Le film donna d'assez bons résultats au box-office : entre sa sortie en 1932 et sa dernière projection en 1935, il rapporta 905 298 dollars à United Artists. À titre de comparaison, le plus grand succès de Hughes, Les *Anges de l'enfer*, avait rapporté 2 361 125 dollars. Hughes empocha 75 % de l'argent généré par *Scarface* au box-office. Le film marcha également assez bien en Grande-Bretagne, où il fut distribué par Astor Films en 1936. Il rapporta 297 934 dollars supplémentaires, les recettes totales finissant ainsi par s'élever à 1 203 233 dollars.

Le scénariste Maurice Coon ne vit jamais le film. Coon, qui pesait plus de 130 kg, mourut des suites d'une crise cardiaque en 1931. Il avait néanmoins réussi à se faire accepter en qualité de scénariste à Hollywood.

Le remake de Brian De Palma, réalisé cinquante ans après la sortie de *Scarface*, avec Al Pacino dans le rôle de Capone, apporte peu à l'original – si l'on oublie les décors kitsch de Fernandino Scarfiotti et les airs de synthétiseurs sirupeux de Giorgio Moroder. L'intrigue est très similaire à celle du premier film. Dédié à Ben Hecht, le script – d'Oliver Stone et de De Palma (non crédité) – modernise l'histoire de Capone en la resituant dans les années 1980. À cette époque, le gouvernement cubain envoyait en Amérique des bateaux de prisonniers politiques, criminels et autres « indésirables ». Parmi ces exilés figure Tony Montana, qui va bientôt prendre la tête du trafic de cocaïne en Floride. Michelle Pfeiffer, dans le rôle de la poule du gangster, paraît bien fade en comparaison avec Karen Morely. Mary Elizabeth Mastrantonio, dans le rôle de la sœur, n'est pas aussi subtile que ne l'était Dvorak. Seule la scène où Pacino ouvre d'un coup sec un sac de cocaïne, plonge sa tête dedans et tire au lance-roquettes sur des gangsters venus pour le tuer a le dessus sur l'original. Tout comme le premier *Scarface*, le remake eut quelques problèmes avec la censure. Après avoir pratiqué quelques coupes mineures, Universal représenta le film à la Motion Picture Association of America (MPAA) (successeur du Hays

Office), qui finit par accepter qu'il sorte dans les salles sous la mention « Interdit au moins de 17 ans ».

Sept mois après la sortie du premier *Scarface*, Capone fut jugé pour fraude fiscale. Jules Stein, un agent de musique dont les bureaux se situaient juste en face du tribunal de Dearborn Street, fit partie des gens qui observèrent l'agitation médiatique engendrée par le procès. L'agence de Stein, la Music Corporation of America (MCA), allait un jour racheter Universal Pictures. Stein deviendrait directeur général du studio de cinéma. Stein et Capone possédaient tous deux des parts dans le night-club Chez Paree, boîte très tendance de Chicago et lieu de rencontre pour l'*Outfit*. Plusieurs des groupes de jazz de Stein se produisaient dans les tavernes illégales de l'*Outfit*. L'agent faisait également appel aux hommes de Capone pour forcer les clubs à engager les artistes qu'il représentait. Le Capone que Stein connaissait n'était pas aussi méchant et cruel que les journalistes le décrivaient. C'était plutôt un gros balourd attachant. L'homme en surpoids dans ses vêtements voyants que Stein voyait se présenter tous les jours devant la cour ressemblait à un banquier de Wall Street bien nourri. Stein en arriva à la conclusion que le crime de Capone avait moins été les meurtres ou les actes de violence qu'il avait commis que le fait d'avoir étalé sa richesse de façon ostentatoire au cours de la Grande Dépression.

Au fil des quatre jours de procès, le gouvernement réussit à démontrer qu'entre 1924 et 1929, Capone avait gagné au minimum 1 038 654,84 dollars. Il aurait par conséquent dû payer 215 080,48 dollars d'impôts. Après avoir délibéré pendant huit heures, le jury rendit son verdict. Le 17 octobre 1931, Capone fut jugé coupable de trois chefs d'accusation pour fraude fiscale et de deux autres pour ne pas avoir rempli de déclaration d'impôt.

Une semaine plus tard, la sentence tomba : Capone fut condamné à onze ans de prison et dut payer une amende de 50 000 dollars ainsi que 30 000 dollars de frais de justice. Il fut immédiatement conduit derrière les barreaux.

Peu après son arrivée à l'Atlanta Penitentiary, au printemps 1932, Capone apprit qu'il était atteint de syphilis et de blennorragie et avait le septum perforé, conséquence directe de ses excès de cocaïne. Il n'était âgé que de 33 ans. En 1934, il fut transféré à Alcatraz, où il fut placé dans un service psychiatrique. Sa santé mentale ne cessait de se détériorer. Il se livra un jour à une bataille d'excréments avec le patient d'une cellule adjacente. En 1939, il fut transféré à la Federal Correctional Institution de Terminal Island, près de Los Angeles. En novembre de cette même année, il fut remis en liberté et retrouva sa femme. Il passa les huit ans qui suivirent reclus ; paranoïaque, il était toujours persuadé qu'on allait l'assassiner. Il mourut d'une hémorragie cérébrale le 27 janvier 1947.

Capone ne concrétisa jamais son projet de retourner à Los Angeles. Occupé par les guerres de gangs, il ne réussit pas à s'introduire dans les syndicats de Hollywood, à ponctionner les cotisations des adhérents et à extorquer de l'argent aux studios. Ses successeurs, en revanche, ne manqueraient pas ces opportunités. Quand la Prohibition fut abrogée, le 5 décembre 1933, l'*Outfit* dut se mettre à la recherche de nouveaux moyens de s'enrichir. Et l'organisation n'allait pas tarder à gagner 1,5 million de dollars par an en parasitant Hollywood. Quelques années plus tard, le gang de Capone envisagerait même directement de prendre possession des studios.

II

Corrompu un jour, esclave pour toujours

En cherchant à s'introduire à Hollywood, l'*Outfit* entra en concurrence avec d'autres organisations de gangsters. Cela faisait plusieurs années que le *Syndicate* de New York fournissait Hollywood en drogue. La pègre new-yorkaise s'inquiétait à l'idée que l'*Outfit* puisse s'imposer dans ses trafics de narcotiques et ses opérations de jeux d'argent. L'homme qui n'avait aucun scrupule à fournir Hollywood en drogue était Lucky Luciano.

D'après Raymond Chandler, Luciano avait une voix douce, un visage triste et paisible et il se montrait toujours très courtois. Luciano était né sous le nom de Salvatore Luciana le 24 décembre 1897 à Lercara Friddi, un village proche de Palerme, en Sicile. La famille Luciana avait immigré aux États-Unis au printemps 1906. Le 26 juin 1916, Luciana fut condamné à un an de prison pour avoir vendu de la cocaïne. Il fut relâché après avoir passé six mois au Farms Correctional Institute (New Hampshire). Il se faisait désormais appeler Charlie Luciana. Ce fut à peu près à cette époque qu'il fut présenté à la famille de mafiosi de Giuseppe (Joe) Masseria.

Luciano fit la connaissance des gangsters Meyer Lansky et Bugsy Siegel en 1917. Lansky aimait tellement le calcul mental que plus tard, il allait embaucher un professeur de maths particulier pour jouer à des jeux de chiffres avec lui. Siegel, pour sa part, était un voyou qui passait les fêtes juives à dévaliser les magasins dont il savait que les propriétaires étaient à la synagogue. Adolescent, il commença sa « carrière » de criminel en arrachant des sacs à main et en faisant les poches des ivrognes. Il volait le contenu des écuelles des aveugles – non seulement les pièces, mais aussi les crayons. Lansky et Siegel formèrent un gang, officiellement pour protéger les enfants juifs des attaques des Irlandais. Deux ans plus tard, leur gang comptait vingt membres qui terrorisaient East Harlem et Manhattan en dévalisant les banques, les magasins et les entrepôts. Francesco Castiglia, mieux connu sous le nom de Frank Costello, en faisait partie. Quand Luciano intégra le gang de « Bugs et Meyer », les truands commencèrent à se lancer dans les paris et le jeu. En 1921, le gang se mit à la contrebande d'alcool, opérant sous la couverture d'une société de location de voitures, qui proposait des véhicules, des chauffeurs et les services des membres du gang.

Luciano eut l'idée, dans les années 1920, d'importer en Amérique de la drogue d'Europe et d'Asie. Un peu plus tard, le gang posséderait même une usine dans le Bronx où l'on fabriquerait de la cocaïne à partir de morphine-base. Les gangsters de New York avaient pris note du succès qu'avait connu Capone avec la contrebande d'alcool. Ils essayèrent de le surpasser. Capone produisait sa propre bière, qu'il vendait surtout à des ouvriers. Lansky élabora une autre stratégie. Il valait mieux importer les meilleurs alcools de Grande-Bretagne et du Canada et les vendre aux gens aisés. Cela leur rapporterait davantage d'argent et cela leur permettrait d'obtenir le soutien de personnes influentes. Après tout, pour beaucoup d'Américains, la contrebande était un délit dans lequel les deux partis étaient consentants. Il y avait environ 15 kg de drogue, notamment héroïne et cocaïne, dans le tout premier chargement de vingt mille caisses de whisky qui arriva par bateau de Grande-Bretagne en 1921. Ce fut Arnold Rothstein, gangster, actionnaire de la chaîne de cinémas Loew et propriétaire de la Metro-Goldwyn-Mayer, qui se chargea de l'organisation du transport, après avoir négocié avec des fournisseurs écossais.

L'usage de la cocaïne était devenu courant à Hollywood depuis l'ouverture des premiers studios de cinéma. Dès 1916, année où D.W. Griffith commença à travailler sur *Intolérance* –, le roi autoproclamé de la magie noire Aleister Crowley appelait Hollywood « la faune du cinéma composée de malades fous de cocaïne ». Un article publié en mai 1932 dans le quotidien du cinéma *Variety* donne une petite idée de la façon dont la drogue était à l'époque perçue :

> La drogue n'est jamais aussi manifeste qu'au cours des durs mois d'hiver, mais elle étend toujours sa joyeuse influence sur les réceptions les plus somptueuses. La semaine dernière, Little Lulu Lenore de Cuckoo Comedy Co. a organisé une petite soirée privée pour les plus jeunes adeptes. « Venez dans ma "Boule de Neige" » pouvait-on lire sur l'astucieux carton d'invitation. Dans un coin du living se trouvait un « drugstore » miniature où Otto Everard se faisait acclamer tandis qu'il distribuait de petits paquets de cocaïne, de morphine et d'héroïne. À leur départ, les invités reçurent des aiguilles hypodermiques présentées dans de jolies petites mallettes qui rendirent sûrement fous de jalousie tous ceux qui n'avaient pas été invités.

À mesure que les affaires se développaient, chaque membre du gang de Bugs et Meyer tendit à se spécialiser.

Luciano devint en quelque sorte le gérant : il s'occupait du recrutement et négociait avec les autres gangs. Lansky et Siegel avaient pris en charge le management des gangsters qui surveillaient les livraisons d'alcool. Costello gérait les pots-de-vin, ou, comme il préférait les appeler, les « paiements d'influence ». Parmi les autres racketteurs qui joignirent l'organisation figuraient Albert Anastasia et Louis « Lepke » Buchalter. Au milieu des années 1920, Luciano, Lansky et Siegel faisaient environ 4 millions de dollars de bénéfices par an ; ils payaient chaque année 5 millions de dollars de pots-de-vin.

Au milieu des années 1920, la drogue était donc devenue monnaie courante à Hollywood. La cocaïne était la préférée des gens riches et de ceux qui suivaient la mode. Les *flappers* portaient des petites cuillères en pendentif pour manier ce qu'ils appelaient leur « poudre de bonheur ». La star du cinéma muet Barbara La Marr en était dépendante ; elle gardait sa cocaïne dans une boîte en or sur son piano à queue. Elle mourut d'overdose, à l'âge de 28 ans, en 1926. L'addiction à la drogue entraîna également la mort des stars du cinéma Wallace Reid et Alma Rubens. De nombreux dealers rôdaient autour des studios de cinéma. En haut de l'échelle, c'était Luciano qui fournissait aux dealers leur drogue, qu'il importait de New York. D'après la légende du cinéma, les vendeurs de drogue qui hantaient les plateaux étaient appelés « l'Homme » à la Paramount, « Mr Fix » à la Fox et « le Comte » au Mack Sennett Studio. Luciano finit par se dire qu'il valait mieux qu'il ait son propre dealer. Il choisit pour ce rôle Pasquale « Pat » DiCicco, un agent qui représentait plusieurs acteurs mineurs. Le cousin de DiCicco, Albert R. « *Cubby*[33] »

33. « Cachette » (*N.d.T.*).

Broccoli, allait plus tard devenir le producteur des « James Bond ».

Luciano fut déçu par son mentor, Joe Masseria, quand il apprit que ce dernier laissait des non-Siciliens comme Costello, et, pire encore, des Juifs, intégrer l'organisation. Masseria avait également repoussé ses compatriotes siciliens nés dans la région de Golfo di Castellammare. Il voulait se débarrasser d'eux, en particulier de Salvatore Maranzano, le don le plus important de Castallammare. Masseria commandita l'assassinat du leader de Castellammare, Tommy Reina, qui mourut le 26 février 1930. Une guerre éclata entre les deux gangs. Les hommes, qui n'osaient plus sortir, devaient dormir dans des cachettes sur des matelas posés à même le sol (d'où l'expression utilisée par Sonny Corleone dans *Le Parrain* : « aller au matelas »). En 1930-1931, Luciano observa d'un œil plein de mépris la guerre des Castellammarese. Il trouvait que cette sorte de vendetta du XIXe siècle n'avait pas sa place au XXe siècle et nuisait aux affaires. Le 15 avril 1931, il fit donc assassiner son mentor dans un restaurant de fruits de mer de Coney Island. Lorsqu'il apprit la mort de Masseria, Maranzano, le leader de Castellammare, s'autoproclama chef de la Mafia de New York. Tout comme Frank Pentageli, le personnage du *Parrain 2*, Maranzano était obsédé par l'histoire romaine, et notamment par la vie de Jules César. Il considérait César comme le tout premier *capo di tutti capi*. Maranzano laissa Luciano administrer la famille de Masseria, mais dressa bientôt la liste des personnes qu'il voulait faire disparaître : Luciano, Capone, Costello, Buchalter, Siegel et une cinquantaine d'autres. Quand Luciano l'apprit, il commandita l'assassinat de Maranzano, qui mourut le 10 septembre 1931. Luciano savait que le meurtre de Maranzano allait provoquer la colère des mafiosi de la vieille garde – ceux qui se faisaient appeler les *Mustache Petes* – qui chercheraient à venger sa mort. Alors, d'après la légende de la Mafia, Luciano décida de frapper le premier : dans les vingt-quatre heures qui suivirent l'assassinat de Maranzano, il fit tuer une cinquantaine de mafiosi. Cette tuerie, qui fut surnommée les Vêpres siciliennes, allait inspirer le climax du *Parrain*. Mais il se peut que les Vêpres siciliennes relèvent elles-mêmes de la fiction. Les journaux de l'époque ne contiennent aucune allusion à une série de meurtres. Comme l'explique Robert Lacey dans sa biographie de Lansky, *Little Man : Meyer Lansky and the Gangster Life*, les mythes sont parfois des tentatives d'expliquer des phénomènes complexes en des termes simples. Il se peut que les Vêpres siciliennes n'aient été qu'une façon imagée d'expliquer les luttes de pouvoir en Amérique, à une époque où les vieux *padrones* se firent évincer par les jeunes.

À la fin de l'année 1932, les recettes au box-office commencèrent à diminuer tandis que la Grande Dépression s'installait. Les dirigeants des studios s'inquiétèrent quand le président Hoover ferma les banques – le cinéma étant avant tout une affaire de gros sous. La Paramount, Universal, la Fox et RKO furent tous placés sous administration judiciaire, mais continuèrent de produire des films. Pourtant, les magnats n'éprouvaient pas le besoin de se serrer la ceinture. Dix-neuf des vingt-cinq cadres les mieux payés d'Amérique étaient des dirigeants de studios de cinéma, ce qui amènera le président Roosevelt à qualifier les salaires pratiqués à Hollywood de « déraisonnables ». Plutôt que de faire des sacrifices, les dirigeants décidèrent de serrer la vis aux travailleurs les moins payés. La MGM ordonna que les salaires de tous ses employés soient diminués de 50 %

pour une période d'au moins huit semaines. Les acteurs et les scénaristes quittèrent l'Academy of Motion Picture Arts and Sciences pour former leurs propres guildes. Les membres de l'IATSE se plaignirent auprès de l'organisation des producteurs, Motion Picture Producers and Distributors of America (MPPDA) – aujourd'hui MPAA –, du fait que leurs salaires aient été diminués de moitié. Mais les revendications du syndicat furent repoussées par le négociateur de MPPDA, Pat Casey, un ancien agent de sécurité qui avait travaillé pour les frères Schenck à New York. L'IATSE lança un appel à la grève pour le 24 juillet 1933. Casey – un grand Irlandais bourru – demanda l'aide du représentant de l'*Outfit* sur la côte ouest, Johnny Rosselli. La mission de Rosselli consista à faire venir des voyous de Chicago pour protéger les employés et leur permettre de traverser les piquets de grève – et pour passer à tabac les grévistes qui chercheraient à se mettre sur leur chemin. Rosselli, qui fut embauché en qualité de « conciliateur », dit à Casey qu'il ne voulait pas être rémunéré mais préférait obtenir un emploi à plein temps une fois sa mission accomplie. Il l'expliquera plus tard à une commission du Sénat chargée d'enquêter sur le crime organisé :

> À cette époque, je ne gagnais pas beaucoup d'argent. Il y a eu une grève et les syndicats – c'est-à-dire les studios – se sont retrouvés en difficulté. Les syndicats ne voulaient pas accepter les revendications – je ne sais pas ce qu'ils demandaient, si c'était des augmentations, davantage de reconnaissance, ou autre. Ils se montraient un peu violents, et les studios, bien sûr, n'avaient pas envie de ça. Ils ne voulaient pas que leurs employés soient blessés. Ils avaient besoin que leurs cameramen se remettent au travail, mais les came-

> ramen avaient reçu des menaces. Ils m'ont demandé si je pouvais faire quelque chose pour eux. Je leur ai dit : « La seule chose que je peux faire, c'est de combattre le mal par le mal. On n'est pas obligé de frapper les gens au visage pour le faire, mais on peut protéger les employés des grévistes pour qu'il n'y en ait pas un qui ait l'idée de les bousculer un peu trop fort. »

Une dure semaine de confrontation passa, et tout fut terminé. Les syndicats de travailleurs abandonnèrent. Rosselli obtint comme promis un emploi à plein temps au sein de l'organisation de producteurs. « On aurait dit que toutes les filles du bureau le connaissaient, raconte l'un des leaders du syndicat. Elles l'appelaient Johnny ; il était très populaire auprès des femmes – elles pensaient toutes qu'il s'agissait d'un parfait gentleman. » Les dirigeants de studios adoptèrent eux aussi Rosselli. Il était souvent dans leurs villas, à nager et à flirter avec des starlettes. Rosselli se vantera plus tard d'être ami avec les producteurs Sam Goldwyn, Clark Gable et Charlie Chaplin. À Chicago, les membres de l'*Outfit* se mirent à l'appeler « le petit gars de Hollywood ». Rosselli devint le bookmaker des magnats. Les dirigeants de studios étaient tous des joueurs compulsifs, en particulier David O. Selznick. Rosselli plaçait les paris. Il se lia d'amitié avec Joseph Kennedy, Joe Schenck, et plus important encore, Harry Cohn.

Surnommé « Croc Blanc » par Ben Hecht, Harry Cohn était un homme avide, cupide et caractériel – toutes les qualités requises pour réussir dans la profession de producteur. James Bacon, un journaliste d'Associated Press qui quitta Chicago pour Hollywood, a un jour expliqué qu'avant de s'intéresser au chef de la Columbia, il rédigeait des articles sur Capone, et que

Cohn était de loin le plus vil des deux. Grand admirateur de Benito Mussolini, Cohn avait copié l'organisation de son entreprise sur celle du dictateur italien. Les cadres appelaient le chemin qui menait au bureau surélevé de Cohn « le couloir de la mort » en référence à celui qu'empruntent les condamnés avant de s'asseoir sur la chaise électrique.

Rosselli était très souvent invité dans la villa de Cohn, où il pouvait disposer du court de tennis et de la piscine. Le gangster passait également ses week-ends dans la résidence secondaire de Cohn, à Palm Springs. Cohn proposa un jour à Rosselli 500 dollars par semaine pour un emploi de producteur au sein du studio, mais Rosselli refusa, en expliquant qu'il se faisait davantage d'argent en prenant les paris. Cohn et Rosselli devinrent si proches, que ce dernier acheta deux rubis identiques, qu'il fit monter sur des bagues. Il en offrit une à Cohn, et expliqua au chef de gang de Los Angeles Jack Dragna que c'était ce qu'il avait trouvé de plus proche du rite d'admission au sein de la Mafia, Cohn ne pouvant être considéré comme un frère de sang puisqu'il n'était pas italien. Cohn fut néanmoins flatté et arbora la bague pendant plusieurs années.

En 1932, Cohn chercha à prendre le contrôle de la Columbia. Comme il avait besoin de 500 000 dollars pour racheter les parts que son frère possédait dans la société, Cohn entra en contact avec Longy Zwillman par le biais de Rosselli. Si l'on en croit le biographe de Zwillman, le chef de gang du New Jersey rencontra Cohn dans la suite qu'il occupait à l'hôtel Garden of Allah, une adresse très à la mode au début des années 1930. Cohn demanda à Zwillman de lui prêter 500 000 dollars en échange d'une reconnaissance de dette ; il lui rembourserait avec des intérêts. Zwillman accepta de prêter l'argent mais refusa la reconnaissance de dette. Il déclara préférer que Cohn lui cède les actions qu'il possédait à la Columbia jusqu'à ce qu'il ait remboursé son prêt. Zwillman allait ainsi devenir le propriétaire de Columbia Pictures jusqu'à ce que Cohn ait réglé sa dette.

Les autorités savaient que Cohn était ami avec un célèbre gangster. Pour la police de Los Angeles, Rosselli était le bookmaker personnel de Cohn. Pour le FBI, à qui il arrivait parfois de mettre Rosselli sous surveillance, le gangster était plutôt le garde du corps de Cohn. Rosselli se présenta comme producteur à la Columbia quand il fut interrogé par la police suite à l'assassinat du propriétaire d'un club de jeu. La Columbia prit ses distances et déclara à la presse : « Tout ce que nous savons, c'est qu'il traîne souvent à Hollywood and Vine et qu'il parle dans sa barbe. »

Le président Roosevelt cherchait à cette époque à faire abroger la Prohibition. Son principal argument était que les taxes sur l'alcool pourraient générer 300 millions de dollars, qui permettraient de lutter contre la Grande Dépression. Le 20 février 1933, le Congrès vota le vingt et unième amendement qui annula le dix-huitième. La Prohibition fut abrogée le 5 décembre 1933. S'il restait toujours aux gangsters le jeu et la prostitution, ils avaient désormais besoin de trouver de nouveaux moyens de s'enrichir.

Llewella Humphreys, la supposée fille illégitime d'Al Capone, a raconté que l'idée de corrompre Hollywood avait été lancée par sa mère, qui était fan de cinéma : « Elle a dit à mon père : "Pourquoi tu ne te lancerais pas dans ce *business*. Comme ça, je pourrais rencontrer tout le monde." »

Mais l'*Outfit* était aussi très conscient du potentiel de racket que représentait Hollywood. Pendant des années, quelques propriétaires de cinémas avaient refusé de payer Tommy Maloy et cherché à échapper à la règle de son syndicat qui voulait que chaque cabine de projection soit gérée par deux employés. En 1930, les exploitants en eurent assez. Les plaintes qu'ils formulèrent auprès d'hommes politiques locaux poussèrent un procureur du comté de Cook[34] à enquêter sur Maloy. Maloy se mit alors à offrir des pots-de-vin à des élus, arrosant de liquide la capitale de l'Illinois, Springfield. Très vite, une loi stipulant qu'il était obligatoire que deux employés soient présents dans les cabines de projection pour des motifs de sécurité publique fut votée, et ce bien après que le son eut été intégré aux pellicules des films.

Le cinéma commençait à reprendre le dessus sur la Dépression. Quel que fût l'état de pauvreté des gens, ils avaient toujours besoin de s'évader. Ils réussissaient à rassembler 25 cents pour s'acheter un billet de cinéma. Les films de gangsters faisaient partie des plus populaires. Les gangsters y étaient souvent présentés comme des Robin des Bois des temps modernes plutôt que comme d'inexpressifs psychopathes à chapeaux mous. *Le Petit César*, dont la première eut lieu en janvier 1931 au Strand Theatre de New York, à l'angle de Broadway et de la 47ᵉ Rue, fut le premier film dans lequel l'histoire était vue à travers les yeux du gangster. Le public pensa qu'Edward G. Robinson s'était inspiré de Capone pour interpréter son personnage de truand grincheux. Mais sa façon saccadée de parler ne correspondait pas à la personnalité du chef de gang, qui était sociable et parfois même affable. Certaines répliques du film – « *You can dish it out, but you can't take it* » et « *Take him for*

34. *Cook County State's attorney* (*N.d.T.*).

a ride[35] » – allaient entrer dans le langage courant. Pour le romancier W.R. Burnett, le Petit César était « un Macbeth des bas-fonds – un personnage composite qui montrait comment les hommes pouvaient accéder au pouvoir ou à la fortune en utilisant des moyens très risqués, mais néanmoins pas beaucoup plus risqués qu'à la Renaissance ». Le soir de la première, la police dut gérer une foule trois cents personnes qui jouaient des coudes pour rentrer dans le cinéma ; une vitrine fut brisée. Présenté comme « le film que les gangsters ont mis Hollywood au défi de faire », *Le Petit César* engendra une telle demande de billets que le lendemain de sa première le Strand dut organiser neuf séances entre 9h00 et 16h30.

Si les gangsters étaient attirés par l'industrie du cinéma, c'était à cause de l'argent, mais aussi du glamour (les gangsters étaient eux-mêmes des célébrités, parfois mentionnés dans les pages mondaines des journaux). Ils comprirent qu'il était possible de contrôler Hollywood du bas vers le haut, en utilisant les syndicats de techniciens. Les grèves pouvaient porter des coups fatals à l'industrie. Parallèlement, les gangsters se sentaient proches des magnats du cinéma. Les hommes qui contrôlaient les studios, comme Harry Warner ou Louis B. Mayer, par exemple, se comportaient de façon dure et grossière, tout comme les gangsters. Les méthodes que les magnats utilisaient pour parvenir à leurs fins – menace et intimidation auprès de la main-d'œuvre – étaient plus ou moins les mêmes que celles des gangs-

---

35. « Tu aimes bien distribuer [des critiques, moqueries], mais tu n'aimes pas [en] recevoir » et littéralement « Emmène-le faire un tour en voiture », expression désormais équivalente à « mener en bateau » ou « tuer » (*N.d.T.*).

ters. En d'autres termes, les gangsters et les magnats du cinéma parlaient le même langage. Il faut dire qu'ils venaient du même milieu. Frank Capra lui-même – le réalisateur dont l'œuvre s'est principalement concentrée sur le rêve américain – était né en Sicile, à l'instar de Lucky Luciano.

Avant même que l'*Outfit* et le *Syndicate* ne se mettent à lorgner Hollywood, les studios étaient impliqués dans diverses activités illégales. La MGM possédait sa propre maison close au nord de Sunset Strip ; elle était dirigée par l'actrice Billie Bennett et les prostituées y étaient les sosies de célèbres stars du cinéma. Le scénariste Garson Kanin a raconté que quelqu'un l'avait un jour emmené au Mae's, un bordel où les prostituées ressemblaient beaucoup à certaines actrices. Il y avait entre autres « stars » Ginger Rogers, Marlene Dietrich et Joan Crawford. Le film *L.A. Confidential* (1997), contiendrait des allusions à des prostituées se faisant faire de la chirurgie esthétique pour ressembler à des stars de cinéma ; James Ellroy transposerait la maison close de la MGM du Hollywood des années 1930 au Hollywood des années 1950.

Les dirigeants des studios avaient déjà des liens avec le gangstérisme. Frank Orsatti, bras droit du chef de la MGM Louis B. Mayer, était un contrebandier et un gangster. D'après un rapport du FBI daté du 17 juin 1939, Orsatti était connu pour être celui qui s'occupait de tout « le sale boulot » de la MGM. C'était Eddie Mannix, le directeur de la production de la MGM, qui avait présenté Orsatti à Mayer en 1931. Ava Gardner déclarera plus tard que Mannix était lui-même un gangster. Mickey Cohen dira quant à lui que Mannix « connaissait des types louches, qui connaissaient eux-mêmes des types encore plus louches ». Orsatti devint le partenaire de golf de Mayer et l'un de ses plus proches amis ; il lui fournissait de l'alcool et des femmes. En 1931, après l'abrogation de la Prohibition, Mayer fit en sorte qu'Orsatti devienne agent. Il pourrait ainsi toucher 10 % des revenus de toutes les stars de la MGM. Carter Barron, un lobbyiste politique qui représentait la maison mère de la MGM, Loew's, reprocha un jour à Mayer ses liens avec la pègre : Barron refusa de s'asseoir à une table où Mayer était en train de dîner avec un associé de la Mafia. Le lobbyiste ne voulait pas s'asseoir à côté d'un gangster. « Tu n'es qu'un sale puritain, lui dit Mayer. Tu ne comprends pas qu'il faut connaître toutes sortes de personnes ? Il fait des choses que tu es incapable de faire. »

L'*Outfit* avait pour projet d'extorquer 1,5 million de dollars par an à Hollywood (l'équivalent de 20 millions de dollars actuels). Le gang d'Al Capone rêvait même de prendre un jour possession des studios. Mais si les successeurs de Capone allaient être impliqués dans le plus grand scandale qui ait jamais frappé l'industrie du cinéma – celui qui conduirait le président de la 20th Century Fox à aller en prison, se sacrifiant pour les autres magnats du cinéma –, ce fut un fait de hasard : la Mafia ne se lança à la conquête de Hollywood que quand un ancien maquereau et son acolyte, après s'être enivrés, se vantèrent d'avoir extorqué de l'argent à la plus grande chaîne de cinémas de Chicago.

À cette époque, à Chicago, l'un des côtés de Fulton Street était bourré de fast-foods de poulet kasher. En échange de sa protection, les commerçants juifs payaient un certain Willie Bioff – alias William Berg, alias Henry Martin, alias Harry Martin. Bioff, dont le véritable nom était en réalité Morris, promettait aux commerçants que personne ne ferait brûler ou exploser leurs magasins s'ils lui versaient régulièrement de l'argent.

Bioff était né en Russie et avait immigré en Amérique avec ses parents alors qu'il était âgé de 5 ans. Il commença sa carrière de criminel en devenant proxénète à l'âge de 9 ans. Il allait trouver des passants dans la rue en leur disant que sa sœur était toute seule à la maison, puis il les emmenait dans une maison de passe qui était pleine de très vieilles prostituées. Bioff ne cessa pas ses activités de proxénétisme quand il eut rencontré sa femme, Laurie. Le couple repérait de jeunes adolescentes qui avaient fugué et leur proposait des emplois sûrs et bien rémunérés. En réalité, ils faisaient du recrutement pour leur maison de passe de Southside. Bioff menaçait les filles en leur disant qu'il leur jetterait de l'acide au visage si elles cherchaient à s'échapper. Celles qui essayaient néanmoins de le faire se faisaient torturer les tétons avec des pinces. Mais l'une des filles que Bioff avait battu réussit un jour à se sauver et à se placer sous la protection de la police : Bioff fut condamné à six mois de prison pour coups et blessures.

À sa sortie, Bioff décrocha un emploi de « batteur » – qui consistait à menacer les gens de les passer à tabac s'ils n'adhéraient pas au syndicat – rémunéré 35 dollars par semaine. Bioff ne mesurait que 1,70 m, mais il pesait près de 90 kg et était tout en muscles. Il était aussi alcoolique. Un journaliste du *New York Times* fit un jour remarquer qu'il sentait l'alcool : il consommait une centaine de bouteilles de bière par jour. En plus de son emploi de batteur au syndicat, Bioff se mit à extorquer de l'argent aux commerçants de Fulton Street.

Ce fut à Fulton Street que Bioff fit la connaissance de George Browne, le dirigeant du syndicat local des techniciens, le Chicago Stangehands Local 2. Browne extorquait de l'argent aux commerçants non juifs dont les boutiques se trouvaient de l'autre côté de la rue. Il avait pris la tête du Local 2 après avoir battu le précédent dirigeant à coups de tuyau de plomb. Le Local 2 était affilié au syndicat des projectionnistes, le Local 110, dirigé par Tommy Maloy. Quand Browne fit la connaissance de Bioff, la succursale de l'IATSE à Chicago comptait quatre cents adhérents, dont deux cent cinquante au chômage.

Partout en Amérique, le syndicat des techniciens était déjà infesté par des truands et des gangsters. Les agences locales de Cincinnati, New York, Newark, Saint-Louis et de la Californie du Sud faisaient toutes usage de violence pour extorquer de l'argent aux propriétaires de cinémas. « Nous sommes impitoyablement persécutés par une bande de vauriens sans merci qui utilisent une célèbre méthode de racket », écrivit un exploitant d'Alhambra (Californie). « Nos cinémas sont bombardés de boules puantes ou de gaz lacrymogènes. Ils sont incendiés. On y entre par effraction la nuit et on y détruit les machines, les sièges, les tapis, les rideaux. »

Browne et Bioff décidèrent de faire des affaires ensemble. Leur première action fut d'augmenter les cotisations des adhérents, qu'ils fixèrent à 5 dollars par semaine. Bioff battit à coups de gourdin un employé qui tenta de s'y opposer ; l'homme mourut de ses blessures. Un autre adhérent fut tué tandis qu'il tentait de faire sécession pour créer un autre syndicat. Browne et Bioff entreprirent ensuite d'imiter Capone en montant une cafétéria, le B&B, où les adhérents au chômage pourraient manger à moindre coût. Capone avait ouvert une cafétéria dans le cadre d'une stratégie de relations publiques quand il avait été inculpé.

En 1933, Balaban & Katz était la plus grande chaîne de cinémas de Chicago. Or, quatre ans auparavant, l'entreprise avait diminué les salaires de ses techniciens de 25 %. La mesure était censée être temporaire, mais

Balaban & Katz n'avait jamais réaugmenté les salaires. Browne et Bioff allèrent trouver Barney Balaban et parlèrent de rétablir les cotisations du Local 2 à leurs précédents niveaux. Balaban leur demanda de quitter son bureau.

Mais après réflexion, Balaban changea d'avis. Pensant probablement que Browne était le plus docile des deux, il alla lui rendre une visite. Browne, qui souffrait d'un ulcère, était à l'hôpital. Balaban lui fit une contre-proposition. Pendant des années, expliqua-t-il, il avait payé Maloy 150 dollars par semaine pour pouvoir déroger à la règle des deux employés par cabine de projection. Browne accepterait-il de prendre la place de Maloy, et, en échange, d'oublier toute augmentation de salaires ? Browne, qui pensa probablement qu'il ne pourrait pas obtenir plus que ces 7 200 dollars par an, accepta. Il est important de remarquer que ce fut donc Balaban qui prit l'initiative d'escroquer le syndicat, et non les gangsters. Or, Balaban n'allait pas tarder à devenir président de Paramount Pictures.

Bioff fut furieux quand il apprit que Browne avait accepté ces 150 dollars par semaine. Sentant qu'il y avait davantage d'argent à gagner, il décida de faire pression. Si Balaban, le leader des exploitants, cédait, les autres suivraient. Bioff alla trouver Balaban dans son bureau et lui dit que le syndicat voulait désormais 50 000 dollars comptant pour couvrir de façon rétroactive les diminutions de salaires qui avaient été pratiquées depuis 1929. Balaban lui demanda une nouvelle fois de quitter son bureau. Bioff partit en lui assurant qu'il y aurait des représailles.

Et il ne s'agissait pas d'une menace vide de sens. Le soir même, tous les cinémas Balaban&Katz furent sabotés par leurs employés. Des films furent projetés à l'envers. Des projectionnistes mélangèrent les pellicules. À l'Oriental, la fin d'un film fut projetée au début de la séance. Dans le même cinéma, la comédie musicale *Une nuit d'amour* fut présentée sans le son. Au Tivoli, l'écran devint noir au moment crucial de *New York-Miami*. Les spectateurs firent des scandales aux guichets, demandant à être remboursés.

Le lendemain, Balaban s'entretint avec Katz. Les deux hommes étaient inquiets. Bioff et Browne s'étaient révélés plus coriaces qu'ils ne l'avaient au départ pensé. Les exploitants se sentaient pris au piège. Ils acceptèrent de donner aux gangsters un chèque de 20 000 dollars à l'ordre de la cafétéria. Browne et Bioff empochèrent 19 000 dollars et l'avocat de Balaban, Leo Spitz, reçut 1 000 dollars pour « frais de possession ». L'argent était censé être versé au Local 2 pour compenser les diminutions de salaires de 1929. Mais cette histoire ne fut plus jamais évoquée. Tout ce qui importait à Bioff et Browne, c'était de s'en mettre plein les poches.

Les deux hommes décidèrent de fêter ça. Racketter la plus grande chaîne de cinémas de Chicago s'était révélé plus facile qu'ils ne l'avaient imaginé. Ils décidèrent de se rendre au Club 100, anciennement le Yacht Club, sur East Superior Street. Il s'agissait là d'un choix malheureux : le Club 100 était tenu par un cousin d'Al Capone, Nick Circella – egalement connu sous le nom de Nicky Dean –, et appartenait à l'*Outfit*. Bioff et Browne burent beaucoup et se vantèrent de leur nouveau racket. Ils disaient que ce nouveau *business* allait leur rapporter des fortunes. Circella les écoutait parler. Il leur apportait toujours plus d'alcool – champagne, bourbon et bière. Il s'arrangea ensuite pour que deux prostituées les fassent monter et passa un coup de téléphone à l'homme qui avait pris la succession de Capone à la tête de l'*Outfit*, Frank Nitti.

Le lendemain, Circella déjeuna avec Nitti et Paul « *the Waiter* » Ricca au restaurant Capri. Il leur parla du racket des exploitants. Browne, qui dormait toujours après sa soirée bien arrosée, fut réveillé par un coup de téléphone. Le gangster Frank Rio lui demanda de le retrouver au coin d'une rue. Browne se rendit au rendez-vous. Rio fit monter le chef du syndicat dans sa voiture et le menaça. Browne, qui avait la gueule de bois, se mit à pleurer et à supplier qu'on lui laisse la vie sauve.

Deux jours plus tard, Browne et Bioff furent invités chez Harry Hochstein, le garde du corps de Rio. Hochstein habitait juste à côté de chez Nitti, sur Riverside. Bioff et Browne pensaient qu'ils avaient été invités à déjeuner. Mais quand ils arrivèrent, ils comprirent qu'il s'agissait d'une réunion de l'*Outfit* à caractère « professionnel ». Parmi les invités se trouvaient Ricca, Charlie Fischetti et Lepke Buchalter, du gang new-yorkais de Luciano. Dans la Mafia, la coutume voulait que l'on mange d'abord et que l'on parle affaires après. Les convives eurent droit à un buffet froid, des glaces et des espressos, puis Nitti déclara la séance ouverte. Il dit à Bioff et Browne que l'*Outfit* allait leur « reprendre leur racket ». Ils voulaient la moitié de tout ce que les deux hommes toucheraient (plus tard, l'*Outfit* prendrait les deux tiers). D'autre part, Nitti savait que Browne voulait devenir président de l'IATSE. Browne s'était présenté l'année précédente et avait perdu. Nitti proposa de lui faire gagner les prochaines élections, qui auraient lieu dans le Kentucky. Ainsi, l'*Outfit* pourrait étendre son racket à tous les cinémas du pays.

Au mois de mars, l'*Outfit* se rassembla dans la propriété de Capone, à Miami. Johnny Rosselli quitta la côte ouest pour rejoindre Nitti, Ricca, Circella et Fischetti. Il leur expliqua que les studios avaient annihilé le pouvoir des syndicats de cinéma, tels que l'IATSE – en partie, il devait le dire, grâce à ses propres agissements. Mais les studios seraient plus vulnérables s'ils se trouvaient face à un syndicat puissant. Bien qu'ils fussent affaiblis, les membres de l'IATSE étaient présents dans quasiment tous les cinémas du pays. Nitti ajouta que contrairement à la croyance populaire, c'étaient les chaînes de cinémas basées à New York qui contrôlaient la production – et non l'inverse. La MGM, par exemple, était une filiale de la chaîne de cinémas Loew's. Hollywood était aussi un petit monde. John Balaban, le frère de Barney, était le dirigeant de Paramount Pictures. Joseph Schenck, directeur général de la 20th Century Fox, était le frère de Nick Schenck, directeur général de Loew's Theatres. Par conséquent, le talon d'Achille des studios était leurs cinémas basés à New York. Si l'*Outfit* contrôlait le syndicat de techniciens, il pourrait alors racketter les exploitants – et, par extension, les studios eux-mêmes. Circella et Browne iraient à New York ; Bioff irait à Los Angeles, où Rosselli lui servirait de guide. Il se trouvait que beaucoup de stars et de producteurs de Hollywood étaient soit alcooliques soit homosexuels, ce qui en faisait de bons candidats au chantage. Nitti rappela que Capone avait souvent manifesté son désir de s'installer à Los Angeles. Il conclut la réunion en déclarant que l'*Outfit* pouvait espérer extorquer 1 million de dollars par an à Hollywood. En résumé, dit Nitti, le citron était bien mûr et n'attendait plus qu'à être pressé.

Nitti demanda ensuite à Luciano de venir à Chicago pour le rencontrer. L'*Outfit* ne pouvait pas extorquer de l'argent aux exploitants de New York sans la permission du *Syndicate*. Luciano arriva en retard au rendez-vous, un affront que Nitti ne manqua pas de remarquer. Chicago et New York se disputaient le contrôle du trafic de drogue à Los Angeles. Rosselli expliqua de nouveau que c'était New York qui contrôlait Hollywood et que l'industrie du cinéma serait vulnérable si elle se trouvait face à un syndicat fort.

Nitti expliqua que si tout le monde travaillait ensemble sous ses ordres, ils pourraient gagner beaucoup d'argent. Luciano répondit que c'était lui le chef, et non Nitti. Puis il expliqua sous quelles conditions il accepterait que l'*Outfit* empiète sur son territoire. Tout d'abord, il voulait que Nitti abandonne le trafic de drogue à Los Angeles. Ensuite, il voulait toucher une part des revenus que Nitti percevait des restaurants et des nightclubs de Hollywood. Nitti accepta immédiatement cette seconde condition. Mais le trafic de drogue était une chose plus compliquée ; il lui dit qu'il préférait en discuter plus tard. Luciano s'en alla. La semaine suivante, il envoya un télégramme à Nitti : « *Me Includi* [Tu peux compter sur moi] ».

Nitti devait ensuite s'occuper de Tommy Maloy. Tout comme Browne, Maloy avait pour ambition de devenir président de l'IATSE. Maloy alla trouver Nitti et lui demanda de l'aider : il devait 81 000 dollars à l'IRS et risquait de se retrouver en prison. Maloy voulait que Nitti use de son influence pour qu'il obtienne la présidence de l'IATSE, mais aussi pour réduire sa peine de prison. Il ignorait que l'*Outfit* avait pour projet d'installer Browne à la tête de l'IATSE. Nitti promit de l'aider en échange d'informations sur la façon dont fonctionnait le Local 110 – à quel montant s'élevaient les pots-de-vin ? À qui étaient-ils payés ? Combien Maloy lui-même touchait-il ? Etc. S'il répondait à ces questions, Maloy ne ferait que six mois de prison pour fraude fiscale et prendrait la tête de l'IATSE à sa sortie. Entre-temps, Browne assurerait l'intérim. Maloy quitta Nitti, sans doute rassuré quant à son avenir.

En juin 1934, les membres de l'IATSE se réunirent au Brown Hotel de Louisville (Kentucky) pour la conférence biennale du syndicat. Mais les observateurs eurent l'impression qu'il y avait plus de gangsters que de délégués syndicaux. Des hommes armés patrouillaient dans les couloirs, surveillaient les estrades et bouclaient le périmètre de la salle de conférence. Il y avait bien sûr les membres de l'*Outfit*, mais aussi Luciano, Meyer Lansky, Bugsy Siegel et Lepke Buchalter de New York ; Longy Zwillman du New Jersey ; « *Big* Al » Polizzi de Cleveland ; et Johnny Dougherty de Saint-Louis. Évidemment, Browne fut sacré président. Les délégués syndicaux avaient tellement peur qu'aucune autre personne n'avait été nominée. Browne était en larmes quand il accepta le poste de président. Il ne cessait de remercier « les gars » pour le travail qu'ils avaient fait, faisant probablement référence aux gangsters, et non aux membres du syndicat. En qualité de président de l'IATSE, Browne allait désormais toucher 25 000 dollars par an, en plus des 13 000 dollars qu'il percevait déjà pour son poste de dirigeant du Local 2 (plus tard, l'*Outfit* allait même facturer à l'IATSE ses frais de déplacement).

Après la convention de Louisville, Bioff, Browne et Circella partirent pour Manhattan, où ils retrouvèrent Ricca. Les quatre hommes dînèrent au restaurant Casino de Paree avec Luciano, Frank Costello et Jack Dragna, chef de la pègre de Los Angeles. Bioff et Browne contactèrent l'Association of Motion Picture Producers (AMPP), association du même type que le MPPDA de New York (et qui serait plus tard, avec l'AMPP, dissoute dans la Motion Picture Association of America ou MPAA). Ils expliquèrent à l'AMPP qu'ils essayaient de revitaliser le syndicat des techniciens. Puis Circella emmena Bioff rendre visite à Rosselli au Medical Arts Sanatorium, où il faisait soigner sa tuberculose. Circella dit à Bioff que Rosselli lui servirait de guide en Californie.

À sa sortie de prison, Maloy comprit qu'il avait été doublé. Le 24 décembre 1934, les membres de l'*Outfit* se rencontrèrent et décidèrent de l'assassiner. Nitti dit à Bioff et à Browne que Maloy n'allait pas leur poser problème pendant bien longtemps. Le 4 février 1935, Maloy conduisait sur le Lake Shore Drive quand une voiture se mit au niveau de la sienne. Deux hommes armés de fusils de chasse ouvrirent le feu sur sa Cadillac. Le FBI pensa que les meurtriers étaient Tony Accardo, futur chef de l'*Outfit*, et un homme plus jeune, Gus Alex. Les funérailles de Maloy font partie des plus grandioses de l'histoire de Chicago : trois cents voitures participèrent au cortège funéraire. Circella prit la place de Maloy à la tête du syndicat des projectionnistes de Chicago, le Local 110.

Il était désormais temps de s'occuper du reste des cinémas de Chicago. La première cible fut la chaîne Warner Bros. Bioff alla trouver le directeur régional James Coston et lui dit que ses adhérents insistaient pour qu'il y ait deux projectionnistes par cabine, comme le stipulait la loi. Coston protesta en expliquant que cela doublerait le nombre de salaires qu'il aurait à payer. Bioff essaya alors de faire croire à Coston qu'il était de son côté : les adhérents du syndicat passeraient l'éponge sur l'entrave à la loi des deux projectionnistes par cabine si la Warner leur versait 30 000 dollars. Coston répondit qu'il devait en discuter avec ses supérieurs new-yorkais. Bioff, Browne et Circella accompagnèrent Coston à Manhattan. Les dirigeants de la Warner comprirent qu'il ne s'agissait pas de bluff et acceptèrent de payer. Les gangsters retournèrent à Chicago avec 30 000 dollars en liquide. Nitti en prit la moitié et laissa les autres se diviser le reste en trois. Circella utilisa cet argent pour investir dans un nouveau casino et night-club qui était situé sur la Rush Street de Chicago. Nitti prélèverait également une part des bénéfices de l'établissement.

Puis l'*Outfit* se tourna de nouveau vers Balaban & Katz. Bioff et Browne invitèrent John Balaban à déjeuner et lui racontèrent la même histoire qu'à James Coston, mais demandèrent cette fois-ci 120 000 dollars pour pouvoir déroger à la règle des deux projectionnistes par cabine. Balaban ignorait que Coston n'avait payé que 30 000 dollars. Mais après en avoir discuté avec son frère, il décida de ne payer que 60 000 dollars. N'ayant déboursé que 20 000 dollars lors de la première arnaque, les Balaban trouvaient les exigences des gangsters excessives.

Quand l'*Outfit* eut fini de faire le tour des exploitants de Chicago, il avait amassé 332 000 dollars.

La prochaine étape était les chaînes de cinémas de New York. Le 15 juillet 1935, Browne autorisa les adhérents du syndicat à saboter les cinémas Loew's et RKO. Plutôt que de lancer un appel à la grève – ce qui aurait permis à Hollywood d'engager des projectionnistes non-adhérents à l'IATSE –, les gangsters préférèrent encourager le sabotage spontané. Des stocks de films furent incendiés, des projectionnistes tardèrent à changer de pellicules et des boules puantes furent jetées dans les salles. Loew's et RKO capitulèrent au bout de deux semaines.

Bioff, Browne et Circella – accompagnés de Buchalter – allèrent ensuite trouver Leslie Thompson, président de RKO. Bioff demanda une augmentation pour les adhérents travaillant chez RKO. Le silence de Buchalter, en arrière-plan, était inquiétant. Puis Browne intervint, faisant office de conciliateur. L'IATSE ferait cesser la grève et oublierait toute demande d'augmentations si RKO acceptait de verser 150 000 dollars, dit-il comme s'il cherchait à calmer les choses. Thompson marchanda et Browne finit par accepter la somme de 87 000 dollars. L'après-midi même, Thompson donna aux gangsters 50 000 dollars, et il leur remit le lendemain matin les 37 000 dollars manquants.

Les quatre hommes se présentèrent ensuite à la porte de Nick Schenck, président-directeur général[36] de Loew's. Schenck, pièce maîtresse de l'industrie, était tellement impénétrable qu'on le surnommait « Buddha ». D'après le réalisateur John Huston, il était « le roi des rois... » : « La presse ne parlait jamais des films de Schenck, il ne se rendait pas aux réceptions et il évitait toute apparition publique, mais c'était lui, le véritable chef de la bande. »

Bioff et Schenck auraient pu être frères. Schenck, tout comme Bioff, avait été un immigré sans le sou venu de Russie. Il était né le 15 novembre 1980. Son frère Joseph, avec qui Bioff allait se lier d'amitié à Hollywood, était né quatre ans avant lui. Son père avait vendu de la vodka qui était transportée sur des péniches sillonnant la Volga. Les frères Schenck arrivèrent à New York quand Nick avait 11 ans. Nick et Joe trouvèrent un emploi dans un drugstore. Très vite, les deux frères prirent les commandes du commerce. Et un an plus tard, les Schenck possédaient une chaîne de drugstores. Ils rachetèrent également un dancing où ils s'étaient amusés quand ils étaient plus jeunes, à Fort George (New Jersey). Ce dancing faisait partie du parc d'attractions de Palisades. Les Schenck firent ensuite construire une grande roue dans le parc, la plus haute du Nord-Est. L'attraction devint si

36. *President and chief executive officer* (*N.d.T.*).

populaire qu'ils rachetèrent Palisades en 1908 et le rebaptisèrent Paradise Park. Ils rencontrèrent alors un homme qui possédait quelques *nickelodeons*, Marcus Loew. Ce dernier les persuada d'acheter des cinémas à Hoboken (New Jersey). Les frères Schenck finirent par racheter l'entreprise de Loew, qui se tourna alors vers la production, fournissant ainsi des titres aux Schenck. En 1924, Loew organisa la fusion de sa société, Metro Studio, et de Goldwyn Studio, et engagea Louis B. Mayer pour former la Metro-Goldwyn-Mayer (MGM).

Bioff dit à Schenck qu'il ferait cesser les mouvements de grève au sein de la MGM en échange de 100 000 dollars. Mais Schenck ne se laissa pas intimider. Il faut dire qu'il connaissait Johnny Rosselli depuis des années. Et Rosselli n'était que l'un des nombreux gangsters que fréquentait Schenck. La scénariste Anita Loos disait que Schenck connaissait tous les gens du milieu, des plus petits voyous aux hauts dirigeants. Un an auparavant, la pègre avait déjà proposé de faire assassiner l'acteur Gilbert Roland quand le frère de Schenck avait découvert que sa femme le trompait avec lui.

Schenck, qui se fit le porte-parole de tous les studios, formula donc une contre-proposition : Hollywood verserait à Bioff et Browne 150 000 dollars s'ils lui garantissaient qu'il n'y aurait pas une seule grève dans les sept années à venir. Et si les gangsters réduisaient les revendications salariales de l'IATSE de deux tiers. Et s'ils faisaient une croix sur la participation du syndicat aux bénéfices des studios. Évidemment, Bioff et Browne acceptèrent. En faisant cette offre, Hollywood se rendit aussi coupable que Chicago de l'escroquerie dont fut victime le syndicat de techniciens. Les studios se retrouvèrent également pieds et poings liés quand, dans les années qui suivirent, les gangsters revinrent pour leur extorquer davantage d'argent. Hollywood avait perdu toute notion de morale et de dignité en acceptant de traiter avec les gangsters. Ou peut-être donnait-elle raison au proverbe italien « *Una volta corrotto, sempre controllato* » – « Corrompu un jour, contrôlé pour toujours » ?

Cependant, les studios craignaient que les gens ne comprennent qu'ils avaient conclu un accord illégal trop rapidement. L'*Outfit* proposa donc d'organiser une fausse grève, qui permettrait aux producteurs de prétendre qu'ils avaient cédé face au syndicat. Si l'IATSE mimait une démonstration de force, alors Hollywood pourrait accepter le premier accord de « *close shop* » de l'histoire de l'industrie du cinéma : les gens devraient obligatoirement adhérer à l'IATSE s'ils souhaitaient travailler dans les coulisses des studios.

L'événement qui déclencha la grève se produisit à la fin de l'année 1935. Une équipe de tournage de Paramount Pictures, dont aucun membre n'était syndiqué, arriva à New York pour le tournage du film catastrophe *13 Hours By Air* (1936). Browne fit mine de se mettre en colère et, le samedi 30 novembre, ordonna à ses adhérents de faire grève. De Chicago à New York, les projectionnistes de l'IATSE désertèrent les cinq cents cinémas Paramount. Les producteurs et les représentants du syndicat se rencontrèrent pour une réunion « de crise » à l'Union League Club de New York. Les « dures » négociations aboutirent à l'accord suivant : à partir de maintenant, dirent les producteurs, l'IATSE serait le seul syndicat autorisé à Hollywood. Plus tard, les dirigeants avouèrent que le pacte qu'ils avaient passé avec la pègre leur avait permis d'économiser environ 15 millions de dollars sur les salaires et les participations aux bénéfices.

Luciano, quant à lui, n'avait toujours pas touché sa part sur l'escroquerie dont avaient été victimes les chaînes de cinémas Loew's et RKO. Apparemment, au cours d'une conversation, Nitti aurait tenté d'apaiser les choses en disant à Luciano de ne pas s'inquiéter – Buchalter était là pour représenter ses intérêts. Luciano aurait répondu à Nitti que Buchalter ne parlait pas en son nom.

Nitti continuait de faire des incursions dans le trafic de drogue de Los Angeles, ses dealers vendant moins cher que ceux de Luciano. Des cargaisons de drogue étaient pillées ; les hommes de Luciano se faisaient frapper, droguer, voire assassiner. Les deux hommes étaient coincés dans une curieuse étreinte. D'un côté, ils coopéraient pour escroquer le monde du cinéma à New York ; de l'autre, ils étaient des concurrents acharnés qui se disputaient le contrôle de la drogue à Hollywood. Luciano voulait toucher sa part sur l'escroquerie des restaurants. Nitti voulait s'impliquer davantage dans le trafic de drogue. Mais aucun d'entre eux ne voulait faire de compromis et partager ses gains avec l'autre.

Bioff arriva à Los Angeles par bateau en septembre 1935. Rosselli et Browne l'attendaient sur le quai. Avec Bioff à sa tête, l'*Outfit* établit son quartier général de la côte ouest dans un appartement-terrasse situé au douzième étage du Taft Building. La priorité de Bioff était d'augmenter les cotisations des membres de l'IATSE, qui étaient assez basses à Hollywood. On fit venir des voyous de Chicago pour intimider les adhérents par la menace ou la violence. Chicago commença à envoyer à Hollywood des techniciens ayant des liens avec l'*Outfit* ; ils furent rapidement intégrés à l'infrastructure de l'IATSE. L'idée était que même si sa tête était coupée, la pègre resterait ancrée dans l'industrie du cinéma. En 1934, à Hollywood, l'IATSE comptait moins de deux cents membres, mais trois ans plus tard, le nombre de travailleurs syndiqués était passé à douze mille. S'étant vu accordé par les studios le droit de mettre en place un *closed shop*, Bioff pouvait dire aux gens qui travaillaient dans les studios qu'ils n'avaient que deux choix : intégrer le syndicat ou se retrouver au chômage.

L'IATSE ordonna à ses adhérents de reverser 2 % de leurs revenus pour former un « trésor de guerre », au cas où le syndicat aurait à se mettre en grève. Les travailleurs payaient environ 1,5 million de dollars pour prévenir les difficultés – les deux tiers de cette somme étaient reversés à l'*Outfit*, et Bioff et Browne empochaient le reste.

Bioff trouva également un nouveau moyen d'extorquer de l'argent à Hollywood. Il alla trouver Jules Brulator, distributeur des pellicules cinématographiques Eastman à Los Angeles, l'homme qui vendait les bobines aux studios. Si Eastman ne faisait pas de Bioff son « acheteur », son entrepôt exploserait. Bioff toucha ainsi une commission de 7 % sur toutes les pellicules vendues. Le racket d'Eastman lui rapportait 230 000 dollars tous les deux ans – dont 150 000 dollars repartaient dans les hautes sphères de Chicago. Quand les journalistes interrogeaient Bioff sur ses élégants costumes, il avait une réponse toute prête : « C'est le syndicat qui est riche, pas Willie Bioff. »

Luciano comprenait que les choses étaient en train de lui échapper. Il était en train de perdre le contrôle de Los Angeles, où Nitti était sur le point de gagner la guerre de la drogue. Il demanda à Bugsy Siegel d'éliminer Bioff et Browne, en guise d'avertissement. Buchalter protesta : l'assassinat des dirigeants du syndicat pourrait avoir des répercussions graves, et ce jusqu'à la Maison-Blanche. Luciano décida donc de s'attaquer directement à Nitti.

Luciano arriva au Sherman Hotel de Chicago en septembre 1935. La légende de la Mafia dit qu'il demanda trois choses à Nitti. Un : il voulait que ses hommes soient présents dans l'administration de l'IATSE. Deux : il voulait qu'on lui verse tout l'argent qu'on lui devait. Et trois : Nitti pouvait garder l'exclusivité du racket de Hollywood, à condition qu'il laisse à Luciano l'exclusivité des marchés de la drogue, du jeu et de la prostitution à Los Angeles. Luciano était prêt à entrer en guerre si Nitti n'acceptait pas ces trois points. Il lui laissait une journée pour se décider.

Le lendemain midi, Nitti déjeuna avec Luciano. Apparemment, les deux hommes ne réussirent pas à se mettre d'accord et le déjeuner se termina brusquement. Nitti venait de sortir du restaurant quand une voiture qui passait dans la rue ouvrit le feu. Le chef de l'*Outfit* survécut au *drive-by shooting*. Suite à cette tentative d'assassinat, Nitti accepta les conditions posées par Luciano. L'*Outfit* se concentrerait sur l'escroquerie des studios tandis que Luciano garderait l'exclusivité des marchés de la drogue, du jeu et de la prostitution.

Entre-temps, Will Hays, ancien président du Republican National Committee et *postmaster general* sous le gouvernement Warren Harding – désormais à la tête du MPPDA – demanda l'aide de Rosselli. Un gang amateur avait mis la main sur un film pornographique que la MGM voulait absolument faire disparaître. Intitulé *The Casting Couch*, le film X avait pour tête d'affiche l'une des étoiles montantes du studio, Joan Crawford. Un document sur Crawford extrait des archives du FBI évoque « les informations d'un haut fonctionnaire de la police », qui prétendait que dans les années 1920, peu après avoir été arrêtée à Detroit pour prostitution, Crawford aurait joué dans un film pornographique, qui aurait fait le tour des cercles masculins. Crawford a plus tard écrit qu'il y avait eu confusion sur la personne ; le film avait été tourné en 1918, alors qu'elle avait 14 ans – l'actrice que l'on pouvait voir dans le film était beaucoup plus âgée. Quoi qu'il en soit, les maîtres chanteurs demandaient 100 000 dollars pour le négatif, mais le studio ne voulait pas donner plus de 25 000 dollars. Hays demanda à Rosselli s'il pouvait trouver un arrangement. Le gangster alla trouver les escrocs et leur expliqua qui il était et pour qui il travaillait. Il leur fit également clairement comprendre que s'ils ne rendaient pas le négatif, il les ferait tous tuer. Les maîtres chanteurs abandonnèrent et rendirent le négatif ; ce fut Rosselli qui empocha les 25 000 dollars. En 1943, Joan Crawford dut verser 50 000 dollars à la MGM pour se libérer de ses obligations contractuelles, bien que son départ eût été décidé d'un commun accord. Fred Lawrence Guild, son biographe, écrit qu'il est possible qu'elle ait dû rembourser à la MGM l'argent que celle-ci avait donné à Rosselli pour récupérer le film X. En janvier 1947, Howard Strickling, ancien chef de la sécurité de la MGM, allait dire à son ex-collègue Samuel Marx que le studio avait dû racheter des films pornographiques dans lesquels avait tourné Joan Crawford.

Le jeudi 16 avril 1936 au matin, de hauts représentants de l'IATSE se rendirent à New York pour un entretien avec le président de la MGM, Nick Schenck. L'*Outfit* avait décidé de réitérer son escroquerie. Orson Welles résuma les choses de cette façon : « Un groupe d'industriels paya un groupe de gangsters pour briser le syndicalisme [...]. Quand les gangsters eurent accompli le travail pour lequel ils avaient été rémunérés, ils se retournèrent vers les hommes qui les avaient payés [...]. [Les] marionnettistes ont découvert que leurs créatures s'étaient mises à développer une vie propre. » Browne dit à Schenck que les studios devaient rassembler la somme de 2 millions de dollars en liquide s'ils voulaient éviter une grève. Schenck allait plus tard affirmer qu'au départ il avait pensé que Browne avait perdu la tête. Il était tellement stupéfait qu'il était incapable de parler. Bioff ajouta que si Hollywood refusait de payer, l'IATSE sèmerait la panique dans tous les cinémas du pays. Il donna à Schenck quelques heures pour se décider.

Schenck alla immédiatement trouver Sidney Kent, directeur général de la 20th Century Fox, société dont son frère était le président. Louis B. Mayer avait apporté 100 000 dollars pour le capital d'amorçage de Twentieth Century Pictures, la société de production qui avait fusionné avec la Fox en mai 1935. Kent, qui ignorait probablement tout de l'accord des « 150 000 dollars contre sept années sans grève », pria Schenck de ne pas capituler. Mais Hollywood se trouvait désormais dans une impasse : les studios avaient perdu tout contrôle de la situation, l'avarice ayant compromis leur intégrité.

Quand les gangsters revinrent, dans l'après-midi, Schenck leur dit que les studios n'avaient pas les moyens de leur verser 2 millions de dollars. Bioff lui coupa la parole en déclarant qu'il accepterait 1 million. Schenck tenta encore de marchander, mais Bioff se leva pour partir, en disant qu'il s'agissait là de son dernier prix.

Le lendemain, le gang expliqua comment il voulait que les sommes soient versées. Plusieurs représentants des studios étaient présents, dont Austin Keogh, vice-président[37] de la Paramount ; Leo Spitz, qui travaillait désormais pour RKO ; Hugh Strong, chef du personnel de

---

37. En anglais, *vice-president*. Ce terme, utilisé dans le contexte de l'entreprise, sera toujours traduit par « vice-président » (*N.d.T.*).

la 20th Century Fox ; et Albert Warner, vice-président et directeur financier de Warner Bros. Chacune des quatre majors – la Fox, la MGM, la Paramount et la Warner – devrait payer 50 000 dollars par an, tandis que les studios moins importants tels Universal, la Columbia, RKO, et douze autres petites sociétés verseraient 25 000 dollars. Au total, les studios se verraient extorquer près de 600 000 dollars par an. Bioff voulait en plus toucher une avance de 100 000 dollars en liquide.

Le samedi matin, Schenck se rendit à l'hôtel de Bioff. Il posa sur le lit du gangster un sac en papier marron contenant 50 000 dollars en liquide. Bioff donna le sac à Browne et lui demanda de compter. Schenck resta près de la fenêtre, observant Manhattan d'un air pensif en fumant. Alors que Schenck attendait toujours, un autre visiteur arriva au Warwick Hotel. Il s'agissait de Kent, qui, lui aussi, vint déposer de l'argent sur le lit. Kent expliqua que le sac ne contenait que 25 000 dollars, mais que c'était tout ce qu'il avait pu rassembler, compte tenu du temps qui lui avait été imparti. Bioff demanda à Browne de compter également le contenu du second sac – ajoutant encore à l'humiliation des dirigeants des studios. « J'ai découvert que marchander avec des producteurs de cinéma revenait toujours au même », a un jour dit Bioff. « Vous rentrez dans une pièce et ils se mettent à pleurer et à hurler qu'ils ont été volés. Et ça peut continuer comme ça pendant des heures. Moi, je suis un homme très occupé et je ne dors pas beaucoup. Au bout d'un moment, ça se calme, et je suis réveillé par le silence. Alors, je dis : "Bien, messieurs, pouvons-nous avoir l'argent, maintenant ?" »

Bioff retourna à Los Angeles pour informer les dirigeants des studios de leur sort. Louis B. Mayer affirmera plus tard qu'il n'avait cédé que quand Bioff avait menacé de le tuer. Harry Warner, le directeur général de Warner Bros, allait quant à lui prétendre qu'il avait tellement peur de Bioff qu'il avait embauché un garde du corps – ce qui paraît assez étrange, compte tenu du fait que les deux hommes se rendaient ensemble à la synagogue et que Bioff était très souvent invité dans le ranch de Warner.

Harry Cohn, de la Columbia, fut le seul dirigeant de studio à échapper à l'escroquerie, et ce du fait des liens qu'il entretenait avec la pègre. Quand, en novembre 1937, Bioff demanda aux employés de la Columbia de se mettre en grève, Cohn passa un coup de téléphone à Rosselli. Officiellement, l'appel à la grève avait été lancé suite au licenciement de maquilleurs, mais d'après Bob Thomas, l'un des biographes de Cohn, Bioff cherchait en réalité à intimider Cohn pour qu'il paie sa part de la somme qui devait être versée par les studios à l'*Outfit*. Rosselli alla trouver Bioff dans les locaux de l'IATSE et le trouva assis derrière son bureau, avec son chapeau et son manteau, un cigare coincé entre les dents ; une arme était posée sur le sous-main, devant lui. D'après Thomas, Rosselli dit à Bioff : « Écoute, Willie. Je ne sais pas ce que tu cherches à prouver, mais de toute façon, ça ne peut pas marcher. » Rosselli ordonna ensuite à Bioff de téléphoner à Browne. Bioff accepta à contrecœur. Browne expliqua à Rosselli que la grève de la Columbia avait été déclenchée à l'initiative de Bioff. Au bout du compte, Bioff téléphona à Cohn pour s'excuser. (Le producteur Samuel Goldwyn refusa également d'avoir quoi que ce soit à voir avec ce racket ; il aurait prononcé ces célèbres mots : « Messieurs, vous pouvez compter sans moi. »)

Pour certains studios, tel le très endetté Warner Bros, Bioff dut se contenter de moins que ce qu'il avait demandé. Albert Warner réussit à trouver un arrangement : il paierait une avance de 10 000 dollars, qui serait suivie de versements réguliers. La Paramount, qui tournait à perte, ne put débourser que 27 000 dollars. Mais néanmoins, en une seule année, grâce à cette escroquerie, à l'accord de sept ans sans grève et aux cotisations des adhérents du syndicat, l'*Outfit* extorqua 1,5 million de dollars à Hollywood.

Les comptables des studios masquèrent les transactions afin de n'en laisser aucune trace. Warner Bros, par exemple, dissimula un versement de 12 000 dollars en inscrivant que cette somme avait été utilisée pour offrir des cadeaux de Noël aux critiques.

Cependant, Bioff resta en bons termes avec les studios : il continuait d'assurer sa part du marché. En quatre ans, les salaires des techniciens furent diminués de 15 % à 40 %. En 1397, un syndicat dissident, la Federation of Motion Picture Craftsmen, lança un appel à la grève. Bioff fit venir des voyous de Chicago pour terroriser les leaders. Les grévistes embauchèrent des dockers pour se protéger de Bioff – et des studios – mais des gangsters armés de mitraillettes attaquèrent les piquets de grève. Harry Warner disait qu'il fallait être en bons termes avec Bioff, que c'était une question de bon sens. En 1938, lors d'une convention de l'IATSE, Sydney Kent déclara que de toutes les industries d'Amérique, c'était celle du cinéma qui entretenait les meilleures relations avec ses employés.

Les frères Schenck se servaient également dans les caisses de la MGM, en utilisant Bioff comme porte-valise entre New York et Los Angeles. Les Schenck prélevaient des centaines de milliers de dollars sur les recettes du box-office. En langage mafieux, ils « ponctionnaient » leur propre société. Nick Schenck faisait parvenir l'argent à son frère Joe dans sa villa hollywoodienne. Pendant six ans, Bioff multiplia les courses. Il pouvait livrer jusqu'à 62 000 dollars. Schenck comptait parfois l'argent au bord de sa piscine et prélevait 500 dollars pour couvrir les dépenses de Bioff. On peut donc dire que Bioff n'eut pas besoin de corrompre Hollywood. Il lui suffit simplement de se fondre dans le décor. Il allait un jour dire : « Ce *business*, ce n'est rien d'autre que des putes à deux balles avec des chemises propres et un peu de cirage sur les pompes. »

Bioff acquit un énorme pouvoir. Un jour, le vigile de la MGM lui refusa l'entrée au studio ; Bioff ordonna à Mayer en personne de venir réprimander son employé. Afin de s'assurer que l'IATSE serait bien vue par les journalistes, Rosselli racheta la compagnie d'assurances qui s'occupait du *Hollywood Reporter* ; Bioff, quant à lui, prit le contrôle du syndicat des journalistes qui travaillaient pour le journal spécialisé dans le cinéma. Bioff allait plus tard dire qu'il faisait la pluie et le beau temps à Hollywood.

En 1937, Bioff se mit dans l'idée de faire construire une maison de style rural dans le quartier de Woodland Hills à Los Angeles. Il repéra un terrain de 32 hectares et décida qu'il appellerait la propriété Rancho Laurie, en hommage à son épouse, l'ancienne maquerelle. Le couple aurait pour voisins Clark Gable, Barbara Stanwyck et Tyrone Power. La maison serait munie d'un détail architectural original : des tourelles de défense à chaque coin du toit.

Le problème, c'était que Bioff ne savait pas comment payer la propriété. Il pensa qu'en réglant ses versements en liquide, il éviterait toute trace écrite qui pourrait le lier à des activités illégales. Sur le court terme, il avait raison. Cependant, il pouvait difficilement rentrer dans une banque avec 100 000 dollars en petites coupures pour payer les arrhes du Rancho Laurie. Parfois, une petite décision toute simple peut affecter l'ensemble d'une vie. Bioff demanda à Joe Schenck s'il pouvait blanchir son argent liquide. Schenck fit un chèque de 100 000 dollars à l'ordre de Bioff, au nom de la Fox. Le gangster pourrait prétendre qu'il s'agissait de la commission qu'il avait touchée sur les ventes de pellicules. Ce service allait ébranler l'ensemble du système d'extorsion des studios.

Bioff fit construire sa maison, puis il demanda à RKO s'il pouvait acheter pour 5 000 dollars de meubles par le biais du service des accessoires du studio. Il allait plus tard avouer qu'il n'avait jamais eu l'intention de rembourser. Le Rancho Laurie fut décoré avec un mobilier Louis XV, des vases orientaux et une grande bibliothèque de bois (Bioff ne lisait pourtant que des *comics*).

En novembre 1937, les studios commencèrent à chercher à se débarrasser de l'emprise de la pègre. Les travailleurs syndiqués qui reprochaient à l'IATSE d'infiltrer leurs organisations déjà existantes se retrouvaient au chômage ou se faisaient passer à tabac. Un avocat de Los Angeles, Carey McWilliams, réussit à convaincre une commission de l'État de Californie d'enquêter sur la direction du syndicat des techniciens. Bioff engagea lui aussi un avocat, le colonel William Neblett, pour représenter l'IATSE. Or, il se trouvait que Neblett travaillait dans le même cabinet d'avocats que le porte-parole de l'Assemblée de l'État de Californie, William Mosley Jones, l'homme qui était chargé de l'enquête. Les deux journées d'auditions publiques n'aboutirent à rien. Personne ne posa les bonnes questions. L'enquête ne donna aucun résultat concluant.

Cependant, l'attitude du public vis-à-vis du gangstérisme avait changé. La plupart des gens ne regardaient plus les gangsters comme des Robin des Bois *manqués*[38] qui rendaient quasiment service à la communauté, comme cela avait été le cas durant la Prohibition. La presse tendait désormais à présenter la pègre comme un cancer qui dévorait peu à peu l'Amérique. Hollywood, bien sûr, se fit l'écho de ce durcissement de l'opinion publique. Les studios cessèrent de magnifier les gangsters et commencèrent à produire des films dont les héros étaient des agents fédéraux. En 1935, James Cagney, qui avait incarné un sympathique gangster dans *L'Ennemi public* (1932), se mit à travailler pour le FBI (*Les Hors-la-loi*).

Il se trouve que Cagney joua un rôle dans la découverte des activités illégales liées aux studios – si bien que l'*Outfit* décida de le faire assassiner en guise d'avertissement. Alors que Cagney était en train de tourner *À chaque aube je meurs* (1939) à la Warner, son épouse, Willie, se mit à recevoir des coups de téléphone anonymes. On lui disait que Cagney avait eu un accident. Elle téléphonait au studio, qui démentait. Un jour, un correspondant anonyme lui dit que son mari avait été tué dans un accident de voiture. Cette torture psychologique était voulue comme une préparation à un éventuel assassinat de Cagney : un jour, Willie téléphonerait au studio et découvrirait que le corbeau avait cette fois dit vrai. Cagney a raconté que son partenaire, George Raft, avait entendu parler de ce plan et était intervenu auprès de l'*Outfit*. Raft a quant à lui expliqué qu'un jour, sur le plateau, il avait vu Bioff regarder Cagney sans chercher à dissimuler sa haine, puis fixer les lumières de Klieg qui se trouvaient en hauteur, et échanger un regard entendu avec un technicien. À New York, Bioff avait plus tard dit à

38. En français dans le texte (*N.d.T.*).

Raft que si on lui avait ordonné d'abandonner l'idée du meurtre de Cagney, c'était parce que cela aurait pu briser la propre carrière de Raft. « Le studio ne se vengera pas. On ne fera aucun mal à Cagney », aurait dit Bioff à Raft. « On était tous prêts à lâcher une lampe sur lui, mais au dernier moment, on m'a dit de laisser tomber, parce que tu étais dans le film. » Cagney a plus tard déclaré que Raft était le seul homme véritablement fort qu'il avait rencontré dans le show business.

En 1939, Bioff essayait de prendre le contrôle du syndicat des acteurs, la Screen Actors Guild (SAG). En sortant des réunions de la SAG, les adhérents découvraient que les pneus de leurs voitures avaient été crevés. Les responsables de la SAG se faisaient menacer ou agresser. Mais la direction du syndicat – sous la présidence de Robert Montgomery – refusait de céder. Cagney et quelques autres avaient réclamé qu'une autre enquête soit menée sur la direction de l'IATSE.

Pour enquêter sur Bioff, Montgomery joignit ses forces avec Arthur Ungar, l'éditeur du journal du show business *Variety*, ainsi qu'avec le journaliste Westbrook Pegler. Le Motion Picture Technicians' Committee avait déjà porté plainte contre le gangster auprès du National Labor Relations Board. Au cours de son enquête, la SAG découvrit le chèque de 100 000 dollars que Schenck avait fait à l'ordre de Bioff.

Bioff prit peur et se mit à menacer directement les cinéastes. Il alla rendre visite au réalisateur Cecil B. De Mille, qui se trouvait alors à l'hôpital. Il se posta devant le lit de De Mille et lui fit comprendre que s'il ne lui versait pas d'argent, il pourrait être victime d'un accident. Mais De Mille ne se laissa pas intimider. Il avait déjà survécu à une tentative de meurtre : en 1913, un voyou qui travaillait pour une équipe de cinéma rivale lui avait tiré dessus.

Oubliant ses douleurs, De Mille s'efforça de sortir de son lit. Bioff savait-il pourquoi De Mille était toujours en vie ? (Quelques années plus tôt, à Paris, le réalisateur avait failli mourir d'un rhumatisme articulaire aigu.) De Mille répondit à sa propre question : « C'est parce que Dieu est avec moi. On m'avait dit que je ne pourrais plus jamais me mettre debout. Mais comme vous pouvez le voir, Dieu a voulu que je puisse me tenir debout. Pensez-vous vraiment que vous pouvez réussir là où tous les autres ont échoué ? Je vous mets au défi de provoquer un accident. Dieu vous met au défi de le faire. Maintenant, veuillez sortir. »

L'époque de la mainmise économique de la Mafia était peut-être révolue, mais en extorquant de l'argent à Hollywood, les gangsters étaient entrés en contact avec certaines des plus fascinantes beautés du monde. Longy Zwillman, par exemple, avait eu une aventure avec Jean Harlow – et fut sans doute impliqué dans le meurtre de son mari, le producteur Paul Bern. Lucky Luciano, quant à lui, aurait eu une liaison avec l'actrice comique Thelma Todd. D'ailleurs, plusieurs historiens du cinéma pensent qu'il commandita son assassinat quand elle tenta de renseigner la police de Los Angeles sur le racket des studios.

III

Une diabolique conspiration

Le flux de criminels de la côte est arrivant à Los Angeles au début des années 1930 ne passa pas inaperçu. Dans le roman de Raymond Chandler *Fais pas ta rosière*, Philip Marlowe dit : « Maintenant, on a l'argent, les bons flingues, les ouvriers syndiqués, les types qui font plein de pognon, les truands venus de New York et de Chicago… et tous les vauriens de cette ville de durs à cuire qui n'a pas plus de personnalité qu'un gobelet en carton. »

S'il y avait bien une personne que Chandler aurait pu compter dans sa liste de vauriens, c'était Marino Bello. Bello était un exilé de Chicago qui flirtait avec le gangstérisme. Il avait quitté sa ville pour sauver sa peau à l'époque de la guerre des gangs. Il vivait désormais des revenus de sa femme, qui était serveuse et vendeuse porte-à-porte. Bello avait rencontré Jean Carpenter à l'époque où elle était mère célibataire et vivait dans le Kansas. Le père de Carpenter, qui était promoteur immobilier, avait mis sa petite-fille, Harlean, dans une école privée. Mais quand la jeune adolescente s'était fait renvoyer de l'établissement, son grand-père, fou de rage contre tous les membres de sa famille, avait chassé la mère, la fille et Bello. Il leur avait donné juste assez d'argent pour qu'ils puissent prendre un nouveau départ. Bientôt, le trio loua un deux-pièces à Los Angeles. Mrs Carpenter se faisait appeler Mama Jean et surnommait sa fille « le Bébé ». Bello épousa Mama Jean et commença à s'intéresser de très près à sa belle-fille. Un jour, par exemple, il s'assit derrière elle et lui montra comment se maquiller les lèvres. Bello refusait de rechercher un emploi à plein temps. Il voulait devenir acteur. Les jeunes mariés trouvèrent des emplois de figurants. Jean emmenait parfois sa fille avec elle quand elle passait des castings. Un agent, Arthur Landau, trouva que Harlean avait l'étoffe d'une star. Il la présenta à Hal Roach, l'imprésario qui avait lancé la carrière de Harold Lloyd et de Laurel et Hardy. Roach proposa tout de suite à Harlean un contrat. Harlean adopta le prénom de sa mère. Désormais, elle serait Jean Harlow.

Loin de tout cela, le cinéaste Howard Hughes avait passé deux années à réaliser sa première œuvre, *Les Anges de l'enfer*, un film muet ayant pour sujet des pilotes de la Première Guerre mondiale. Les stars du film étaient Ben Lyon et James Hall, qui incarnaient les deux étudiants d'Oxford rejoignant le Royal Flying Corps. Greta Nissen, une actrice norvégienne, tenait le rôle de la belle Anglaise qui est amoureuse des deux hommes. Cependant, au moment même où Hughes pensait qu'il avait terminé le film, c'est-à-dire en octobre 1927, Warner Bros sortit *Le Chanteur de jazz*. Avec ce film parlant, la Warner fit 3 millions de dollars de bénéfices. Hughes décida alors de retourner *Les Anges de l'enfer*, avec le son. Mais il se dit que si Lyon et Hall pouvaient passer pour des étudiants d'Oxford, les spectateurs allaient se moquer de l'accent norvégien très prononcé de Nissen. Il décida donc de la remplacer.

À la fin des années 1920, Thelma Todd était l'une des actrices comiques les plus populaires de Hollywood ; aujourd'hui, on se souvient surtout d'elle pour ses prestations dans *Monnaie de singe* (1931) et *Plumes de cheval* (1932) des Marx Brothers. La comédienne était sous contrat avec Roach. Todd s'était effondrée sur le tournage de *All Teed Up* (1930), pour cause d'épuisement, selon les médecins, bien que ses problèmes eussent probablement quelque chose à voir avec les cachets à base d'amphétamines que le studio l'encourageait à prendre pour maigrir. Elle resta plusieurs jours alitée, puis termina le film. À la fin du tournage, elle décida de prendre trois mois de vacances. Elle partit en croisière sur l'île Santa Catalina, au sud-ouest de Los Angeles. Ce fut là que Todd fit la connaissance de Roland West, un cadre d'United Artists âgé de 44 ans. United Artists devait distribuer *Les Anges de l'enfer*. West et Todd entamèrent une liaison. Todd confia à son amant qu'elle souhaitait désormais être considérée comme une actrice sérieuse, et non plus seulement une comique. West lui promit le premier rôle dans la version parlante des *Anges de l'enfer*, une décision qui ne relevait pas de son autorité. Todd retourna travailler pour Roach. Trois semaines plus tard, West la recontacta. Il l'invita à dîner au restaurant Brown Derby. West et Todd étaient attendus par Hughes et par Joe Schenck, président d'United Artists. Ils lui proposèrent le rôle. Mais Roach refusa de laisser partir sa plus grande star. Le contrat de cinq ans qu'avait signé Todd l'autorisait à travailler pour d'autres studios, mais Roach devait approuver les contrats. Hughes et Schenck abandonnèrent l'idée de Todd. Déçue par la façon dont les choses s'étaient déroulées, Todd se mit à boire plus que de raison. Peu de temps après, on lui retira son permis pour conduite en état d'ivresse.

Entre-temps, alors qu'il se promenait dans les studios de Roach, Ben Lyon était tombé sur Jean Harlow. Il avait trouvé qu'elle serait parfaite pour le rôle de l'amoureuse des aviateurs. Hughes accepta de lui faire passer un essai. Bien qu'il y eût un malentendu sur la capacité de Harlow à parler avec un accent anglais, Hughes lui attribua le rôle – sans doute incité par le fait que Harlow ne portait jamais de soutiens-gorge. Roach accepta de laisser Harlow tourner le film, probablement pour donner une leçon à Todd, et Hughes fit signer à l'actrice un contrat de trois ans. Marino Bello renvoya alors Arthur Landau et reprit le poste de manager de Harlow. Hughes passa le reste de l'année 1928 à retourner *Les Anges de l'enfer* avec Harlow, puis se consacra de façon quasi obsessive au montage durant toute l'année 1929 et le printemps 1930. Pendant ce temps, Harlow fut « prêtée » à Warner Bros pour le tournage d'un film de gangsters, *L'Ennemi public* (1931). La publicité des *Anges de l'enfer* s'appuyait sur le fait qu'il s'agissait du film le plus cher qui ait jamais été réalisé. Mais les critiques se montrèrent moqueurs. Le film, qui avait coûté 3,8 millions de dollars, ne rapporta que 1,5 million de dollars à Hughes.

Roland West était néanmoins déterminé à tenir la promesse qu'il avait faite à Todd : faire en sorte qu'elle soit considérée comme une actrice sérieuse. Il voulait la diriger dans un film intitulé *Corsaire*. Cette fois-ci, Roach accepta de laisser partir Todd. West lui attribua le pseudonyme d'Alison Lloyd, afin, comme il expliqua à la presse, qu'« aucune trace de comédie ne vienne souiller les jupes de Miss Todd ». Roach répliqua que quand Todd retournerait travailler avec le studio, il lui attribuerait le pseudonyme de Susie Bouldecrote afin qu'« aucune trace de drame ne vienne souiller son pyjama ».

Après *Les Anges de l'enfer*, Hugues se désintéressa de Harlow et accepta de la « prêter » à la MGM. Le studio envoya Harlow en tournée pour la promotion de *La Blonde platine* (1931) ; elle était accompagnée par Bello. À un moment de la tournée de 1931, Bello aurait présenté Harlow au gangster du New Jersey Longy

Zwillman. Bello pensait que le milieu le récompenserait pour ce geste, sans doute en lui attribuant la gestion d'une taverne illégale de Manhattan. D'après le biographe de Zwillman, ce fut un ami du gangster, Joseph « Doc » Stacher, qui repéra Harlow sur la scène de l'Adams Theater, dans le New Jersey. Après avoir entendu la description que Stacher fit de Harlow – des blagues idiotes, des robes bon marché, mais de magnifiques cheveux blonds de la couleur du lait de poule –, Zwillman, qui, comme Luciano, avait déjà investi dans le théâtre, vint se présenter à l'actrice dans les coulisses. Le gangster aurait ensuite invité Harlow et sa mère à dîner au restaurant Oak Room du Plaza Hotel de New York. Pendant le dîner, Harlow se plaignit des termes de son contrat. Hughes lui avait fait signer un contrat de 250 dollars par semaine, bien que la MGM la payât 3 500 dollars par semaine pendant qu'elle était en tournée – Hughes empochait la différence. Zwillman lui dit de faire croire qu'elle était souffrante, et ce pendant les dix jours à venir. Le propre médecin du gangster viendrait dire à Hughes que l'actrice n'était pas en condition de voyager. Le gangster engagea des scénaristes et leur demanda d'écrire un nouvel acte pour Harlow, qui mettrait en valeur ses dons naturels pour la comédie. Il téléphona également à des amis gangsters afin de s'assurer que les apparitions publiques de Harlow seraient bien couvertes par les médias au cours des six semaines à venir. Pour les conférences de presse, Zwillman fit placer certains de ses hommes dans le public : ils posèrent à Harlow des questions qui avaient été répétées et elle put répondre du tac au tac avec un brin d'impertinence. Ce fut au cours de l'une de ces conférences que Harlow proposa à un journaliste de lui montrer ses poils pubiens afin de lui prouver qu'elle était une vraie blonde. Le *New York*

Daily Graphic rapporta l'histoire et bientôt, toutes les femmes du pays ressortaient « blond platine » des salons de coiffure. Zwillman s'arrangea également pour que Hughes rémunère Harlow non plus 250 dollars, mais 1 000 dollars par semaine. Il s'agissait, aurait-il dit à Johnny Rosselli, d'un investissement. Le projet de Zwillman était de pousser Hughes à libérer Harlow de ses obligations contractuelles. Harlow pourrait ainsi signer avec son ami Harry Cohn de la Columbia, qui lui rembourserait son investissement.

L'actrice âgée de 21 ans entama une liaison avec Zwillman, qui devint de plus en plus présent à Los Angeles. Zwillman retrouvait Harlow dans un bungalow du Garden of Allah, l'hôtel où résidait F. Scott Fitzgerald. La pègre y louait l'une des vingt-cinq petites maisons qui étaient regroupées autour des deux piscines. Plus tard, Costello, Lansky et Siegel allaient y séjourner. Zwillman confia un jour au tueur à gages de la Mafia Abe « *Kid Twist* » Reles à quel point il était troublé par Harlow. L'actrice éprouvait quant à elle une sincère affection pour Zwillman. Elle allait porter jusqu'à la fin de sa vie le bracelet à breloques de platine qu'il lui avait offert (l'une des breloques représentait un cochon – sans doute une référence humoristique à ses habitudes alimentaires). La presse à scandale évoquait souvent ce bijou, et l'Amérique se laissa bientôt gagner par la folie des bracelets à breloques. En retour, Harlow avait donné à Zwillman de petites tresses de poils pubiens, que le gangster faisait mettre dans des médaillons et offrait à ses amis.

Mais Joe Schenck réussit à convaincre Harlow que Zwillman n'allait pas tarder à perdre sa principale source de revenus. Après l'élection présidentielle de 1932, tout le monde s'attendait à ce que le gouvernement mette un terme à la Prohibition. Schenck disait à Harlow qu'elle avait tout intérêt à rejoindre la MGM – qui, comme par hasard, appartenait à son frère – plutôt que de rester dans une petite société comme la Columbia. L'actrice suivit le conseil de Schenck et intégra la MGM, qui était à cette époque le plus grand studio de Hollywood. Hughes vendit Harlow 60 000 dollars, et garda le droit de la faire jouer dans deux films tandis qu'elle serait payée par la MGM. Le studio fit signer à Harlow un contrat de sept ans, avec un salaire croissant, qui devait atteindre 5 000 dollars par semaine la dernière année.

La carrière de Thelma Todd prit un nouvel essor quand Roach la reprit en main. Le producteur l'associa à ZaSu Pitts pour former un duo comique, une sorte de version féminine de Laurel et Hardy. En mai 1931, Roach organisa une réception pour fêter le nouveau contrat de Todd, qui était désormais payée 2 000 dollars par semaine. Ce fut au cours de cette soirée que l'actrice rencontra Pat DiCicco, l'un des hommes de Luciano. La comédienne et le gangster entamèrent une liaison. Le 18 juillet 1932, DiCicco épousa Todd à Prescott (Arizona). Les jeunes mariés élurent domicile à Los Angeles, dans le quartier de Brentwood, mais des problèmes survinrent presque immédiatement. Luciano convoquait toujours DiCicco à New York au dernier moment, et DiCicco disparaissait souvent sans prévenir, se donnant rarement la peine de dire à sa femme où il allait et ce qu'il faisait. Todd avait toujours beaucoup bu. Affaiblie par cette nouvelle crise, elle se laissa entraîner dans la spirale de l'alcool, qu'elle mélangeait avec ses gélules amaigrissantes.

Parallèlement à sa liaison avec Zwillman, Harlow fréquentait l'un des dirigeants du studio, Paul Bern, alors âgé de 42 ans. Bern était l'assistant d'Irving Thalberg, le directeur de la production de la MGM. La fille de Louis B. Mayer, Irene Mayer Selznick, a un jour dit que Bern était « le célibataire le plus aimé de Hollywood ». C'était un homme sensible qui évoluait dans un milieu vulgaire. Il écoutait beaucoup. Les actrices avaient l'impression qu'elles pouvaient tout lui confier.

À Hollywood, Bern avait également la réputation d'avoir des parties génitales exceptionnellement petites. S'il était apparemment capable d'avoir des relations sexuelles, il avait un peu honte de sa condition physique. Dans ses Mémoires, la scénariste Frances Marion laisse penser que Bern avait un penchant pour le sadomasochisme. Il était également enclin à l'hystérie. Pendant son aventure avec l'actrice Barbara La Marr, par exemple, il était devenu tellement fou qu'il avait essayé de se noyer en mettant sa tête dans les toilettes et en activant la chasse d'eau. Eddie Mannix, manager du studio MGM, était d'avis que Harlow avait besoin « d'un bon coup, ce qui n'[était] pas le cas de Paul ».

Harlow épousa Bern le 2 juillet 1932, peut-être pour échapper à l'influence de son beau-père. Harlow n'aimait pas Bello ; elle avait dit à Landau qu'il battait Mama Jean. Bello observa, impuissant, le contrôle de l'argent de l'actrice passer de ses propres mains à celles de Bern.

Le 5 septembre 1932, un jardinier découvrit le corps inanimé de Bern dans sa maison d'Easton Drive, à Benedict Canyon. Étendu dans sa chambre devant un miroir en pied, Bern s'était apparemment tiré une balle dans la tête. L'arme était toujours dans sa main. Harlow n'était pas à la maison ; elle avait passé la nuit chez ses parents, à Beverly Hills.

La première personne qui arriva sur les lieux fut Louis B. Mayer ; il était accompagné par le directeur du service publicité de la MGM, Howard Strickling, et par le chef de la sécurité du studio, Whitney Hendry. Si Mayer n'appréciait pas Harlow, ayant appris l'histoire des médaillons d'or par Mannix – qui la tenait lui-même de son associé Eddie Nealis –, l'actrice appartenait à la MGM. Harlow était sur le point de devenir la plus grande star du studio. Un scandale de ce type aurait pu mettre un point final à sa carrière. Des années plus tard, Hendry allait expliquer que lorsqu'il avait vu le corps de Bern, il avait compris qu'il avait été victime d'un assassinat. Il avait ensuite proposé à Mayer de maquiller le meurtre en suicide. Sur la scène du crime, le chef de la sécurité ramassa donc l'arme, qui se trouvait à l'autre bout de la pièce, et la mit dans la main de Bern. Il déplaça également le corps afin qu'il soit juste devant le miroir, ce qui donnait au « suicide » un aspect narcissique. L'idée de Mayer, c'était qu'un suicide serait moins dommageable qu'un meurtre pour la carrière de Harlow, une sorte de point théologique perdu sur ceux qui ne vénéraient pas le Holy Wood[39].

Le lendemain matin, Thalberg expliqua à ses employés que Mayer était déjà en train d'écrire le scénario de l'enquête. La MGM fournit aux journalistes une lettre de suicide, dans laquelle on pouvait lire :

> Mon amour,
> Malheureusement, c'est la seule chose qui me permet de racheter l'effroyable mal que je t'ai fait subir et de laver mon abjecte humiliation.
> Je t'aime
> Paul

39. Allusion au toponyme de Hollywood, qui signifie littéralement le « Saint Bois » (*Holy Wood*) (*N.d.T.*).

> Tu auras compris qu'hier soir, il ne s'agissait que d'une comédie.

Cette lettre suggérait que Bern, humilié par son impuissance, s'était donné la mort. D'après Landau, l'« effroyable mal » auquel Bern faisait référence était le fait d'avoir tenté de pénétrer Harlow avec un godemiché ceinture. La MGM fit connaître la version officielle des faits : Bern s'était déshabillé, s'était aspergé du parfum préféré de Harlow, s'était posté devant le miroir, et avait appuyé sur la gâchette. Le Dr Frank Webb, chirurgien assistant du médecin légiste, appuya la crédibilité de la théorie du suicide en déclarant que les parties génitales de Bern étaient plus petites que la moyenne.

Quelques années plus tard, un graphologue confirma que Bern était bien l'auteur de ce texte. Cependant, les mots avaient été extraits d'une longue lettre, dont la plus grande partie avait disparu. En 1970, Strickling allait confier à l'écrivain Charles Higham qu'il s'agissait bien d'un faux.

Mayer, Hendry et Strickling durent ensuite s'assurer que le bureau du procureur du district ne chercherait pas à enquêter sur la mort de Bern. Budd Schulberg, le scénariste de *Sur les quais*, disait que Hollywood était un monde régi par ses propres lois – une principauté, telles le Luxembourg ou le Liechtenstein. Schulberg avait grandi dans le système des studios – son père, B.P. Schulberg, était le directeur de la production de la Paramount. D'après Schulberg, les chefs de studios comme Mayer étaient assez puissants pour dissimuler un meurtre. À l'instar des gangsters, Strickling et Hendry tenaient à jour la liste des élus qu'ils soudoyaient afin d'éviter au studio tout problème. Ils graissaient même la patte du procureur du district de Los Angeles, Buron

Fitts. Ida Koverman, la conseillère politique de Mayer, se trouvait dans le bureau de son employeur le lendemain de la découverte du corps de Bern. Elle a raconté que Hendry avait téléphoné à l'un des hommes de Fitts, Blaney Matthews, chef du département des enquêtes criminelles. La conversation laissait supposer que Fitts avait accepté de ne pas enquêter en échange d'un pot-de-vin.

L'enquête resta sur la théorie du suicide développée par la MGM. On conclut que Bern s'était donné la mort pour des raisons obscures. Le verdict officiel fut le suivant : « Mort d'une balle dans la tête, tirée par le défunt lui-même, avec volonté de suicide. Cause indéterminée. »

Dix jours plus tard, le corps de la concubine de Bern, Dorothy Milette, fut retrouvé dans le fleuve Sacramento. Milette, qui était schizophrène, avait été internée au Blythewood Sanatorium (Connecticut). Bern l'avait entretenue pendant des années, mais avait toujours cherché à dissimuler son existence. Affligée par l'annonce de la mort de Bern, Milette se serait suicidée. Elle avait pris un ferry à San Francisco le lendemain de la mort de Bern. Don Cox, le shérif de Sacramento, estimait qu'il était possible que Milette ait été assassinée, mais la MGM entrava l'enquête.

En 1960, dans un article publié dans le magazine *Esquire*, Ben Hecht, le scénariste de *Scarface*, allait maintenir que Bern avait été assassiné. D'après l'une des théories, Bello aurait payé Zwillman pour assassiner Bern – une tâche que le gangster, très jaloux, aurait accomplie avec plaisir. L'ancien agent de Harlow, Arthur Landau, a un jour expliqué que l'actrice lui avait dit que Bern l'avait battue pendant leur nuit de noces. Il se peut donc que Harlow ait également fait part de cette information à Zwillman, ce qui n'aurait fait qu'accroître la haine qu'il éprouvait pour Bern. D'après cette version des événements, Zwillman serait allé chercher Milette à son hôtel et l'aurait conduite chez Harlow, où il lui aurait donné une arme. Harlow ignorait l'existence de cette autre femme. Milette aurait alors tué Bern. Zwillman aurait ramené Milette à San Francisco pour qu'elle prenne le ferry, et l'aurait peut-être même accompagnée et poussée du pont du bateau. Car pourquoi Milette aurait-elle pris un ferry pour Sacramento si elle avait l'intention de se noyer ? San Francisco est une ville située dans une baie, et entourée d'eau. D'un autre côté, même si Bello souhaitait bien la mort de Bern, qui lui aurait permis de continuer de contrôler les revenus de Harlow, pourquoi aurait-il poussé une femme mentalement dérangée à l'assassiner ?

L'un des biographes de Harlow, Irving Shulman, prétend que Hecht rêvait que Bern avait été assassiné depuis qu'il avait écrit un *biopic* de Harlow pour le producteur Jerry Wald, l'année précédente. Au cours des réunions sur le script qui avaient eu lieu en 1959, Wald avait souvent suggéré que le film acquerrait beaucoup plus de valeur dramatique si le suicide de Bern était présenté comme un meurtre.

Qu'il eût ou non poussé la concubine de Bern à l'assassiner, le gangster du New Jersey continua de s'infiltrer dans l'industrie du cinéma. En juillet 1939, il passa la plus grande partie de ses trois semaines de lune de miel à Hollywood, à faire le tour des studios. Il investit dans le cinéma par le biais de deux sociétés de production : Manhattan Productions et Greentree Productions. À la 20th Century Fox, son contact était Sol Wurtzel, un cadre qui allait bientôt diriger le service des films de série B du studio. Et Zwillman continuait de multiplier les liaisons avec les actrices. Il sortait entre autres avec les starlettes Blanche Williams, Alice Irene Sheppard et Suzie Donner.

Pendant ce temps, Thelma Todd avait de plus en plus de problèmes de couple. En février 1933, DiCicco disparut de nouveau sans prévenir. Les jours passèrent et Todd finit par appeler Roland West, qu'elle invita à dîner au Brown Derby. Après sa rupture avec Todd, West avait épousé l'actrice Jewel Carmen. Mais leur mariage n'avait pas duré. Cependant, West et Carmen étaient restés amis. D'ailleurs, malgré leur séparation, ils avaient décidé d'acheter un local et de monter un restaurant. West était apparemment en train d'expliquer ses projets à Todd quand DiCicco entra dans le restaurant, accompagné d'un homme que Todd ne reconnut pas. Il s'agissait de Lucky Luciano, à qui DiCicco faisait visiter Hollywood. Todd se joignit aux deux hommes pour boire un verre.

Luciano avait commencé à faire le tour de Hollywood en 1931, guidé par DiCicco. Un soir, au Brown Derby, Luciano entra dans une colère noire quand il crut reconnaître Al Capone, assis à une table. DiCicco le calma en lui expliquant qu'il s'agissait en réalité du frère de Capone, Ralph. En 1935, alors que Capone se trouvait derrière les barreaux, son successeur, Nitti, tentait de doubler Luciano pour prendre le contrôle du trafic de drogue à Hollywood. Luciano s'était mis à venir régulièrement à Los Angeles, souvent quand DiCicco se trouvait à New York. Todd a un jour dit à l'actrice comique Patsy Kelly – qui était devenue sa partenaire à l'écran à la place de ZaSu Pitts – qu'elle couchait avec Luciano. Kelly conseilla à Todd de mettre un terme à cette aventure, dont Roach et West étaient également au courant. Kelly soupçonnait Luciano de fournir de la drogue à Todd. Parfois, Todd était tellement à côté de la plaque qu'elle était incapable de travailler.

En mars 1934, Todd demanda le divorce pour « cruauté mentale ». Elle dit au juge que DiCicco la battait. Une fois divorcée, elle décida de s'associer à West, qui souhaitait ouvrir un restaurant. Elle n'aurait pas à investir d'argent, mais seulement à prêter son nom à l'établissement et à encourager ses amis du cinéma à venir y manger. C'était Jewel Carmen, l'ex-femme de West, le principal investisseur. Le « Thelma Todd's Roadside Café », un immeuble de deux étages situé sur Roosevelt Highway (aujourd'hui Pacific Coast Highway), ouvrit en août 1934 à Pacific Palisades. Le rez-de-chaussée de l'immeuble était occupé par un restaurant et un drugstore ; le premier par un bar et des bureaux ; le deuxième était officiellement vide, mais West y organisait des séances de jeu après les heures de fermeture. Bientôt, Clark Gable et Spencer Tracy devinrent des habitués.

Mais malgré la popularité de l'établissement, Todd découvrit en 1935 que son affaire tournait à perte. Elle se dit immédiatement que le comptable, Charles Smith, devait être un escroc. Et puis, un après-midi, deux hommes vinrent trouver West dans le restaurant. Ils lui dirent que dorénavant, il ne pourrait acheter de l'alcool et de la viande que par leur biais. Et en plus de cela, il devrait commander plus de produits qu'il n'en avait besoin. West protesta en disant qu'il n'avait pas besoin de commander davantage, et les deux hommes lui répondirent qu'il pouvait faire comme il avait toujours fait, mais que de toute façon, il devrait payer plus cher. West comprit qu'il était en train de se faire racketter, mais aussi que le racket avait commencé longtemps auparavant. Le comptable y avait joué un rôle et avait essayé de dissimuler les choses dans les livres de comptes. Cela expliquait pourquoi le restaurant tournait à perte. Et maintenant, la Mafia resserrait encore son étreinte.

À New York, Luciano dit à ses hommes de faire pression sur West afin qu'il leur loue le premier étage du Roadside Café pour en faire un casino. West tint bon. Alors, Luciano lui fit faire un tour à l'arrière de sa voiture. Plus tard, West reprocha à Todd de les avoir mis dans une situation impossible ; il lui dit que c'était à cause des liens qu'elle entretenait avec le milieu que les gangsters s'étaient intéressés à leur affaire. Il voulait qu'elle lui rachète les parts qu'il possédait dans la société. Todd protesta en disant qu'elle souhaitait utiliser tout son argent pour tenter de rééquilibrer les comptes du restaurant. Elle lui dit qu'elle allait essayer de raisonner Luciano.

Luciano dîna avec Todd le 25 novembre. L'actrice allait plus tard raconter à ses amis que le gangster avait passé toute la soirée à faire pression sur elle pour qu'elle accepte l'idée du casino. Des clients du restaurant entendirent Todd dirent à Luciano que s'il voulait ouvrir ce casino, il devrait d'abord lui passer sur le corps. « C'est une solution à envisager », aurait répondu Luciano.

Todd raconta à sa mère que Luciano voulait se servir du premier étage de l'immeuble pour dissimuler ses affaires de drogue et de prostitution – de jeux illégaux, dans le meilleur des cas. Alice Todd conseilla à sa fille d'en informer la police. Todd téléphona au bureau de Buron Fitts le 11 décembre. Elle prit rendez-vous avec le procureur du district pour le 17 décembre. Certains historiens de la Mafia disent que Luciano avait des espions dans le bureau de Fitts, qui lui racontaient tout ce qui s'y passait. Fitts faisait d'ailleurs peut-être lui-même partie des personnes rémunérées par le *Syndicate*, puisque l'on sait qu'il acceptait des pots-de-vin de la part des studios.

Sachant sans doute que Todd était sur le point de le dénoncer, Luciano prit un avion pour Los Angeles le vendredi 13 décembre au soir.

Le samedi 14 décembre, le comique britannique Stanley Lupino, père de l'actrice Ida Lupino, organisa une réception en l'honneur de Todd au Trocadero Café, sur Sunset Boulevard. DiCicco, qui s'était lui-même invité à la soirée, en sortit au bras de l'actrice Margaret Lindsay à environ 1h15 du matin. Plus tard, Ernie Peters, le chauffeur de Todd, vint chercher sa patronne pour la ramener chez elle. Peters allait expliquer que Todd lui avait dit de conduire aussi vite que possible. Elle avait peur de se faire kidnapper, ou, pire encore, assassiner par des gangsters. À 3h30, Peters déposa Todd devant le Roadside Café, au-dessus duquel elle résidait.

Cependant, un témoin, Robert Fisher, dit avoir vu Todd en robe de soirée dans un magasin de cigares situé à l'angle de la 8e Rue et de Figueroa Street à 9h00 le dimanche matin. D'après Fisher, Todd avait l'air hystérique. Elle sortit en courant du magasin et retrouva un homme ténébreux qui tenait dans ses mains un manteau de fourrure de femme. Todd et l'individu traversèrent la rue et s'assirent sur les marches de la First Methodist Church. Todd, visiblement apaisée, monta dans une voiture avec l'homme. Fisher se souvint qu'il était 9h10.

Un autre témoin, Sarah Kane Carter, dit avoir vu Todd passer un coup de téléphone dans un drugstore de Beverly Hills à 16h04, le dimanche après-midi.

À 23h45, Todd serait passée devant un stand de ventes de sapins de Noël à Santa Monica, sur la côte. S.J. Cummings, le marchand, dit que l'actrice avait l'air ivre et ne marchait pas droit. Elle était avec un homme aux cheveux noirs qui portait des vêtements sombres. Le couple se serait ensuite dirigé vers l'ouest, prenant Wilshire Boulevard en direction de la plage.

Le lendemain du 15 décembre, Luciano quitta Los Angeles : il prit un vol pour New York à 7h45. À peine deux heures plus tard, Mae Whitehead, la bonne de Todd, retrouva le corps inanimé de sa patronne. Todd était avachie derrière le volant de sa Lincoln Phaeton décapotable marron de 1934, en robe de soirée, et avec 25 000 dollars de bijoux sur elle. La voiture se trouvait dans le garage de Roland West, sur Positano Road. Le moteur tournait toujours et la pièce était emplie de monoxyde de carbone.

L'après-midi même, Alice Todd, la mère de l'actrice, alla trouver Fitts dans son bureau. Elle demanda au procureur de rechercher l'assassin de sa fille.

Trois jours après la découverte du corps, une enquête fut présentée à un grand jury. Le premier jour, Whitehead déclara que des gens louches étaient venus épier Todd au studio Roach. En plus de cela, la veille, « deux hommes qui avaient l'air mauvais » étaient venus trouver la domestique et lui avait vivement conseillé de ne pas évoquer la Mafia lors de l'audience. Le bureau de Fitts était parfaitement au courant des trafics de Bioff, de Browne, et de l'escroquerie de l'IATSE. Il est probable que la Mafia ait là encore été soupçonnée d'être impliquée dans l'affaire. L'assistant du procureur George Johnson trouvait que l'enquête sur la mort de Todd était une parfaite occasion de révéler les agissements de la Mafia à Hollywood. Mais Fitts conseilla à Johnson de se concentrer sur les preuves contre West.

Le verdict officiel fut que Todd, qui était rentrée tard, s'était retrouvée à la porte de l'appartement où elle résidait, au-dessus du restaurant (West lui avait dit que si elle ne rentrait pas avant 2h00 du matin, il la laisserait à la porte. Il désapprouvait sa façon de vivre, qui lui avait valu le surnom de « Toddy la chaude »). Complètement ivre, Todd aurait décidé de dormir dans sa voiture (d'après le légiste, elle avait 13 mg/dL d'alcool dans le sang ; une dose de 10 mg/dL aurait suffi à provoquer une intoxication). Elle aurait laissé le moteur allumé pour avoir plus chaud. La conclusion de l'enquête était que Todd était morte d'un empoisonnement au monoxyde de carbone.

Cependant, les enquêteurs ne s'étaient pas interrogés sur le sang dont étaient couverts le visage et les vêtements de Todd, et sur ses deux côtes fracturées, sa dent en moins et son nez cassé.

Roland Burton, l'avocat de Todd, pensait qu'il pouvait prouver que Todd avait été assassinée par Luciano. Il demanda à Fitts de rouvrir l'enquête. Mais le dirigeant de studio Hal Roach fit pression sur Fitts pour qu'il prononce un non-lieu.

Quatre ans plus tard, en 1939, DiCicco, qui avait fait partie des personnes soupçonnées d'avoir joué un rôle dans la mort de Todd, épousa Gloria Vanderbilt, 17 ans. Vanderbilt devait hériter de 4 millions de dollars à son dix-huitième anniversaire. Le couple divorça en 1944. Apparemment, DiCicco battait Vanderbilt régulièrement. On dit que la famille de la jeune femme lui aurait versé 500 000 dollars pour qu'il se tienne éloigné d'elle. Plus tard, DiCicco devint vice-président d'United Artists Theatres.

Au bout du compte, le rêve de Luciano – contrôler le trafic de drogue et la prostitution à Los Angeles – ne fut pas brisé par l'*Outfit*, mais par ses prétentions démesurées. Luciano voulait s'emparer des maisons closes de New York. Si, au cours de son procès, l'accusation allait prétendre que Luciano gagnait 1 million de dollars par an par le biais des deux cents maisons closes qu'il contrôlait, cette affaire n'était en réalité pas si prospère que cela. La pègre demandait aux maquerelles 15 dollars par semaine pour pouvoir continuer d'exercer, plus 10 dollars par semaine pour chaque prostituée employée. Les hommes de Luciano refusèrent de céder quand les maquerelles se plaignirent de la voracité du *Syndicate*. Les propriétaires des maisons closes en voulaient à Luciano de se servir sur leurs bénéfices. Si elles avaient dans un premier temps accepté de payer une certaine somme à la pègre, elles commencèrent à cesser les versements, malgré des actes d'intimidation isolés. Le *Syndicate*, qui rêvait d'acquérir une situation de monopole, vit ainsi ses revenus décroître.

En 1935, le gouverneur de l'État de New York, Herbert Lehman, nomma Thomas Dewey au poste de procureur spécial chargé d'enquêter sur le crime organisé. Dewey apprit que Luciano cherchait à prendre le contrôle de l'ensemble des maisons closes de New York. Luciano fut arrêté en février 1936 ; ce fut l'une des soixante-treize inculpations de racketteurs décidées sous le mandat de Dewey. Le procès commença le 13 mai 1936. Luciano fut accusé d'avoir forcé des femmes à se prostituer. Les témoignages de prostituées jouèrent un rôle déterminant sur le verdict. Le juge Philip J. McCook condamna Luciano à cinquante ans de prison. Il fut envoyé dans la prison de sécurité maximale de Dannemora (État de New York). Ce fut la plus lourde peine de prison prononcée pour proxénétisme aggravé. (Quelques années plus tard, on allait dire que Dewey avait fabriqué des preuves afin de faire avancer sa campagne pour le poste de gouverneur de l'État de New York. Polly Adler, une maquerelle qui dirigeait dans les années 1930 la plus prestigieuse maison de passe de New York, connaissait certaines des filles qui étaient venues témoigner. Elle raconta que Dewey avait menacé les filles jusqu'à ce qu'elles se montrent coopératives puis répété avec chacune d'entre elles afin de rendre leurs témoignages convaincants. Adler disait ne jamais avoir entendu parler du fait que Luciano ait gagné de l'argent par le biais de la prostitution – alors qu'elle était bien placée pour savoir ce genre de choses.) Les prostituées qui avaient témoigné contre Luciano furent invitées à Hollywood, où elles jouèrent leurs propres rôles dans plusieurs petits films tournés après le procès : *Missing Witnesses* (1937) et *Smashing the Rackets* (1938). Bette Davis allait quant à elle incarner Cockey Flo, le témoin principal dans l'affaire Luciano, dans le film Warner Bros *Femmes marquées* (1937), avec Humphrey Bogart assez bizarrement choisi pour le rôle de Dewey.

Dix mois avant son inculpation, Luciano avait accepté un traité de paix avec Nitti au sujet de Los Angeles. Avant même sa rencontre avec Todd, il avait compris qu'il y avait de très bonnes opportunités à saisir à Hollywood. L'ex-mari de Thelma Todd, Pat DiCicco, s'était installé à New York pour tenter de faire des affaires dans le monde du théâtre. Luciano ne pouvait donc plus compter sur lui. Pour saisir ces opportunités, Luciano avait désormais besoin d'hommes expérimentés qui connaissaient bien la Californie. Hollywood s'était peut-être guérie de la plaie que constituait le contrôle du syndicat des techniciens par Chicago, mais le gangstérisme new-yorkais n'allait pas tarder à s'attaquer à une autre partie du système des studios, le syndicat des figurants. Et l'homme qui allait s'en emparer était Bugsy Siegel, un gangster qui rêvait tellement de devenir une star du cinéma qu'il irait jusqu'à payer pour passer un essai.

IV

La Mafia Mickey Mouse

Bugsy Siegel, l'homme qui inventa Las Vegas, a été comparé à Cézanne par l'écrivain Tom Wolfe. L'argument de Wolfe, c'était que Siegel était un artiste dont la vision du monde avait changé notre façon de percevoir les choses. Si Cézanne nous avait appris à considérer le monde comme plat et solide, les signaux de Las Vegas – en forme de boomerang, de trapèze et de losange – avaient fini par gagner toute l'Amérique. Toutes les rues commerçantes des États-Unis sont aujourd'hui équipées des palettes de néons et des cercles fluorescents arborés par le Flamingo Hotel de Siegel, le premier casino moderne de Las Vegas. On a dit que la ville était le Versailles d'Amérique et Siegel son Roi Soleil. Ce qui est sûr, c'est que Siegel a construit un monument en hommage à lui-même et au mode de vie des gangsters – filles, alcool et jeu.

L'écrivain James Ellroy, auteur de *L.A. Confidential*, rejette quant à lui l'idée de Siegel comme visionnaire du capitalisme. Pour lui, il ne s'agissait que d'un voyou cruel : « La triste réalité, c'est que ces types étaient des ordures. La véritable histoire des gangsters, c'est une histoire stupide de cupidité et de corruption. Mais Hollywood préfère montrer uniquement le glamour de la recherche du pouvoir, en évitant de révéler toutes les saletés qui vont avec. »

Siegel fut arrêté pour la première fois alors qu'il n'était âgé que de 20 ans. Il fut accusé de viol le 26 janvier 1926, mais la plaignante disparut. Siegel allait plus tard dire que la fille avait changé d'avis et qu'elle avait en fait trouvé qu'il était le meilleur amant qu'elle ait jamais eu.

À cette époque, le monde du gangstérisme était encore petit. En 1927, Siegel épousa Estelle Krakower, la sœur cadette de l'un des membres du gang de Capone, Whitney Krakower, alias Puggy White, l'homme qui avait conseillé Howard Hawks pour le film *Scarface*. Mr et Mrs Siegel emménagèrent à Scarsdale, petite ville du comté de Westchester, au nord de Manhattan. Ils choisirent une imposante demeure de style Tudor. La première fille des Siegel, Millicent, naquit en 1930. Sa sœur cadette, Barbara, vit le jour deux ans plus tard. Estelle disait à ses voisins que son mari était cadre dans une grosse société et qu'il était souvent absent pour affaires.

Siegel se fit arrêter pour la troisième fois le 12 novembre 1931 avec neuf autres hommes – dont Lepke Buchalter, Harry « *Big* Greenie » Greenberg et l'homme qui avait fait la description de Jean Harlow à Longy Zwillman, Joseph « Doc » Stacher – accusés de réunion avec intention criminelle. L'avocat de Siegel assura à son client que les photos et les empreintes disparaîtraient des dossiers.

En septembre 1931, Salvatore Maranzano, qui s'était autoproclamé chef de la Mafia de New York, engagea Vincent « *Mad Dog*[40] » Coll pour faire disparaître Luciano. Luciano avait hérité du gang Masseria après avoir commandité l'assassinat de son mentor, Giuseppe Masseria, au mois d'avril. Mais Maranzano avait établi une liste des mafiosi qui représentaient pour lui une menace ; les noms de Luciano, Siegel et Lansky y figuraient. Maranzano donna rendez-vous à Luciano le 10 septembre 1931 à 14h00. Coll devait arriver dix minutes plus

40. « Chien enragé » (*N.d.T.*).

tard et assassiner le gangster. Mais Luciano entendit parler du plan de Maranzano (Angie Caruso, l'un des hommes de Maranzano, avait parlé de la liste un soir où il était ivre dans un bar). Il demanda donc à Siegel, Tony Fabrizzo et deux autres personnes d'assassiner Maranzano. Se faisant passer pour des inspecteurs des impôts, ils appelèrent Maranzano et lui donnèrent rendez-vous à son bureau, *sis* au 230 Park Avenue. Ils poignardèrent le chef du gang et lui tirèrent dessus. Alors qu'ils se dépêchaient de descendre l'escalier, les quatre hommes croisèrent Coll, qui se rendait dans le bureau de Maranzano.

En automne 1932, Fabrizzo se mit à parler de vendre à des journalistes la vérité sur le meurtre de Maranzano en échange de 10 000 dollars. À ce moment-là, Siegel était en convalescence dans un hôpital. Une bombe avait explosé dans son QG de Grand Street, mais il s'en était sorti avec une simple blessure à la tête. Siegel était convaincu que c'était Fabrizzo qui avait posé la bombe. Alors, quand Luciano lui proposa un contrat sur Fabrizzo, il accepta avec plaisir. Siegel sortit de l'hôpital en cachette et, avec quelques autres membres du gang, se rendit chez des parents de Fabrizzo, qui résidait à Brooklyn, sur Fort Hamilton Parkway. Ce fut Fabrizzo lui-même qui ouvrit la porte ; les gangsters lui tirèrent dessus à l'aide de mitraillettes.

Luciano fit de nouveau appel aux services de Siegel le 23 octobre 1935. Siegel attendit dans une voiture avec Harry Greenberg et Harry Teitelbaum près de la Palace Chop House à Newark (New Jersey). Une seconde ligne de défense avait été mise en place, au cas où Dutch Schultz aurait réussi à échapper à ses assassins. Luciano voulait éliminer Schultz avant qu'il ne concrétise sa menace : assassiner le procureur spécial Thomas Dewey.

Il pensait qu'il valait mieux tuer Schultz plutôt que courir le risque d'être mêlé à une enquête de police sur le meurtre d'un procureur. Ce soir-là, Schultz fut victime d'une explosion, mais avant de mourir il resta quatre heures à l'hôpital à tenir des propos incohérents devant un sténographe de la police.

Frank Nitti avait proposé à Luciano de lui laisser l'exclusivité du trafic de drogue, du jeu et de la prostitution à Los Angeles à condition qu'il ne cherche pas à se mêler du racket du syndicat des techniciens. À cette époque, à Los Angeles, le réseau du crime organisé était à peine existant si bien qu'on l'appelait la Mafia Mickey Mouse. L'histoire du crime organisé à Los Angeles diffère de celle de New York, Philadelphie et Chicago. Los Angeles était une « ville ouverte », où globalement n'importe qui pouvait agir à partir du moment où il ne marchait pas sur les plates-bandes de quelqu'un d'autre. La *Combination* avait été dissoute deux années auparavant. L'organisation dépendait du soutien de l'ancien maire, Frank Shaw, mais un commissaire de police ayant révélé qu'il avait essayé de le soudoyer, Shaw n'avait pas été réélu. Fletcher Bowron, le nouveau maire, tenta de faire le ménage en forçant certains membres du Los Angeles Police Department (LAPD) et du bureau du procureur à partir en retraite anticipée. C'était Jack Dragna qui contrôlait le jeu et la prostitution dans la ville. Luciano envoya Siegel et Lansky à Los Angeles en mission de reconnaissance. Dragna conseilla à Siegel et Lansky de se tenir à l'écart. Siegel souhaitait éliminer Dragna immédiatement, mais Lansky pensait qu'il valait mieux faire de lui un « employé ».

En rentrant à New York, Siegel et Lansky expliquèrent que la prostitution et le jeu étaient des fruits bien mûrs, qui n'attendaient plus qu'à être cueillis. Et qu'en plus de cela, le syndicat des figurants ne faisait pas partie de l'IATSE et était donc ouvert au racket. Pour Hollywood, une grève des figurants pouvait être tout aussi dommageable qu'une grève des techniciens. Si les studios ne payaient pas, ils en subiraient les conséquences. Bien sûr, cette stratégie serait une entrave au pacte que Luciano avait conclu avec Nitti. Mais Buchalter suggéra néanmoins d'envoyer Siegel à Hollywood pour une durée indéterminée.

Siegel fut ravi de partir, en particulier du fait de son aventure avec Ketti Gallian, une starlette française qui était sous contrat avec la 20th Century Fox. À son arrivée, il loua la maison du chanteur d'opéra Lawrence Tibbett, *sise* au 326 McCarthy Drive, à Beverly Hills. Siegel négocia les termes de la location avec l'ex-femme de Tibbett, Grace, qui avait gardé la villa, estimée à 250 000 dollars (3,3 millions de dollars actuels), après le divorce.

Le gangster alla ensuite trouver son vieil ami George Raft, dont il avait fait la connaissance à New York dans les années 1920. Il lui emprunta 20 000 dollars pour investir dans un bateau casino amarré au large de Santa Monica. À cette époque, il était tendance chez les stars de Hollywood d'aller jouer sur des bateaux amarrés juste au-delà des eaux territoriales. Le jeu était légal, à condition que les bateaux se trouvent bien en dehors des limites de la ville. Raft emprunta l'argent nécessaire à un agent, Myron Selznick, le frère du producteur David O. Selznick. Siegel acquit 15 % du capital du bateau casino *SS Rex*. La loi allait bientôt évoluer, ordonnant aux bateaux de se tenir à des distances de plus en plus importantes des villes. La forte houle, le mal de mer des clients et les intimidations de la police finiraient par avoir raison des bateaux casinos.

Dragna et un autre gangster nommé Mickey Cohen se mirent à travailler pour le *Syndicate*. Siegel augmenta le nombre d'établissements de jeux illégaux présents dans la région de Los Angeles, qui passa de trois à environ vingt. Il ouvrit également des casinos dans des villes côtières telle Redondo Beach, et créa la piste de courses de lévriers de Culver City et le champ de courses d'Agua Caliente au Mexique. Al Jolson et le producteur Mike Todd faisaient partie des joueurs de Hollywood qui n'hésitaient pas à parier par l'intermédiaire de la pègre.

La meilleure idée de Siegel fut d'ouvrir une agence de presse consacrée aux courses de chevaux et couvrant l'ouest de la Californie ainsi que l'Arizona et le Nevada. Dans les années 1930, les bookmakers devaient s'inscrire à une agence de presse qui leur fournissait le nom des vainqueurs, les cotes et les détails sur les jockeys. La loi voulait que les résultats des courses ne soient pas divulgués avant d'avoir été déclarés officiels. En cas de *photo-finish* ou de soupçons de tricherie, l'attente pouvait durer plusieurs minutes. Les joueurs pouvaient tirer profit de ce délai, puisqu'il était possible de connaître les résultats avant les bookmakers. L'agence de presse la plus prospère était la Continental, qui couvrait la région de Los Angeles, et qui était contrôlée par l'*Outfit*. Mais celle de Siegel, la Trans-America, lui rapportait tout de même 25 000 dollars par mois.

En 1939, le cinéma était devenu la onzième plus grande industrie d'Amérique. Il y avait aux États-Unis plus de cinémas (15 115) que de banques (14 952). Chaque année, les studios sortaient près de quatre cents films ; chaque semaine, 50 millions d'Américains se rendaient au cinéma. Hollywood faisait un chiffre d'affaires annuel de 700 millions de dollars, et ce rien que par la vente de billets.

Siegel s'empara du syndicat des figurants. Pour organiser le racket, il se fit aider par Al Smiley, un ami d'enfance. Smiley, qui s'appelait en réalité Allen Smehoff, était un immigrant russe qui avait fait partie du gang de Bugs et de Meyer quand il était adolescent. Il avait fait ses débuts à Hollywood en qualité de menuisier à la Paramount. Il avait ensuite prétendu être devenu producteur et réalisateur. En réalité, il avait vendu une ou deux idées de script aux studios et prenait parallèlement des paris. On disait également qu'il était proxénète. Il avait été arrêté pour avoir blessé quelqu'un au nez au cours d'une fête organisée par le musicien Tommy Dorsey. Siegel et Smiley décidèrent de copier la stratégie que Bioff avait mise en œuvre pour l'IATSE. Pour commencer, toute personne qui souhaitait faire de la figuration dut obligatoirement s'inscrire au syndicat. Ensuite, tous les studios durent se mettre d'accord pour refuser d'embaucher des non-adhérents. Siegel put se remplir les poches en prélevant un pourcentage sur les cotisations et les salaires des figurants. Il agitait également la menace de la grève pour extorquer aux studios des « prêts » dont la valeur s'élevait à des milliers de dollars. Les producteurs cédaient, terrorisés à l'idée d'une grève sauvage. Et il fallait aussi qu'ils paient pour des figurants fictifs. Chaque feuille de service était remplie de noms d'« absents » – le terme utilisé par la Mafia pour désigner les acteurs fantômes qui touchaient des salaires. Bientôt, le syndicat des figurants rapportait à Siegel 400 000 dollars par an.

Siegel commença à avoir des problèmes avec la justice en 1937, année où le procureur Buron Fitts fit savoir qu'il souhaitait l'interroger sur deux meurtres liés à la pègre, dont un impliquant Hymie Miller, un gangster qui participait au racket des figurants. Fitts voulait également interroger un autre associé de Siegel lié au syndicat des figurants : Louis Schaumberg, alias Henry « *Dutch*[41] » Goldberg. Mais Siegel eut vent des projets de Fitts et partit pour le Nevada, au-delà des limites de la juridiction du procureur. Peu de temps après, Fitts fut remplacé par John Dockweiler – qui détruisit la réputation de son prédécesseur en révélant que la MGM avait investi de lourdes sommes dans la campagne de réélection de Fitts. L'intérêt pour Siegel disparut peu à peu.

Il est difficile de savoir si Siegel était toujours impliqué dans des affaires de drogue. Le FBI n'avait aucun doute là-dessus : Siegel fut interrogé à plusieurs reprises au sujet de trafics de cocaïne. Le gangster avait déjà été condamné en 1929 pour vente de drogue. Mais d'après l'assistant du chef de la Warner, Richard Gully, Luciano en voulait à Siegel de ne plus vouloir s'occuper du trafic de stupéfiants.

Le *Syndicate* continuait de fournir de la drogue à Hollywood. D'après Rogers St Johns, journaliste du groupe Hearst Adela, l'une des employées de Luciano vendait de la drogue à Judy Garland, qui n'était encore qu'une adolescente. Cette femme fournissait également d'autres acteurs de Hollywood. Quand Eddie Mannix, dirigeant de la MGM, eut vent de cette histoire, il organisa un rendez-vous dans une fête foraine entre la femme en question et l'un de ses amis gangsters – probablement son partenaire de golf, Eddie Nealis, l'homme qui lui avait appris la liaison entre Jean Harlow et Longy Zwillman. Le gangster et la dealeuse montèrent dans la grande roue. Quand leur nacelle arriva tout en haut, le gangster menaça la femme de la jeter par-dessus bord si elle ne cessait pas de vendre de la drogue à Garland.

---

41. « Le Hollandais » (*N.d.T.*).

En 1939, Siegel s'était complètement intégré à la vie sociale de Hollywood. Son nom apparaissait régulièrement dans la presse à scandale. Il fut admis au Hillcrest Country Club et devint un habitué des restaurants fréquentés par les gens du cinéma : le Brown Derby, le Ciro's et le Romanoff's. Il sortait avec des starlettes telles Lana Turner et Ava Gardner. Johnny Rosselli, le tout premier gangster de la côte ouest, le présenta aux initiés de Hollywood. Siegel se mit à organiser des séances de craps privées dans les résidences des grands magnats du cinéma, comme Jack Warner et Louis B. Mayer, qui étaient tous deux des joueurs compulsifs. Il était très ami avec Jean Harlow, qui devint la marraine de sa fille Millicent. Il noua également des liens étroits avec l'acteur comique Milton Berle, à qui il offrit un jour une bague sertie d'un diamant de huit carats. La journaliste people Hedda Hopper écrirait que Siegel arrivait dans les villas vêtu de tenues très élégantes, prêt à jouer au poker avec des acteurs tels que Cary Grant, Clark Gable et Gary Cooper. Hopper dirait à l'un des biographes de Siegel : « Les escrocs, tout comme les femmes avides, aiment se mêler aux célébrités. »

Dans les pages société des journaux, on présentait Siegel comme un « amateur de sport », un euphémisme pour « joueur professionnel ». Siegel adorait jouer. Il pouvait parier jusqu'à 15 000 dollars par jour sur des chevaux. Et il affirmait aux fonctionnaires des impôts qu'il s'agissait là de son unique source de revenus.

Ce fut au champ de courses Santa Anita Park d'Arcadia (Californie) – l'endroit où Louis B. Mayer logeait ses chevaux de course – que Siegel fit la connaissance de la comtesse Dorothy Taylor Di Frasso. Pendant que le comte Di Frasso était en Italie, la comtesse organisait des soirées à Beverly Hills. Le jour de sa rencontre avec Siegel, elle venait juste de mettre un terme à son aventure avec Gary Cooper. Le gangster et la comtesse devinrent amants, ce qui accéléra l'insertion de Siegel dans la haute société de Hollywood. Un soir, Jack Wagner invita Siegel et Di Frasso à dîner dans sa villa de Beverly Hills, *sise* au 1801 Angelo Drive. Mais la soirée fut gâchée par des policiers qui vinrent frapper à la porte de Warner et embarquer Siegel pour un interrogatoire. « Je ne voulais plus que Bugsy Siegel vienne chez moi. Je ne voulais pas me réveiller un matin et lire dans le journal : "Le magnat du cinéma assassiné par une bande de gangsters" », allait dire Warner, avant d'ajouter : « Même si bien sûr, je n'aurais plus été en état de lire le journal. »

Siegel se fit construire une maison sur Delfern Drive, dans le quartier de Holmby Hills à Bel Air. Il avait pour voisins Humphrey Bogart, Bing Crosby et Vincent Price. Plus tard, Bogart et ses amis allaient eux-mêmes se surnommer « le Rat Pack de Holmby Hills » et prétendre qu'ils faisaient également partie d'une Mafia. Leur nouveau voisin, dans tous les cas, était bien un gangster. Dans sa maison, les murs de la salle de bain étaient pavés de marbre rouge ; il y avait une rangée de bandits manchots dans le séjour et un passage secret qui menait au grenier dissimulé derrière la bibliothèque.

Tous les jours, Siegel nageait un peu dans sa piscine ou dans celle de George Raft. Il passait la plupart de ses après-midi à Hollywood, à la salle de sport YMCA. Il dirigeait ses affaires depuis le sauna. Le soir, quand Siegel ne jouait pas ou ne faisait pas la fête, il se dépêchait d'aller au lit, après s'être appliqué une crème hydratante et après avoir placé un élastique autour de son menton pour empêcher son visage de s'affaisser. Il se couchait le plus souvent à 22h00 et dormait avec un masque sur les yeux.

Un jour de 1940, alors que Raft était en train de tourner pour la Warner *L'Entraîneuse fatale* avec Marlene Dietrich et Edward G. Robinson, Siegel se présenta sur le plateau. Il regarda deux prises puis il dit à Raft qu'il pensait qu'il était bien meilleur acteur que lui. Raft allait plus tard commenter :

> Benny s'intéressait beaucoup au cinéma. Il achetait des caméras, projecteurs et autres appareils et venait souvent dans les studios pour observer les techniques. Un jour, il m'a demandé de le filmer et on a tourné quelques scènes avec sa caméra dans mon dressing. Plus tard, on a regardé le film à la maison. Je crois que, comme beaucoup de gens, c'était un acteur frustré qui rêvait secrètement de faire carrière dans le cinéma.

Siegel paya également pour passer des essais filmés. Il fit courir le bruit que beaucoup de réalisateurs étaient intéressés par ses rushes, mais personne ne fit jamais aucune proposition au gangster.

L'année suivante, Siegel rencontra la passion de sa vie, Virginia Hill, une starlette qui était surnommée « *the Flamingo*[42] ». Il fréquentait toujours Di Frasso, mais il la traitait avec mépris. Hill était sous contrat avec Universal Pictures. La starlette avait au préalable eu pour petits amis Charlie Fischetti, le cousin d'Al Capone, ainsi que le gangster new-yorkais Joey Adonis, l'homme qui allait servir de modèle au personnage de Joe Friendly, le chef du syndicat des dockers dans *Sur les quais*. Siegel fit la connaissance de Hill lors d'une réception qu'elle avait organisée au restaurant Mocambo. D'après Hedda

42. « Le Flamant rose » (*N.d.T.*).

Hopper, Hill organisait « les soirées les plus agitées de la ville ».

Virginia Hill était née le 26 août 1916 à Lipscomb (Alabama). Son véritable nom était Onnie Hill. Son père, un alcoolique, était marchand de mules et tailleur de pierres. Sans doute incapable d'élever ses dix enfants, il avait envoyé Virginia chez sa grand-mère. La jeune fille avait arrêté l'école à l'âge de 14 ans. À son arrivée à Hollywood, elle avait déjà été mariée trois fois : à un danseur latino, à un champion d'une équipe universitaire de football américain et au descendant d'une riche famille du Sud. Elle avait également eu une liaison avec le torero et percussionniste de jazz Gene Krupa.

Il est probable que Hill ait transporté de l'argent liquide à Chicago et fait office de porte-valise. Dans les années 1960, son nom figurait toujours sur la liste des personnes rémunérées par l'*Outfit* ; c'était Murray Humphreys qui lui versait de l'argent. Le FBI avait la preuve qu'elle utilisait au moins vingt noms différents, dont Virginia Normal Hall, Virginia Herman, Virginia Gonzalez, et le quelque peu improbable Virginia Oney d'Algy.

Lorsqu'elle arriva à Los Angeles avec son frère Chick, Hill loua Falcon's Lair, une villa qui avait appartenu à Rudolph Valentino. Hill racontera que la chambre de Valentino était gigantesque ; le lit mesurait 3,5 mètres de long et était surmonté d'un baldaquin aux tentures de velours. « Ben et moi avons passé de formidables soirées dans ce lit », disait-elle. « On se couchait tous les deux, et on rêvait ensemble, les yeux ouverts. »

Hill s'inscrivit aux cours d'art dramatique de Columbia Pictures, où elle prit des leçons de comédie et d'élocution. Quand elle eut posé pour des photographies osées, Universal lui proposa un contrat de sept ans.

Peu de temps après, elle décrocha son premier rôle au cinéma, celui de la riche héritière dans *Boule de feu* (1942), avec Gary Cooper et Barbara Stanwyck.

Siegel et Hill entamèrent une liaison. Ils avaient pour amis Cary Grant, sa femme Barbara Hutton, l'héritière des Woolworth, et Lana Turner. Cette dernière disait que Siegel était « un formidable danseur », et Hill « une nénette sympa ».

Compte tenu des circonstances, il était impossible pour Siegel de garder son secret. Le jour où Estelle Siegel vit dans un journal une photo de son mari et de Hill à la première de *Boule de feu*, elle entama une procédure de divorce, qui ne tarda pas à aboutir.

Pendant ce temps, Elmer Irey, le fonctionnaire de l'IRS qui avait joué un rôle dans l'incarcération d'Al Capone, avait commencé à s'intéresser aux fraudes fiscales à Hollywood. Willie Bioff attirait tout particulièrement son attention. En 1939, le chef du syndicat des techniciens était parti en croisière à Rio de Janeiro avec son épouse, aux frais de Joe Schenck. Dans le *SS Normandie*, la suite de Bioff était couverte de fleurs. Tous les dirigeants de studios étaient venus lui souhaiter bon voyage, priant certainement pour que le bateau sombre au large de la Guyane. Au mois de novembre et de décembre, Mr et Mrs Bioff avaient ensuite fait un luxueux voyage en Europe, visitant Paris, Londres et les Pays-Bas. À Londres, ils avaient séjourné au Dorchester Hotel. À son retour, Bioff fut inculpé de fraude fiscale. On l'accusa d'avoir omis de reverser 85 000 dollars à l'IRS entre 1936 et 1937. Au même moment, les autorités de Chicago lancèrent une procédure d'extradition et firent revenir Bioff dans l'Illinois afin qu'il termine la peine de prison dont il avait écopé en 1922 pour proxénétisme.

George Browne clama l'innocence de son associé. Il fit l'éloge de Bioff quand l'IATSE se rassembla de nouveau à Louisville (Kentucky) pour sa convention de 1940. « William Bioff a accompli le meilleur travail qui ait jamais été fait pour l'amélioration des conditions de travail des techniciens, mais lui et sa famille ont dû payer le prix fort pour que les adhérents et leurs familles puissent vivre une vie meilleure », déclara-t-il, semblant convaincu de la véracité de ses propos. (Le magazine *International Projectionist* relata que les épouses d'adhérents étaient venues en masse au rassemblement de 1940, sans doute poussées par la rumeur qui disait que la honteuse convention de 1934 avait attiré un nombre exceptionnel de prostituées.) Malgré les éloges de Browne, Bioff fut jugé coupable et incarcéré à la Bridwell Prison le 15 avril 1940. À sa sortie, cinq mois plus tard, il remit aux journalistes un mot écrit à la main : « J'ai payé de ma chair ma dette envers la société. » Puis il remonta dans sa voiture et repartit pour Hollywood.

L'IRS abandonna son procès contre Bioff quand il apprit qu'aucune peine de prison ne pourrait s'ajouter à celle prononcée dans l'Illinois pour proxénétisme. Les fonctionnaires des impôts décidèrent donc de toucher un mot au FBI du chèque de 100 000 dollars que Joe Schenck avait signé à Bioff pour qu'il puisse s'acheter le Rancho Laurie. L'un des biographes de Longy Zwillman suggère que le gangster du New Jersey se serait vengé de Schenck, qui avait cherché à le doubler au sujet de Jean Harlow dans les années 1930. Schenck déclara sous serment que ce chèque relevait du prêt et non de la stratégie de blanchiment d'argent. Les autorités ne le crurent pas. En juin 1940, le président de la 20th Century Fox fut condamné pour faux témoignage et fraude fiscale d'un montant estimé à 400 000 dollars.

Bugsy Siegel avait lui aussi des problèmes avec la justice : en novembre 1939, il avait été accusé du meurtre de Hank « *Big* Greenie » Greenberg. Quand ils avaient perquisitionné sa maison de Bel Air, les policiers avaient trouvé Siegel caché dans son grenier, armé d'un revolver et d'un pistolet calibre 38.

Siegel fut incarcéré à la Los Angeles County Jail. Il se faisait apporter des repas spéciaux. Le 8 novembre 1940, il fut aperçu en train de déjeuner avec l'actrice Wendy Barrie au Lindy's, un restaurant tendance. Il était censé être allé consulter son dentiste.

Jerry Giesler, l'avocat de Siegel, avait été celui de Charlie Chaplin et d'Errol Flynn. Le 11 novembre 1940, l'assistant du procureur du district, Vernon Ferguson, demanda à ce que toutes les charges de meurtre soient abandonnées faute de témoin. Le procureur, Dockweiler, soutint son assistant, et un non-lieu fut prononcé. Peu de temps après, on apprit que Siegel avait versé 30 000 dollars pour la campagne d'élection de Dockweiler.

Le procès de Joe Schenck, accusé de fraude, débuta en mars 1941. Pour la première fois, le public eut un aperçu de la vie que pouvait mener un magnat du cinéma. La secrétaire de Schenck révéla que son employeur gardait toujours 50 000 dollars en liquide dans son bureau. Son comptable certifia qu'il dépensait annuellement 5 000 dollars en viande et 3 000 dollars en pétrole. Dans les livres de comptes, une facture de 63 000 dollars était notée sous la mention « échange », un euphémisme pour désigner des dettes de jeu. Schenck dépensait même 500 dollars par an en coiffeur, ce qui était assez étrange, compte tenu du fait qu'il était quasiment chauve. Charlie Chaplin et deux des Marx Brothers vinrent témoigner en faveur de Schenck, mais le jury jugea néanmoins le président de la 20th Century Fox coupable et le condamna à trois ans de prison. Il est possible que Schenck se soit volontairement sacrifié pour l'ensemble de l'industrie, car il s'agissait du seul magnat du cinéma qui n'avait pas d'enfants.

Mais Schenck fut horrifié quand il apprit qu'il risquait entre autres de se voir retirer la citoyenneté américaine, et qu'il serait donc déporté une fois sorti de prison. Schenck, qui n'avait pas parlé durant le procès, proposa alors de révéler aux autorités tout ce qu'il savait, moyennant une réduction de peine. Il accepta de parler du racket des studios et de témoigner contre Bioff, Browne et Circella. En contrepartie, les autorités acceptèrent de ne pas lancer de poursuites contre Schenck à propos de ce qu'il dirait. Mais évidemment, le producteur devait se tenir sur ses gardes. Il ne pouvait absolument pas révéler le degré de connivence entre Hollywood et la Mafia – les centaines de milliers de dollars qu'il avait lui-même extorqués aux actionnaires. La peine de prison de Schenck, fixée à trois ans, fut réduite à dix-huit mois. En mai 1942, il fut transféré dans une prison de sécurité minimale à Danbury (Connecticut). Il en sortit en septembre de la même année. D'après le futur dirigeant de l'*Outfit* Sam Giancana, il y eut un autre facteur qui joua sur la sortie rapide de Schenck : ce dernier avait injecté 500 000 dollars dans les caisses du parti démocrate par le biais de la pègre. Le 26 octobre 1945, Schenck fut gracié par le président Truman.

Le 23 mai 1941, le grand jury de New York inculpa Bioff et Browne d'extorsion à l'endroit de la Fox, la MGM, la Paramount et la Warner. Deux jours plus tard, à l'Ambassador Hotel de Los Angeles, Johnny Rosselli présenta Bioff à Me Sidney Korshak. Rosselli était désormais marié à l'actrice June Lang. Il avait pour voisins Judy

Garland, son mari Vincente Minnelli, et Zsa Zsa Gabor. Korshak était un personnage ambigu, un médiateur entre la pègre et Hollywood, un intermédiaire entre les syndicats contrôlés par la Mafia et les studios. L'ancien agent du FBI Bill Roemer considérait Korshak comme le plus important de tous les contacts de la Mafia à Hollywood. Frank Yablans, ancien directeur général de Paramount Pictures, a un jour dit : « Sidney était dans le milieu, mais comme les Juifs sont dans le milieu. Ils voulaient qu'il s'occupe de Hollywood, mais ils ne voulaient pas qu'il tue des gens à Hollywood. » Korshak avait si bon caractère qu'à Chicago il était surnommé « Mr Bas de Soie ». Judith Campbell, l'une des maîtresses de John F. Kennedy, a expliqué que chez Korshak, tout était « lent, réfléchi, inflexible [...] ». « Sid me terrorisait », ajoutait-elle. « Le pouvoir qu'il exerçait était tellement palpable. »

La rumeur disait que durant sa jeunesse, Korshak avait été le chauffeur d'Al Capone. Il est probable que le chef de gang ait financé les études de droit de Korshak, pensant qu'il serait bon pour l'*Outfit* d'avoir son propre avocat. Une fois diplômé, Korshak se mit à défendre de petits voyous de l'*Outfit*, avant de passer à des personnalités plus importantes. L'avocat ne tarda pas à acquérir la réputation d'être l'homme parfait pour régler les problèmes des syndicats à Chicago. À partir de 1935, il commença à faire de fréquents voyages à Los Angeles, où il fréquentait Dorothy Appleby, une actrice qui était amie avec Jean Harlow. Appleby allait donner la réplique à Harlow dans *La Loi du plus fort* (1936). Ce fut à peu près à cette époque que Tony Accardo demanda à Korshak de s'installer définitivement à Los Angeles. Le protégé de Korshak, Robert Evans, directeur de la production de la Paramount, disait que si son mentor était toujours en vie, c'était parce qu'il avait l'art de garder le silence. Korshak communiquait avec les dirigeants de l'*Outfit* dans un langage codé. Il leur donnait des noms de code : ceux de présidents américains. Murray Humphreys, par exemple, était Mr Lincoln. Quand Korshak et sa femme Bernice rentrèrent de leur lune de miel, ils regardèrent la liste des personnes qui leur avaient téléphoné durant leur absence. George Washington, Thomas Jefferson et Theodore Roosevelt avaient laissé des messages. Bernice dit à Sidney que ses amis avaient un drôle de sens de l'humour – qui étaient-ils en réalité ? « Les personnes qu'ils prétendent être », répliqua Korshak. « D'autres questions ? »

Rosselli expliqua à Bioff que Korshak était du côté de l'*Outfit*. L'avocat conseilla au dirigeant de la Mafia de plaider coupable. Il lui fit ensuite répéter ce qu'il devrait dire – en particulier qu'il n'avait rencontré Rosselli qu'une seule fois, en 1936. L'*Outfit* cherchait à prendre les choses en main pour se protéger. Korshak donna à Bioff 15 000 dollars pour l'aider à payer les frais de justice. Plus tard, devant le FBI, l'avocat allait prétendre ne pas même connaître Rosselli.

Bioff et Browne furent jugés pour extorsion à l'endroit des studios le 6 octobre 1941. Les deux hommes rejetèrent les conseils de Korshak et plaidèrent non coupables. Pire encore : Bioff accepta d'être soumis à un interrogatoire. Il allait marcher sur une corde raide, tentant de prouver son innocence sans dénoncer qui que ce soit. Bioff déclara que c'étaient les studios qui étaient venus lui demander de prendre le contrôle du syndicat des techniciens, qu'ils jugeaient gênant. Mais la responsabilité de la Mafia devint flagrante quand Harry Warner expliqua que Bioff lui avait dit : « Les gars de Chicago veulent plus d'argent. » Après trois semaines d'audience et seulement deux heures de délibérations, le jury déclara les deux hommes coupables. Bioff fut condamné à dix ans de prison et Browne à huit.

L'*Outfit* en voulait à Bioff et Browne d'avoir rejeté ses conseils et plaidé non coupables. Les dirigeants de l'organisation décidèrent d'envoyer aux deux hommes un avertissement afin qu'ils ne soient pas tentés de parler aux autorités quand ils seraient en prison. Nick Circella, le gangster qui avait entendu Bioff et Browne se vanter de leur racket en 1935, était en cavale depuis son inculpation. Circella et sa petite amie, Estelle Carey, une hôtesse du Colony Club, cherchaient à se cacher des autorités. Le gangster fut finalement arrêté le 1er décembre 1941 et il plaida coupable le 8 mars 1942. Le 2 février 1943, le corps de Carey fut retrouvé dans son appartement. Dans la cuisine, la police retrouva les armes qui avaient servi à la torturer ; il y avait entre autres une cloche électrique. Les murs et le sol de la cuisine et de la salle à manger étaient couverts de sang et de cheveux. La jeune femme avait été battue, poignardée avec un pic à glace et brûlée. Sa chair était carbonisée jusqu'à la hauteur des genoux. Un mois plus tard, la femme de Browne commença à recevoir des menaces de mort. Les autorités conseillèrent à Mrs Browne et à ses enfants de se cacher quelque temps dans un hôtel new-yorkais. Le meurtre de Carey et les menaces dont avait fait l'objet la famille de Browne avaient été imaginés pour intimider ce dernier et le forcer à garder le silence, mais ils eurent exactement l'effet inverse. « Pendant qu'on paie pour eux, ils assassinent nos familles », dit Bioff, avant de proposer de tout révéler aux autorités.

Au début de l'année 1943, Siegel réussit à convaincre le *Syndicate* de lui prêter de l'argent pour faire construire un casino à Las Vegas. Ce qui allait plus tard devenir le Strip n'était encore qu'une rangée d'hôtels poussiéreux bordant la Los Angeles Highway. Hollywood dépeindra Siegel comme un visionnaire qui a bâti au milieu du désert un monument dédié au gangstérisme, mais il ne faut pas oublier qu'il y avait déjà à cet endroit deux hôtels casinos – le Last Frontier et El Rancho Vegas. Et le bâtiment que Siegel allait baptiser le Flamingo en hommage à Virginia Hill était en construction avant qu'il ne s'en empare par la force. Siegel expliquera à Luciano, Lansky et quelques autres que la construction du casino lui coûterait 1 million de dollars.

Suite au témoignage de Bioff, le 18 mars 1943, les dirigeants de l'*Outfit* Frank Nitti et Paul Ricca, ainsi que Johnny Rosselli et cinq autres, furent inculpés pour conspiration et fraude. Les autorités avaient promis à Bioff de réduire sa peine de prison et de lui fournir une nouvelle identité et une protection fédérale à sa sortie s'il acceptait de coopérer. Le soir même, une réunion fut organisée dans la résidence de Nitti ; tous les participants reprochèrent au dirigeant de l'*Outfit* de les avoir impliqués dans le racket des studios. Nitti lui-même ne pouvait pas supporter l'idée de devoir retourner en prison. Le lendemain après-midi, il fut aperçu en train de tituber, ivre, le long de la voie de chemin de fer. Il se tira ensuite une balle dans la tête.

Le procès des racketteurs de l'*Outfit* débuta à Los Angeles, mais fut rapidement transféré à New York afin d'assurer la protection des témoins. Il fut donc rouvert le 5 octobre 1943. Bioff commença par avouer qu'il avait menti tout au long de son propre procès, en 1941. Il révéla ensuite que Schenck avait escroqué les actionnaires, que le président de la MGM avait versé 200 000 dollars à un détective privé pour empêcher les autorités d'enquêter sur le studio et que Korshak était le représentant de Chicago à Hollywood. Les dirigeants des studios vinrent témoigner. Bioff ne chercha pas à retenir ses rires quand un comptable de la Warner affirma que l'un des versements avait été dissimulé dans les coûts de production du film *Chercheuses d'or*. Dans un moment de réflexion, Bioff déclara : « Je suis un type de la pire espèce. Les gens dans mon genre ne font pas de choses gentilles. Oui, je suis vraiment quelqu'un de méprisable. » À un moment, l'accusation l'interrogea sur le projet de l'IATSE : empocher 20 % des bénéfices de Hollywood dans un délai de cinq ans. Était-il vrai que le but final de Chicago était de s'emparer de la moitié des studios eux-mêmes ? Bioff répliqua : « Si on avait duré assez longtemps, on l'aurait fait. »

Au cours du procès, des membres du Local 110, le syndicat des projectionnistes de Chicago, tentèrent de poursuivre les responsables syndicaux et les propriétaires de cinémas, cherchant à récupérer les sommes qu'ils avaient perdues suite à l'accord sur les salaires qui avait été conclu entre l'*Outfit* et les studios. Mais ces membres dissidents de l'IATSE reculèrent quand leurs familles commencèrent elles aussi à recevoir des menaces par téléphone.

Après soixante-treize jours d'audience, le 31 janvier 1944, le jury déclara les sept hommes coupables. Deux semaines plus tard, le juge condamna Phil D'Andrea, Louis Campagna – un gangster qui avait laissé entendre à Bioff qu'il souhaitait le tuer en lui disant : « Toute personne qui renonce à nous renonce à ses pieds. Compris ? » –, Charles « *Cherry Nose*[43] » Gioe, Frankie Diamond Maritote, Ricca et Rosselli à dix ans de prison – chacun d'entre eux devrait en plus payer une amende de 10 000 dollars. Tous furent envoyés à la prison fédérale

43. « Nez en cerise » (*N.d.T.*).

d'Atlanta (Géorgie), notoirement surpeuplée. Le chef de gang du New Jersey Louis Kaufman, autre conspirateur, fut quant à lui condamné à sept ans de prison. Kaufman dirigeait le Local 244, l'agence que possédait la Motion Picture Machine Operators' Union dans le New Jersey et qui comptait parmi ses membres les frères de Longy Zwillman, Barney et Irving. Mais le nom de l'homme qui avait posé les premiers jalons du racket de Hollywood, Murray Humphreys, ne fut jamais prononcé au cours du procès.

Bioff et Browne furent libérés après avoir purgé trois ans de leurs peines de prison combinées, qui s'élevaient en tout à dix-huit ans. Après sa sortie, Browne disparut du devant de la scène pour mener une vie paisible avec sa famille à Chicago. Bioff adopta le nom de jeune fille de sa femme et s'installa dans la banlieue de Phoenix (Arizona). Tout comme Bill Nelson, il se faisait passer auprès de ses voisins pour un homme d'affaires à la retraite. Mais un jour, quelqu'un reconnut Bioff dans l'un des casinos de Las Vegas contrôlés par la Mafia, où, curieusement, il avait trouvé un emploi. Le 4 novembre 1955, Bioff dit au revoir à sa femme, monta dans son pickup Ford et démarra. L'explosion qui suivit projeta son corps à près de sept mètres de son véhicule. Laurie Bioff allait plus tard déclarer que son mari était un homme bon et gentil qui n'avait aucun ennemi.

Comme un producteur de Hollywood créant un *blockbuster* sans se soucier des frais engendrés, en 1944, Siegel était si obsédé par la construction du Flamingo que le budget avait dépassé les 4 millions de dollars. Avec la guerre, les matériaux de construction étaient devenus rares et des règles d'urbanisme spécifiques avaient été votées. Siegel demanda aux dirigeants des studios de piller leurs services accessoires pour lui fournir de la tuyauterie, du bois et du ciment. Mais tout continua pourtant d'aller de travers. On découvrit que les rideaux du casino étaient hautement inflammables et il fallut les traiter avec des produits chimiques ; la salle des chaudières était trop petite et on dut débourser 115 000 dollars pour l'agrandir. Siegel dépensa encore 22 000 dollars pour faire déplacer une poutre d'acier qui se trouvait au plafond de son appartement-terrasse. Il se retrouva bientôt à court d'argent et de crédits et se mit à vendre à des amis les parts qu'il possédait dans le capital du Flamingo, et comme cela ne suffisait pas, il les céda plusieurs fois. L'actrice Loretta Young essaya de racheter la maison de Siegel 85 000 dollars. Le gangster avait dépensé 150 000 dollars pour l'acheter et la faire rénover. Siegel commença par refuser, mais il finit par vendre la résidence, ainsi que tout ce qu'elle contenait – il aurait fait n'importe quoi pour que l'argent continue de couler à flots.

Siegel et Hill se disputaient désormais régulièrement. Siegel était sous pression : il craignait que les investisseurs de la Mafia ne cessent de le soutenir. Dragna, qui dirigeait l'agence de presse de Siegel, savait que ce dernier avait déçu le *Syndicate*. Hill, qui ne supportait plus le désert du Nevada et les rêves insensés de Siegel, retourna à Beverly Hills et loua une maison sur North Linden Drive. Elle entama une liaison avec Carl Laemmle Jr, fils du fondateur d'Universal Pictures et lui-même producteur. Hill et Laemmle se fréquentèrent au cours de l'été 1944. Le producteur lui offrit de magnifiques présents, dont un bracelet de diamants. Laemmle allait plus tard s'apercevoir que son aventure de cinq mois avec Hill lui avait coûté 5 000 dollars. Un soir où ils se disputaient, Hill arracha de ses lobes percés une paire de boucles d'oreilles que Laemmle lui avait offerte. George Raft tomba plus tard sur Laemmle, recherchant à quatre pattes dans les broussailles les boucles d'oreilles ensanglantées.

Cet incident était caractéristique de la personnalité agitée de Hill. Siegel avait au départ trouvé excitant le goût que l'actrice semblait avoir pour le drame, mais ses crises d'hystérie finissaient par devenir lassantes. En effet, Virginia Hill aimait créer des situations dramatiques en réagissant de façon démesurée. Un jour, Hill brisa la colonne vertébrale d'une préposée au vestiaire du Flamingo parce qu'elle pensait qu'elle flirtait avec Siegel. Barney Ruditsky, un détective privé de Los Angeles, allait plus tard déclarer devant une commission du Sénat que d'après lui, Hill était une psychopathe – une femme incapable de ressentir de la compassion pour les autres ou d'éprouver des remords.

Au cours de la Deuxième Guerre mondiale, Luciano conclut un pacte avec le gouvernement. En février 1942, le paquebot français *Normandie* avait coulé dans le port de New York, où il était amarré pour être reconverti en navire de guerre. Les services secrets de la marine pensaient que l'incident était à mettre sur le compte d'espions allemands ou italiens. La Mafia accepta de se mettre au service du gouvernement pour espionner et patrouiller les quais à la recherche de saboteurs. Mais Luciano savait très bien qu'il n'y avait pas d'espions étrangers sur les quais. La plus grande menace qui pesait sur les bateaux américains était les pilleurs de la Mafia. Une enquête fédérale sur le naufrage du *Normandie* allait plus tard révéler que le paquebot avait pris feu et chaviré pour cause de négligence. Quoi qu'il en soit, le gouvernement libéra Luciano de prison plus tôt que prévu, afin de le récompenser de sa contribution à l'effort de guerre. Cependant, le 9 février 1946, le gangster fut déporté en Sicile.

Entre-temps, Siegel avait décidé de se hâter d'ouvrir le Flamingo afin de recouvrer une partie de l'argent de ses investisseurs. Il invita toutes les stars du cinéma qu'il connaissait à la soirée d'ouverture du 26 décembre 1946. Mais l'éditeur de presse William Randolph Hearst fit bien comprendre aux dirigeants des studios qu'il citerait tous les noms des acteurs qui fréquenteraient le casino, et les déshonorerait. Les magnats du cinéma, Louis B. Mayer compris, ordonnèrent donc à leurs acteurs de se tenir à l'écart du Flamingo. En plus de cela, à cause du mauvais temps, l'avion que Siegel avait réservé pour les stars du cinéma ne put pas décoller. Au bout du compte, seule une poignée de célébrités de second rang, menée par Raft, réussit à braver les intempéries. Aux tables de jeux, les donneurs, inexpérimentés, subirent de lourdes pertes. Comme le casino n'était qu'à moitié terminé, aucune des chambres n'était ouverte. Les clients rentrèrent chez eux avec leurs gains ; s'ils avaient eu un endroit où passer la nuit, le casino aurait peut-être eu l'occasion d'encaisser un peu d'argent. Ayant perdu un demi-million de dollars en une soirée, Siegel décida de fermer le Flamingo jusqu'à ce qu'il soit totalement achevé.

Si Siegel était endetté jusqu'au cou, il continuait de faire impression sur le monde du cinéma. Il eut par exemple beaucoup d'influence sur le jeune chanteur Frank Sinatra, alors âgé de 31 ans. Kitty Kelley, l'une des biographes de Sinatra, a raconté qu'un soir de 1946, l'acteur comique Phil Silvers et sa femme Jo-Carol avaient dîné avec Sinatra au Chasen's. Quand Siegel passa près de leur table, Sinatra se leva, espérant que le gangster le reconnaîtrait. Jo-Carol Silvers s'est souvenue que Sinatra parlait de Siegel avec beaucoup d'admiration. Comme son modèle, il se mit à porter des vêtements voyants et vulgaires et à offrir des cadeaux extravagants et clinquants.

Sinatra, plus que toute autre star de Hollywood, est associé au gangstérisme. Un journaliste du magazine *Time* allait écrire : « Il ressemble à l'image que les gens se font du gangster, version 1929. Il a de grands yeux lumineux, et ses mouvements sont à la fois durs et souples. Il parle du coin de la bouche. Il s'habille avec arrogance, un peu comme George Raft – il porte de luxueuses chemises sombres et des cravates blanches. »

La Mafia allait accompagner la carrière de Sinatra de ses débuts de chanteur dans les années 1930 au sommet de sa popularité dans les années 1960. À la fin des années 1970, quand les liens amicaux que Sinatra avait tissés avec le président Nixon influenceraient le Département de la Justice dans sa décision de cesser d'utiliser les mots « Mafia » et « Cosa Nostra », Sinatra organiserait des galas de charité au profit de familles de mafiosi incarcérés.

Pour certains, le véritable problème avec Sinatra, c'était qu'il procurait une certaine légitimité aux gangsters. Le talentueux chanteur, qui était ami avec des présidents et des rois, était associé à des voyous et des truands. Et si Sinatra fréquentait ce genre de personnes, c'était qu'après tout la Mafia n'était pas aussi mauvaise qu'on le disait. Il s'agissait en quelque sorte d'un cas d'absolution par association.

Jimmy « *Blue Eyes* » Alo a un jour déclaré que Sinatra avait toujours voulu devenir un gangster. Bing Crosby pensait que secrètement Sinatra n'avait jamais abandonné son rêve d'enfant : devenir mafioso. Sinatra aurait également dit au chanteur Eddie Fisher qu'il aurait préféré être un don de la Mafia plutôt que le président des États-Unis. La ligne de démarcation entre le bien et le mal avait été brouillée au cours de son enfance. À Hoboken (New Jersey), Dolly Sinatra et son époux Marty tenaient un bar qui était fréquenté par le contrebandier Waxey

Gordon. Marty Sinatra avait des liens avec la Mafia et fut un jour frappé à coups de matraque alors qu'il était en train de décharger des caisses d'alcool d'un bateau. Sinatra compatissait avec les faibles et les impuissants. Ce fut pour cette raison qu'il se tourna vers le parti démocrate. Peut-être voyait-il la Mafia de la même façon – comme une organisation qui prenait le parti des humbles, des gens privés de droits qui ne pouvaient pas faire appel à la justice officielle. Sinatra éprouvait également une haine naturelle envers l'autorité. La Mafia était une organisation qui se moquait des conventions. D'après l'homme qui fut pendant très longtemps l'accompagnateur de Sinatra, Gene DiNovi, les Italiens pouvaient être divisés en deux catégories de personnes – les Lucky Luciano et les Michel-Ange. « Sinatra était une exception », disait DiNovi. « Il était les deux à la fois. »

Joseph « Doc » Stacher, un ami de Longy Zwillman qui allait plus tard devenir le bailleur de fonds de Columbia Pictures, a expliqué que la pègre avait dépensé beaucoup d'argent pour aider Sinatra. Dans les années 1930, Sinatra voulait absolument se débarrasser de ses obligations contractuelles envers le chef d'orchestre Tommy Dorsey. Officiellement, ce serait l'agence de talent MCA qui aurait permis à Sinatra de rompre son contrat moyennant 60 000 dollars – dont 25 000 dollars (l'équivalent de 625 000 dollars actuels) auraient été versés par Sinatra lui-même. Mais Dorsey a quant à lui expliqué que le gangster Willie Moretti – cousin de la première femme de Sinatra – l'avait menacé avec une arme jusqu'à ce qu'il accepte de laisser partir le chanteur. Il est non seulement vrai que Moretti – qui, d'après le Federal Bureau of Narcotics, était l'un des soldats de Luciano – a menacé Dorsey, mais aussi que la Mafia a investi dans la carrière de Sinatra. Luciano confia à Joe Fischetti, le plus jeune et le moins puissant des frères Fischetti, la mission de s'occuper de Sinatra. Sam Giancana serait là pour l'épauler au cas où il aurait besoin de gros bras. Avant de mourir, Luciano a déclaré que la Mafia avait investi environ 60 000 dollars dans Sinatra grâce à un fonds commun pour lequel « certains types » cotisaient volontairement. Il s'agissait peut-être de l'argent qui avait été utilisé pour dédommager Dorsey. Quoi qu'il en soit, Sinatra avait désormais une dette envers le milieu, une dette qu'on ne lui permettrait jamais d'oublier.

Le chef de gang de Chicago Sam Giancana allait plus tard dire à son frère Chuck que l'*Outfit* avait donné un coup de pouce à la carrière de Sinatra, mais aussi d'autres stars, comme les Marx Brothers, Cary Grant, Clark Gable et Gary Cooper. Quand Rosselli repérait quelqu'un qui avait du talent, il téléphonait à Giancana. On disait alors à l'un des studios de proposer à la personne en question un contrat. Mais l'*Outfit* faisait clairement comprendre aux acteurs que lorsque l'organisation aurait besoin d'un service, ils lui en seraient bien sûr redevables. Et comme allait le dire Chuck Giancana « plus l'acteur devenait célèbre, plus sa dette envers Chicago devenait importante ».

Au début de l'année 1947, Fischetti téléphona à Sinatra. Les deux hommes se connaissaient depuis 1938. Fischetti dirigeait des night-clubs et des restaurants contrôlés par la Mafia. Il allait plus tard devenir « directeur des programmes de divertissement » – un euphémisme utilisé pour désigner les gens qui avaient des liens avec la Mafia – au Fontainebleau Hotel de Miami et surveiller ainsi les investissements de la pègre. Fischetti invita Sinatra à l'accompagner, lui et son frère Rocco, à Cuba. Ce que Fischetti n'avait peut-être pas dit à Sinatra, c'était que tous les chefs de gang se rendaient à La

Havane pour rendre hommage à Luciano – c'est-à-dire pour remettre de l'argent au *capo di tutti capi* exilé qui était en vacances sur l'île. En 1981, Sinatra dirait au Gaming Control Board du Nevada que s'il s'était rendu à Cuba, c'était uniquement pour « prendre un peu le soleil ».

Avant de prendre l'avion pour Cuba, le 11 février 1947, Sinatra joua à la Colonial Inn, un casino de Hallaland (Floride) qui appartenait à Lansky et à l'amant de Virginia Hill, Joe Adonis. Le chanteur et les frères Fischetti dormirent dans la villa de Luciano, à Allison Island, une île située tout près de Miami Beach. Aucun d'entre eux ne savait qu'ils étaient surveillés par des agents fédéraux.

Les agents du Federal Bureau of Narcotics qui espionnaient Sinatra et les Fischetti remarquèrent que les trois hommes portaient des attachés-cases, qui, d'après eux, devaient renfermer 6 millions de dollars en liquide. Plus tard, Sinatra prétendrait que son attaché-case ne contenait que de la peinture à l'huile, des pinceaux, et divers autres accessoires destinés à la création artistique (plus tard encore, sa femme Nancy le contredirait sans le vouloir, en déclarant qu'il n'avait commencé à s'intéresser à la peinture qu'à la fin de l'année 1947). De toute façon, dirait-il, une mallette contenant 2 millions de dollars en liquide aurait pesé près de 300 kg, et plus encore s'il ne s'agissait pas de billets de banque.

Giancana, l'ami de Sinatra, a un jour dit que les stars du cinéma n'étaient bonnes qu'à une seule chose : servir de porte-valise, transporter de l'argent dans le pays. « Tout le monde est trop occupé à les regarder d'un œil émerveillé et à leur réclamer des autographes pour demander ce qu'elles transportent dans leurs bagages », expliqua-t-il un jour à son frère.

En 2003, Jerry Lewis a raconté que Sinatra avait plusieurs fois fait office de porte-valise. D'après lui, il aurait un jour failli se faire arrêter alors qu'il apportait 3,5 millions de dollars à New York en coupures de 50 dollars.

Luciano séjournait Nacional Hotel de La Havane. La Mafia y avait réservé trente-six autres suites. Il y avait, parmi les gangsters venus faire acte d'obédience à Luciano, Tony Accardo, Albert Anastasia, Frank Costello, Vito Genovese, Meyer Lansky, Tommy Lucchese, Carlos Marcello, Joe Profaci et Santo Trafficante. L'acteur Bruce Cabot (*King Kong*), venu lui aussi rendre hommage au chef de la Mafia, se trouvait dans le même vol que Sinatra.

Le but de cette réunion – qui allait inspirer la scène du *Parrain 2* dans laquelle Michael Corleone rend visite au gangster exilé Hyman Roth à La Havane – était de déterminer la marche à suivre avec Siegel. Les gangsters commençaient à s'inquiéter des 4 millions de dollars qu'ils avaient investis dans le Flamingo. Lansky avait découvert que Siegel avait escroqué 600 000 dollars à ses associés et qu'il projetait de s'enfuir à Paris avec Hill. Luciano essaya d'apaiser les actionnaires du Flamingo. Costello ferait en sorte que tout le monde récupère son argent, dit-il pour tenter de calmer les choses. En réalité, Costello allait démissionner de la direction de la Mafia de New York avant d'avoir eu le temps de s'occuper de cela. On déclara néanmoins que Siegel avait transgressé les règles du gangstérisme. Il devrait donc être puni. Luciano avait en effet signé son arrêt de mort.

Le Federal Bureau of Narcotics avait deux informateurs au Nacional Hotel : un groom et un standardiste. Tous deux rapportaient les allées et venues qu'il y avait dans la suite de Luciano, située au septième étage, et dans celle de Sinatra, qui logeait juste en dessous. L'idée n'était pas de déshonorer Sinatra mais d'attirer l'attention sur le problème du crime organisé. À cette époque, le FBI ne croyait pas en l'existence du crime organisé. Et ce parce que la Mafia faisait chanter le directeur du FBI, J. Edgar Hoover, en menaçant de révéler son homosexualité. Il faudrait attendre l'arrestation de cinquante-huit mafiosi dans le nord de l'État de New York, dix ans plus tard, pour que Hoover admette qu'il s'était trompé.

Charles Ventura, journaliste qui écrivait dans les pages société du *New York World-Telegram*, informa son collègue Robert Ruark – dont les articles étaient publiés dans plusieurs journaux américains – qu'il avait vu Sinatra en compagnie de Luciano deux soirs de suite au casino. Le chanteur et le gangster avaient également été aperçus ensemble au champ de courses, expliqua Ventura. Un peu plus tard, le journaliste écrivit de nouveau à son collègue pour lui dire que Sinatra s'était rendu à une fête à laquelle Ralph Capone était également invité. Un informateur du FBI expliqua que les frères Fischetti avaient envoyé des prostituées à La Havane pour une soirée à laquelle Sinatra avait assisté.

Ruark reprocha à Sinatra de fréquenter des gangsters. « Si Mr Sinatra se mêle à des gens comme Lucky Luciano, le proxénète châtié et exilé permanent, c'est comme s'il se vautrait dans les ordures devant les millions d'enfants qui ne vivent que pour ses paroles », fulminait le journaliste.

Faisant allusion au combat que menait Sinatra contre le racisme, Ruark poursuivait : « Ce curieux désir de se mêler à des ordures serait à la limite de l'acceptable chez un citoyen n'ayant jamais cherché à jouer sur l'éducation morale des jeunes du pays, et serait même tolérable chez une célébrité hypocrite assez intelligente pour confiner sa tolérance sociale à sa chambre d'hôtel. »

Sinatra nia avoir volontairement fréquenté des gangsters, mais il admit s'être bien trouvé dans le même avion que les frères Fischetti. Et il avoua avoir rencontré Luciano deux fois au cours de son voyage à Cuba – même s'il n'avait parlé au gangster que par politesse. Il déclara qu'il considérait qu'il valait mieux serrer la main aux gens avant de chercher à enquêter sur leur passé. Il maintint qu'il n'avait rencontré Luciano que deux fois au casino de La Havane, bien que tout semblât prouver le contraire. En 1962, à Naples, dans la maison de Luciano, la police italienne allait découvrir un étui à cigarettes en or sur lequel était gravé : « À mon camarade Lucky. Son ami Frank Sinatra ».

Deux mois plus tard, Sinatra mit un coup de poing au journaliste culturel du *New York Mirror* Lee Mortimer, qui, dans l'une de ses critiques de cinéma, l'avait appelé « Frank (Lucky) Sinatra ». Sinatra dut payer 9 000 dollars de dommages à Mortimer. D'après l'acteur Brad Dexter, ami du chanteur, en 1963, Sinatra aurait uriné sur la tombe de Mortimer, qui était entre-temps mort d'une crise cardiaque.

Le Flamingo rouvrit en mars 1947, mais Luciano avait déjà décidé que Siegel devait mourir. Richard Gully, l'assistant de Jack Warner, a expliqué que l'on avait demandé à Al Smiley de faire un choix : organiser le meurtre de son ami d'enfance ou se faire lui-même assassiner. « C'est une histoire déchirante », commenterait Gully. « Smiley l'adorait, mais il a été obligé de se conformer à la loi de la pègre. »

Mais Sidney Korshak a laissé entendre au scénariste Edward Anhalt que le meurtre de Siegel n'avait eu aucun rapport avec le Flamingo. Le casino commençait à faire des profits, et c'était la seule chose qui intéressait la Mafia. Virginia Hill couchait également avec Moe Dalitz, chef du Purple Gang de Detroit. Elle aurait montré à Dalitz les cicatrices et les bleus que lui aurait laissés Siegel en la battant. Dalitz aurait envoyé à Siegel un avertissement, mais les violences auraient continué. D'après Korshak, Dalitz aurait fini par perdre patience et aurait commandité le meurtre de Siegel.

Le vendredi 20 juin, peu de temps après minuit, Siegel prit un avion pour Los Angeles. Il entra dans la maison de Hill, *sise* au 810 North Linden Drive, avec une clé qui lui avait été donnée par sa maîtresse. Hill était elle-même à Paris, mais son frère Chick séjournait dans la maison avec sa petite amie Jerri Mason.

Le lendemain soir, Siegel se rendit au Jack's, un restaurant de fruits de mer d'Ocean Park. Siegel avait demandé à George Raft de dîner avec lui ce soir-là, mais l'acteur n'était pas disponible ; il avait déjà un rendez-vous avec un producteur. Ce furent donc Hill, Mason et Smiley qui accompagnèrent Siegel au restaurant. Le quatuor quitta le restaurant peu après 21h00 et Siegel acheta un journal sur le chemin de la maison. En arrivant chez Hill, Siegel respira fort. Il dit aux autres qu'il y avait une odeur de fleurs. La sentaient-ils, eux aussi ? Hill et Mason répondirent que non. Le couple monta se coucher, laissant Siegel et Smiley dans le salon. D'après Gully, on avait dit à Smiley de laisser les rideaux ouverts afin que l'assassin puisse avoir une vue dégagée. Il fallait également que Smiley s'assoie à côté de Siegel pour ne pas éveiller de soupçons. On dit que Smiley se serait demandé à voix haute si le *sniper* réussirait à viser assez bien. Pendant ce temps, Hill et Mason se préparaient à aller se coucher. Hill se souvint que sa grand-mère lui avait dit que quand une personne sentait un parfum de fleurs alors qu'il n'y en avait pas, c'était qu'elle était sur le point de mourir. Mason lui répondit qu'il ne s'agissait là que de superstitions.

Tout à coup, Smiley eut l'impression que la pièce explosait. Une balle traversa le crâne de Siegel, faisant jaillir de son orbite son œil gauche qui fut projeté à 4 mètres de là, sur le sol carrelé de la salle à manger. Une deuxième balle traversa le cou de Siegel et finit sa course dans la manche de Smiley, qui s'était plaqué au sol. La troisième balle atteignit de nouveau Siegel au cou puis s'enfonça dans un tableau qui représentait une duchesse anglaise. Le corps de Siegel était secoué de soubresauts sur le canapé tandis que du verre volait dans tous les sens. Une balle fit éclater une statue en marbre de Bacchus qui se trouvait sur un piano. D'autres encore vinrent frapper les murs, laissant un autre trou dans une peinture représentant une femme nue tenant un verre de vin. Au total, l'assassin tira neuf balles de sa carabine M1. Hill et Mason se précipitèrent dans le salon, nus. Quand elle aperçut le sang et le carnage, Mason se mit à pousser des cris d'hystérie. Smiley, recroquevillé dans la cheminée, tremblait comme une feuille. Il tremblait encore quand la police arriva, une heure plus tard.

Shirley Ballard, l'une des maîtresses de Sinatra, s'est souvenue que peu de temps après le meurtre de Siegel, Sinatra l'avait emmenée, ainsi que quelques-uns de ses amis, au 810 North Linden Drive. Le chanteur se serait assis dans le salon criblé de balles et aurait porté un toast à la mémoire de Siegel.

Siegel fut enterré près des studios RKO dans le carré juif du Hollywood Memorial Park Cemetery (aujourd'hui Hollywood Forever Cemetery), le cimetière où seraient plus tard enterrés Tyrone Power et Cecil B. De Mille. Aucun des amis qu'ils s'étaient faits à Hollywood au fil des dix années précédentes – Cary Grant, Lana Turner ou George Raft – ne se donna la peine d'assister à ses funérailles. Après la mort de Siegel, Raft essaya de racheter 2

% du capital du Flamingo, mais les autorités l'en empêchèrent à cause de rapports de police dans lesquels il était associé à d'autres figures de la pègre : entre autres, Mickey Cohen et John Capone, l'un des frères d'Al. Raft fut « très, très offensé » par la réaction des autorités. « Ils ont lâché ces noms, dit-il, mais ils ont omis de dire que je connaissais le Président et une demi-douzaine de gouverneurs. » La police ne découvrit jamais l'identité de l'assassin de Siegel et son mobile. Mais en 1987, Eddie Cannizzaro, l'ancien chauffeur de Jack Dragna, allait déclarer à un journaliste du *Los Angeles Herald Examiner* être lui-même l'assassin. Cannizzaro préciserait que s'il avait été choisi pour cette mission, c'était parce qu'il connaissait Siegel et parce qu'il était très doué pour viser.

Une quarantaine d'années plus tard, Columbia TriStar allait sortir *Bugsy* (1991), *biopic* de Bugsy Siegel, qui serait incarné par Warren Beatty. Beatty s'était toujours intéressé à l'histoire de Siegel. Il disait que le gangster était comme une star de cinéma qui ne faisait pas de films. « Le personnage de Bugsy, en lui-même, est une effroyable métaphore de Hollywood », expliqua Beatty. « Ce type s'est complètement transformé, s'est débarrassé de son accent de Brooklyn. Il s'est mis à bien s'habiller, à sortir avec de jolies actrices... Il est devenu quelqu'un d'agréable et de bien élevé, un personnage qui dissimulait un véritable tueur. »

Beatty avait commencé par demander à James Toback, son ami réalisateur, d'écrire un scénario sur la vie de Siegel. C'était en 1984. Toback, qui était très endetté, répondit qu'il ne lui faudrait que dix jours pour écrire *Bugsy*. Son travail allait en réalité durer six ans. À un moment, Toback se retrouva avec cinq cents pages de scénario, qu'il réussit à condenser en une version définitive – qu'il perdit. Il ne put remettre le script qu'en 1990. Il espérait se voir confier la mise en scène. Mais comme aucun des films de Toback n'avait remporté de grand succès commercial, Beatty préféra embaucher Barry Levinson (*Diner*). Beatty estimait que pour faire un film, trois têtes valaient mieux que deux. « L'Amérique a toujours été fascinée par les gangsters, à toutes les époques et sous tous les gouvernements », déclara Levinson. « C'est parfaitement normal, pour un jeune pays, de ressentir le besoin de créer sa propre mythologie. »

Bugsy remporta le prix du meilleur film aux Golden Globe Awards et fut nommé meilleur long-métrage par la Los Angeles Film Critics' Association. Le film fit l'objet de dix nominations aux Oscars, mais n'en remporta que deux – celui de la meilleure direction artistique et celui de la meilleure création de costumes.

Après son séjour à Cuba et le rassemblement de 1947 qui scella le sort de Siegel, Lucky Luciano s'installa à Naples. Il avait toujours adoré le cinéma. Dans ses Mémoires (qu'il fit écrire par un nègre), Luciano a comparé son enfance à « un film intitulé *Oliver Twist* » ; « l'histoire avait été écrite par un Anglais qui portait le nom de Charles Dickens ». Il essaya de remodeler sa vie pour qu'elle puisse faire l'objet d'un film. Il écrivit un scénario dans lequel il se présentait comme un joueur compulsif qui avait été emprisonné à tort par les autorités. Luciano prit contact avec le producteur italien « oscarisé » Paul Tamburella et lui demanda s'il était intéressé. Le gangster lui dit qu'il était en mesure de tout fournir : le scénario et le financement. Il proposa également que sa maîtresse tienne le premier rôle féminin. Tamburella refusa. Luciano signa alors un contrat avec le producteur Barnett Glassman ; il recevrait 100 000 dollars et 10 % des bénéfices. Fait assez révélateur sur Hollywood :

Lucky Luciano, qui était sans doute le gangster le plus redouté après Al Capone, se plaignit à un agent sous couverture du Federal Bureau of Narcotics de s'être fait escroquer. « Dommage que Humphrey Bogart soit mort », déclara Luciano aux journalistes. « Il aurait vraiment été parfait pour jouer Luciano. Alors peut-être George Raft... C'est sûrement le seul vrai dur qu'il reste. »

Malgré le désastre du procès de l'escroquerie des studios, il serait erroné de penser qu'à la fin des années 1940 le gangstérisme avait été éradiqué de Hollywood. Bien au contraire : l'*Outfit* était toujours aussi imbriquée dans le système des studios. Ange, l'épouse de Sam Giancana, s'est souvenue que lorsqu'elle visitait Hollywood avec son mari, elle était considérée avec plus d'égards que les stars du cinéma par les dirigeants de studios. Mrs Giancana a aussi expliqué que des acteurs célèbres se conduisaient avec son mari comme s'il s'agissait de leur meilleur ami. Sam Giancana aurait dit : « Nous ne pouvons pas tourner le dos à tant d'argent, tant de pouvoir. Et en plus, ces types (Cohn, Mayer et Warner) sont bien plus que de simples contacts professionnels. Ce sont nos amis, maintenant. »

Les enfants des gangsters tiraient également profit des liens étroits que leurs pères avaient tissés avec la Warner, la MGM et la Paramount. Les rejetons des membres de l'*Outfit* avaient également droit à des visites privées des studios, guidées par les dirigeants en personne. Boris Pasternak, l'un des cadres de la MGM, fit visiter le studio à Antoinette, 14 ans, fille de Giancana. Il s'assura que l'adolescente pourrait rencontrer de grands acteurs tels que James Stewart et Spencer Tracy. Llewella, la fille de Murray Humphreys, a raconté qu'on l'avait fait entrer sur le plateau d'un film de Joan Crawford en 1941. Mary, l'épouse de Humphreys, voulait absolument rencontrer l'actrice. Crawford, alors au sommet de sa gloire, était en train de tourner *Il était une fois*, un film dans lequel elle jouait le rôle d'une femme défigurée. Elle travaillait avec une équipe restreinte et n'admettait aucun visiteur. Cependant, Louis B. Mayer fit entrer Mary Humphreys et sa fille dans le studio. Crawford, qui était au beau milieu du tournage d'une scène, s'arrêta et dit : « Faites-les sortir. Je n'en veux pas sur mon plateau. C'est privé. » Mayer s'approcha d'elle et lui répondit : « Soit elles restent, soit tu pars et dans ce cas, tu es finie dans le cinéma. »

Après l'incarcération de Rosselli en février 1944, ce fut Giancana qui prit le contrôle des affaires de l'*Outfit* à Hollywood. Giancana éprouvait un profond mépris pour le monde du cinéma. « Ne te laisse jamais aveugler par les balivernes du cinéma », dit-il un jour à son demi-frère Charley. D'après Giancana, Hollywood était une ville où tout le monde n'attendait que d'être utilisé par quelqu'un d'autre. La seule chose qui préoccupait les gens, c'était de savoir s'ils allaient ou non devenir des stars. « On les aide un peu, et après, ils nous appartiennent », disait Giancana. D'après ce dernier, la pègre aurait donné un coup de pouce à la carrière de plusieurs célébrités, dont Ronald Reagan (qui faisait des parties à trois avec Sidney Korshak dans des chambres d'hôtel) et le présentateur de talk-shows Ed Sullivan. Giancana se montrait plus méprisant encore envers les actrices, qu'il considérait toutes comme de ravissantes idiotes. Pour lui, les stars du cinéma n'étaient que « des feignasses et des putains ».

En février 1947, Rosselli, Ricca et les autres furent libérés sur parole. À l'exception de Rosselli, les Chicago Seven avaient été transférés dans le Kansas, au

Leavenworth Penitentiary, en 1945. Il est probable que l'*Outfit* ait fait pression sur le gouvernement Truman pour que les prisonniers soient libérés avant l'heure. Via la Mafia, Joseph Kennedy avait injecté des millions de dollars dans la campagne électorale du parti démocrate.

Dès son retour à Hollywood, Rosselli prit rendez-vous avec son ami Harry Cohn. Il n'aurait sans doute aucun mal à trouver une sinécure pour son vieux copain Johnny ? Cohn et Rosselli se rencontrèrent dans le bureau du dirigeant de la Columbia. Ils discutèrent brièvement de leurs familles respectives et des dernières sorties du studio. Puis Rosselli passa aux choses sérieuses. Bien qu'il eût déjà reçu une réponse négative, il demanda à Cohn s'il pouvait lui trouver un emploi au sein du studio. Rosselli allait plus tard raconter à l'un des biographes de Cohn : « Il a eu l'air gêné. “Johnny, je ne peux pas te trouver d'emploi. Si je fais ça, les actionnaires vont vouloir ma peau.” » Rosselli se jeta sur Cohn, en le traitant de « pourriture ». « Est-ce que les actionnaires se sont plaints quand j'ai écopé de dix ans de prison à cause de toi ? », demanda-t-il.

Par le biais de son ami Bryan Foy, Rosselli trouva ensuite un emploi aux Eagle Lion Studios. Ce studio produisait des films de gangsters de série B, qui étaient projetés avant des longs-métrages de meilleure qualité, au cours de séances de *double features*. Foy s'était fait un nom en produisant des films à petit budget, parfois à raison de trente par an. Comme Roger Corman, il économisait en récupérant des plateaux qui avaient été conçus pour de grandes productions. Foy s'était spécialisé dans le film noir, mais il touchait un peu à tout – de *Rembrandt* à *I Was a Communist for the FBI*. Il était en bons termes avec Al Smiley, l'ami de Siegel, et avait, d'après un informateur du FBI, la réputation d'accepter d'embaucher tous les gangsters et anciens détenus qui arrivaient à Hollywood.

Eagle Lion se mit à produire une série de thrillers semi-documentaires adaptés de faits divers tirés de tabloïds. Rosselli fut engagé à titre d'assistant acheteur pour un salaire de 50 dollars par mois, avant d'être promu au rang de producteur associé. Eddie Jaffe, attaché de presse d'Eagle Lion, a expliqué que Rosselli « se comportait toujours en gentleman avec les femmes et protégeait même certaines stars des assauts de certains producteurs ». Les critiques louèrent le réalisme des films *La Brigade du suicide* et *Canon City*, ignorant qu'ils avaient été produits par un véritable gangster. *Il marchait dans la nuit* (1948) était adapté de faits réels qui s'étaient produits à Hollywood en 1946 ; l'histoire allait également inspirer la série télévisée *Badge 714*. « C'était très important pour Johnny de montrer à la communauté de Hollywood qu'il était de retour », commenterait Betsy Duncan, une femme qui rencontrerait Rosselli à la fin des années 1950 et deviendrait sa maîtresse.

Rosselli allait plus tard dire que l'époque où il avait travaillé avec Foy avait été la plus belle de sa vie. Il confia à un collègue truand, Jimmy « *the Weasel* » Fratiano, qu'il aurait préféré rester producteur plutôt que redevenir gangster.

Mais si l'on en croit le directeur de la production d'Eagle Lion, Max Youngstein, Rosselli n'y connaissait rien à la production. Il ne savait même pas lire ; tout ce qui l'intéressait, c'étaient les femmes. Un jour, Rosselli et Foy payèrent un billet d'avion à dix-huit actrices de Mexico afin qu'elles se rendent à Hollywood pour un casting. On dit que les deux hommes auraient couché avec chacune d'entre elles avant de les renvoyer en avion à Mexico. Le film ne fut jamais réalisé.

Malgré le succès de ses films, au terme de son contrat de trois ans, Foy ne fut pas réengagé par Eagle Lion. Il se vit proposer un poste par la Warner, mais il n'y avait cette fois-ci pas de place pour les anciens détenus qui lui servaient d'amis. Rosselli se retrouva donc sans emploi.

Mais il lui restait toujours ses activités d'usurier : il continuait de prêter de l'argent aux stars pour qu'elles remboursent leurs dettes de jeu ou qu'elles puissent payer le coût de leurs autres addictions. Dans les années 1940, Cohn faisait toujours appel aux « *shylocks*[44] » – des usuriers de la Mafia qui prêtaient à court terme avec des taux d'intérêt très élevés – quand il était à court d'argent. Mais il n'était pas le seul producteur à emprunter à la pègre. L'acteur Nelson Eddy, qui tournait un film à l'époque de la guerre, fut stupéfait lorsqu'il apprit qu'il recevrait son salaire hebdomadaire, qui s'élevait à plusieurs milliers de dollars, en liquide. Eddy réclama un chèque, afin de pouvoir déclarer l'argent qu'il avait touché. On dit que les usuriers auraient secoué la tête, se demandant comment quelqu'un pouvait être aussi honnête.

Avec la bénédiction de Giancana, Rosselli prit en charge les affaires que faisait l'*Outfit* avec les acteurs et les dirigeants de studios. D'après Giancana, Rosselli était parfait pour Hollywood : « Par ici, il faut avoir de la classe, et Rosselli est aussi doux et lisse que de la putain de soie. »

Si Rosselli reprit sa place de *capo* de l'*Outfit* à Hollywood, Giancana maintint son influence. En 1949, sa fille Antoinette lui expliqua qu'elle souhaitait devenir actrice. Giancana lui ouvrit les portes de la MGM. « Si

---

44. De Shylock, nom du personnage de l'usurier dans *Le Marchand de Venise* (*N.d.T.*).

Sam voulait que sa petite fille fasse du cinéma, s'il voulait que l'un de ses amis décroche un rôle, ou s'il voulait entrer dans les coulisses des studios et rencontrer une star, on lui disait toujours oui, et on lui déroulait le tapis rouge », allait se souvenir Antoinette Giancana.

D'après cette dernière, en 1949, Hollywood était très consciente de l'influence qu'exerçait sur elle la pègre de Chicago :

> C'étaient toujours mon père et ses amis Ricca, Campagna, Fischetti ou Accardo qui faisaient la pluie et le beau temps. À cette époque, Sam ne mettait jamais les pieds dans un studio et personne n'osait parler de l'influence qu'il exerçait sur Hollywood. Son pouvoir était invisible, inaudible, mais bien réel – et cela avait quelque chose d'effrayant. Il avait le bras long et il touchait non seulement la MGM, mais aussi la Paramount, la 20th Century Fox et Warner Bros.

Mais ce qui constitue sans doute la plus célèbre illustration de l'influence qu'exerçait la pègre sur Hollywood appartenait encore au futur. Rosselli allait se venger de Cohn, qui avait refusé de l'aider. Et cet incident inspirera l'une des plus célèbres scènes du *Parrain*, celle dans laquelle un producteur se réveille avec une tête de cheval ensanglantée dans son lit.

V

Ce n'est pas un *business*, c'est un racket

« Séparée de son corps, la tête noire et soyeuse de Karthoum, le grand cheval, était fermement collée dans une épaisse couche de sang. » C'est ainsi que Mario Puzo, auteur du *Parrain*, décrit le moment où un magnat du cinéma découvre la tête de son précieux cheval de course dans son lit en se réveillant. Et il s'agit sans doute là de la plus célèbre scène du roman de Puzo, publié en 1969. Johnny Fontane, un chanteur italien dont la carrière bat de l'aile, demande au chef de la Mafia Don Corleone de l'aider à obtenir le rôle de ses rêves. Corleone envoie son avocat, Tom Hayden, à Los Angeles pour intercéder auprès du dirigeant de studio Jack Woltz. Hayden garantit à Woltz que s'il confie le rôle à Fontane, son studio n'aura plus de problèmes avec les syndicats. Mais Woltz refuse d'écouter Hayden. Pour se venger, la Mafia fait mettre à mort son cheval de course, Karthoum, dont la valeur est estimée à 600 000 dollars.

Le personnage de Fontane est sans aucun doute inspiré de Frank Sinatra, et le célèbre épisode de la façon dont le chanteur obtint son rôle dans *Tant qu'il y aura des hommes*. Les points communs entre Fontane et Sinatra sont plus marqués dans le roman que dans le film de 1971. Fontane est marié à l'actrice Margot Ashton ; leur relation tumultueuse est inspirée de celle de Sinatra et d'Ava Gardner. Le meilleur ami de Fontane, Nino Valenti, est lui aussi chanteur. Comme Dean Martin, ou l'image que l'on se faisait de lui (Si Martin passait pour un ivrogne maladroit, il buvait en réalité assez peu), Valenti est un alcoolique qui se suicide à petit feu. Le dirigeant de studio Jack Woltz est un mélange de Harry Cohn et de Louis B. Mayer. À l'instar de Cohn, Woltz était vendeur de journaux à la criée dans le Lower East Side de New York avant de diriger un atelier dans le quartier du textile. À l'instar de Mayer, il est fasciné par les équidés et possède désormais sa propre écurie de chevaux de course.

Il ne fait aucun doute que Sinatra ait lui-même pensé qu'il était l'inspirateur de Fontane. Un soir de 1969, après la publication du livre, Puzo était en train de dîner au Chasen's, un restaurant de Los Angeles, en compagnie d'un homme qui connaissait également Sinatra. Ce dernier suggéra à l'écrivain de se présenter au chanteur, qui était présent dans la salle. Quand Puzo s'exécuta, Sinatra l'injuria, le menaça de lui casser les jambes et le traita d'« espion et de mouchard vendu au FBI ».

Il est important de bien comprendre qu'au début des années 1950, Sinatra se trouvait dans une véritable impasse. En avril 1950, Louis B. Mayer, le dirigeant de la MGM, l'avait renvoyé après avoir appris qu'il l'avait calomnié. En 1951, sa carrière était sur le déclin. Ses mauvaises relations avec Ava Gardner le rendaient suicidaire. Sa maison de disques l'avait laissé tomber, son émission de télé avait été déprogrammée et son agent l'avait quitté. Il faut ajouter à cela qu'une commission du Sénat chargée d'enquêter sur le crime organisé possédait des photos de lui, le bras sur les épaules de Lucky Luciano, qui avaient été prises lors de l'expédition à Cuba de 1947. Ce dernier point risquait de porter le coup de grâce à sa carrière. Mais Sinatra pouvait toujours compter sur une poignée d'amis – dont Mickey Cohen.

Après la mort de Bugsy Siegel, en 1947, Mickey Cohen s'était autoproclamé roi de la pègre de Los

Angeles. Comme Siegel, Cohen adorait la publicité. C'était Owney Madden, le gangster qui avait fait rentrer George Raft dans la Mafia, qui avait initié Cohen alors qu'il était adolescent. Cohen avait fui Chicago et s'était refugié à Los Angeles après avoir assassiné une personne devant des témoins. Il avait accepté de devenir l'un des hommes de main de Siegel, c'est-à-dire de frapper et de voler des gens. Il commit l'un de ses premiers larcins dans un night-club de Sunset Trip : il déroba les bijoux de l'actrice Betty Grable. Un autre soir, Cohen et son gang attaquèrent une maison de passe, dont l'un des clients, un producteur, avait 45 000 dollars sur lui en liquide. L'argent était destiné à financer une production. Un peu plus tard, Cohen allait lui-même investir dans le cinéma.

Après le meurtre de Siegel, Cohen ouvrit un casino illégal à Burbank, tout près de Warner Bros et des autres studios. Le chef de la police privée de la Warner, Blaney Matthews, figurait sur la liste des personnes rémunérées par Cohen. Matthews avait été l'enquêteur du bureau du procureur du district qui avait servi d'intermédiaire quand la MGM avait cherché à soudoyer le procureur Buron Fitts après l'assassinat de Paul Bern. Tous les après-midi, le casino de Cohen était plein de figurants qui venaient dépenser leurs cachets et d'Amérindiens qui jetaient des dés entre des showgirls et des chevaliers médiévaux.

Cohen fournit à Dean Martin et à Jerry Lewis l'argent nécessaire au démarrage de leur carrière. Errol Flynn, Robert Mitchum et Ben Hecht étaient amis avec Cohen, de même que Judy Garland. Cohen intervint auprès du magazine à scandales *Hollywood Night Life* pour qu'un article sur l'addiction à la drogue de Garland ne soit pas publié. Jimmy Durante paya un jour une caution de 20 000 dollars pour que Cohen puisse sortir de prison.

Dans les années 1950, Cohen avait également pour ami le comique Red Skelton. Le FBI allait plus tard enregistrer une conversation au cours de laquelle Sam Giancana disait à un associé que Red Skelton avait été repris en main par un homme de la pègre qui refusait de partager ses bénéfices avec l'*Outfit*. À Hollywood, tout le monde savait que le manager de Skelton couchait avec la femme de son client. Un soir, Cohen entra dans un restaurant de Beverly Hills où l'homme en question était en train de dîner ; il monta sur sa table et lui mit un coup de pied au visage puis partit en le laissant pour mort.

Sinatra était également ami avec Cohen. En 1951, le gangster organisa un dîner en hommage au chanteur au Beverly Hills Hotel, mais la réception eut peu de succès.

Mais auparavant, une commission du Sénat chargée d'enquêter sur le crime organisé et le jeu en Amérique avait contacté Sinatra. La commission (Senate Special Commitee to Investigate Organised Crime in Interstate Gambling), présidée par le sénateur Estes Kefauver, avait obtenu des photos de Sinatra et de Luciano par le biais du Federal Bureau of Narcotics. Il est probable que Kefauver ait vu dans cette affaire une occasion de se faire de la publicité. Et si Sinatra était obligé de témoigner devant la commission Kefauver et que ce témoignage était retransmis à la télévision, le chanteur risquait de ruiner le peu de chances qu'il lui restait de faire redémarrer sa carrière.

Les premières auditions de témoins de la commission Kefauver se déroulèrent à huis clos à Miami en mai 1950, mais Kefauver était très conscient de la publicité que s'était faite le sénateur Eugene McCarthy en 1947-1948 avec ses auditions censées mettre un terme à la prétendue subversion communiste à Hollywood. Il se dit que la retransmission télévisée de ses propres auditions jouerait en faveur de ses aspirations présidentielles. Il proposa donc à des chaînes de télévision de couvrir les différentes sessions de la commission, qui se tiendraient dans toute l'Amérique, de Cleveland à Tampa en passant par Detroit. Des extraits des auditions commencèrent à apparaître dans les journaux du soir. Puis en janvier 1951, la chaîne de télévision locale WNOE-TV décida de diffuser l'intégralité de la cession de La Nouvelle-Orléans. Les taux d'audience furent impressionnants, et d'autres chaînes ne tardèrent pas à suivre. Au moment où la commission se rassembla à New York, le magazine *Time* lançait un nouveau traitement de l'information, l'« info-spectacle », à laquelle nous sommes tellement habitués aujourd'hui. Par bien des aspects, la commission Kefauver fut le précurseur du procès télévisé des frères Menendez ou de celui d'O.J. Simpson dans les années 1990 ; ce fut l'ancêtre de la chaîne de télévision câblée Court TV. Les Américains furent fascinés par ces nouveaux plateaux de télévision et écoutèrent avec intérêt les témoignages de Frank Costello, Meyer Lansky, Albert Anastasia, et les autres. On dit qu'avant qu'elle ne vienne témoigner, on aurait demandé à Virginia Hill pourquoi ces hommes lui avaient offert tant d'argent, de bijoux et de fourrures. « Parce que je suis le meilleur coup du monde », aurait-elle répondu. Devant la cour, Hill affirma qu'elle n'avait jamais été très amie avec Bugsy Siegel – puis, devant le palais de justice, elle mit un coup de poing à une journaliste. Très vite, Kefauver, avec sa casquette en peau de raton-laveur à la David Crockett et son grand sourire, devint une star de la télévision aussi populaire que Lucille Ball. Vingt millions d'Américains regardèrent son exposé sur le crime organisé.

On ne peut parler de la commission Kefauver, sans évoquer le nouveau projet que la pègre avait à cette époque élaboré : infiltrer le tout récent milieu de la télévision. En s'appuyant sur l'expérience qu'ils avaient des juke-boxes, Lansky, Costello et quelques autres se dirent que l'avenir de la télévision, c'était des hommes assis derrière un bar à regarder des clips vidéo vaguement pornographiques. Ils montèrent une société, Consolidated Television, pour produire des films destinés à ces « juke-boxes vidéo ». Mais l'avenir ne tarda pas à révéler que les gens préféraient regarder la télé chez eux. Lansky allait d'ailleurs déclarer devant la commission : « Si on avait fait quelque chose pour la maison, je serais peut-être aujourd'hui l'homme le plus riche du monde. »

Le nom d'une famille de Juifs canadiens, les Bronfman, fut plusieurs fois prononcé au cours des auditions, mais aucun de ces membres ne vint se présenter à la barre. Lors de la cession de New York, un témoin laissa entendre que les quatre frères Bronfman dirigeaient des hôtels qui étaient utilisés comme maisons de passe. À l'époque de la Prohibition, les Bronfman s'étaient lancés dans le marché de l'alcool. Costello et Longy Zwillman avouèrent qu'ils avaient fait passer de l'alcool des Bronfman en fraude dans l'Illinois à l'aide de bateaux qui avaient traversé le lac Érié. On faisait même passer de l'alcool du Canada en Amérique par le biais d'un pipeline qui reliait Emerson (Manitoba) à un hangar situé à quelques kilomètres au sud de Pembina (Dakota du Nord). En 1926, Samuel et Harry Bronfman étaient devenus les distributeurs canadiens de la Distillers Company of London and Edinburgh, la société qui fournissait la moitié de la terre en whisky. L'année suivante, les Bronfman avaient acheté la plus grande manufacture de rye whisky du Canada, Joseph E. Seagram and Sons. Ils avaient alors gagné des millions de dollars en vendant leur alcool aux gangsters, qui le redistribuaient dans toute l'Amérique à prix d'or. « Bien sûr que nous savions où il passait, allait dire Sam Bronfman au magazine *Fortune* en 1966, mais on n'avait aucune preuve légale. Et je ne suis jamais allé de l'autre côté de la frontière pour compter les bouteilles Seagram. » À l'abrogation de la Prohibition, en 1933, Seagram était devenu le deuxième plus grand distributeur d'alcool d'Amérique du Nord. Schéma classique : le fils de l'homme qui avait fait la fortune de la famille trouva les affaires de son père très ennuyeuses. Edgar, le fils de Sam Bronfman, allait, dans les années 1960, essayer de prendre le contrôle de Paramount Pictures. Il réussirait à racheter 15 % du capital de la MGM. Un jour, Sam Bronfman demanda à son fils si c'était seulement pour rencontrer des actrices qu'il achetait toutes ces actions dans le cinéma. « Oh non, Papa, répliquerait Edgar, ça ne coûte pas 40 millions de dollars de se faire une fille. » En 1995, le petit-fils de Sam Bronfman, Edgar Jr, allait faire basculer Seagram dans le milieu du spectacle. Seagram rachèterait le conglomérat du spectacle MCA – détenteur d'Universal Studios – pour 5,7 milliards de dollars.

Un autre nom fut souvent prononcé devant la commission : celui de Sidney Korshak. Des témoins, parmi lesquels Charles « *Cherry Nose* » Gioe – incarcéré pour le rôle qu'il avait joué dans les années 1930 dans le racket de Hollywood – et l'avocat fiscaliste de la pègre, Eugene Bernstein, évoquèrent Korshak et le rôle qu'il avait joué dans le scandale. Kefauver décida de faire rechercher Korshak, qui, en 1951, était devenu le représentant juridique établi du crime organisé à Hollywood. (Puzo allait plus tard nier s'être inspiré de cet homme pour le personnage de Tom Hayden, l'avocat de la famille Corleone.) Par une ironie du sort, la commission Kefauver donna à Korshak l'occasion d'asseoir encore sa réputation. Après la publicité qu'elle avait faite à l'avocat, la commission transféra son enquête à Chicago. Là, Kefauver s'entretint avec Korshak pendant quarante-cinq minutes, au cours desquelles l'avocat lui présenta quelques photographies. On pouvait y voir le sénateur de 47 ans, dans un lit, avec deux showgirls. Un appareil photo à infrarouge avait été installé dans la chambre où il séjournait au Drake Hotel de Chicago. On dit que Korshak aurait jeté les photos sur le bureau de Kefauver et lui aurait demandé : « Jusqu'où comptez-vous aller, maintenant que vous connaissez l'existence de ce facteur ? » Kefauver et son équipe quittèrent précipitamment Chicago et annulèrent les auditions, très attendues. L'un des amis de Korshak, évoquant les photographies, déclara à un journaliste du *New York Times* : « Sid m'en a montré une. Ça a été la fin des auditions. Et ça a aussi fait de Sid un véritable roi pour les gars. »

En octobre 1952, Korshak rassembla un consortium qui tenta de racheter RKO à Howard Hughes. Le groupe comptait parmi ses membres Ray Ryan, l'un des associés de Costello, et Ralph Stolkin, un homme d'affaires de Chicago qui avait fait fortune grâce au *punchboard*, un jeu de hasard primitif. Korshak fut décrit dans la presse comme « une sorte d'agent catalytique qui ne [faisait] pas partie du groupe qui [rachetait] les actions de Hughes ». Hughes changea d'avis et refusa de vendre quand l'affaire fut révélée par le *Wall Street Journal*. Mais Korshak garda des liens avec le studio. D'après un rapport du FBI daté du 7 mai 1962, il détenait une part considérable du capital de RKO et gérait les relations du studio avec les syndicats.

Korshak avait glissé entre les doigts de Kefauver, mais ce dernier avait toujours Sinatra. En mars 1951, après onze mois passés sur la route à interroger huit cents témoins dans quinze villes différentes, la commission commença à s'essouffler. Cependant, Kefauver avait obtenu huit photographies de Sinatra qui avaient été prises au cours du voyage qu'il avait fait à Cuba en 1947. En plus de celle sur laquelle il était au balcon du Nacional Hotel, le bras autour des épaules de Lucky Luciano, il y en avait une où l'on pouvait le voir assis aux côtés du chef exilé de la pègre dans un casino de La Havane. Sur une autre encore, le chanteur était en compagnie de Johnny Rosselli. Kefauver demanda à Joseph Nellis, avocat de la commission, de prendre rendez-vous avec Sinatra. Le 1er mars 1951, à 16h00, Nellis rencontra le chanteur et son avocat Me Sol Gelb à New York, au Rockefeller Center. Nellis trouva que Sinatra avait l'air d'« un chat perdu qui craignait de mourir ». Sinatra nia avoir jamais fait office de porte-valise pour la pègre et déclara qu'il ne connaissait Adonis, Costello, Lansky, Siegel et Zwillman que vaguement. Il affirma aussi n'avoir rencontré Joe Fischetti pour la première fois que dans les coulisses d'un théâtre de Chicago en 1946. De temps en temps, lui et Fischetti dînaient ensemble, ou allaient au cinéma, ou faisaient encore des balades en bateau. Nellis interrogea Sinatra sur son amitié avec Willie Moretti. Le chanteur admit que Moretti avait bien fait quelques réservations pour son groupe au début de sa carrière, mais d'après lui, leur relation s'arrêtait là. Il se plaignit d'être condamné du fait de ses fréquentations. « Quand vous rentrez dans le show business, vous rencontrez des tas de gens. Et vous ne savez ni qui ils sont, ni ce qu'ils font », dit-il. Après deux heures d'interrogatoire, Nellis n'avait rien appris qui aurait pu justifier le fait que Sinatra soit interrogé devant la commission. À 17h48, l'avocat dit à Sinatra et à Gelb qu'ils étaient libres. Sinatra avait échappé à l'enquête du Sénat, mais dans le futur il allait devoir évoquer ses liens avec la Mafia devant cinq grands jurys et devant la New Jersey State Crime Commission.

Au bout du compte, la commission Kefauver ne révéla que très peu de chose. Elle divertit les spectateurs en forçant des truands irritables et belliqueux, piqués et stimulés par les sénateurs comme des rhinocéros fraîchement capturés, à montrer leur véritable nature. Les images qui marquèrent furent les gros plans sur les pouces tatoués de Frank Costello, qui se contorsionnaient tandis qu'il cherchait à éluder les questions – le chef de gang n'avait accepté de témoigner qu'à condition que son visage soit dissimulé. Des années plus tard, Marlon Brando, après avoir écouté des enregistrements de la commission Kefauver, allait s'inspirer de la voix de Costello pour créer celle de Don Corleone. À cause d'une opération des amygdales ratée, Costello avait hérité d'une voix rauque et basse qui, depuis son enfance, conférait une certaine autorité à tout ce qu'il disait.

Sinatra allait dire à Ava Gardner que c'était Giancana qui l'avait aidé à maintenir sa carrière à flot tout au long des années 1950. Giancana possédait, à l'insu de tous, la Worldwide Actors Agency, qui comptait parmi ses clients Jimmy Durante. Le gangster mit tout en œuvre pour que Sinatra puisse travailler dans des night-clubs, et ce même quand les propriétaires ne voulaient pas de lui ou quand la clientèle ne correspondait pas à son public. En janvier 1950, le chanteur se produisit au Shamrock, un club de Houston sur lequel Al Smiley exerçait une influence. En mars de la même année, il chanta au Copacabana Club, une salle new-yorkaise dont Frank Costello possédait des parts du capital. Plus tard, il se produirait aussi régulièrement au 500 Club, une boîte d'Atlantic City (New Jersey) qui appartenait à Skinny D'Amato. Quand l'acteur britannique Donald Sinden lui dit qu'il était étonné qu'une star de son envergure accepte de chanter dans des endroits aussi minables, Sinatra lui avoua que c'était la pègre qui lui demandait de le faire.

Sinatra se produisit pour la première fois à Las Vegas en 1951, au Desert Inn, une boîte contrôlée par Moe Dalitz, l'associé de Lansky dans son affaire de programmes télé. Il chanta ensuite au Sands Hotel, établissement qui appartenait à Joseph « Doc » Stacher – mais dont les bénéfices étaient partagés entre différents membres de la pègre. On proposa à Sinatra d'acheter 2 % du capital du casino pour la somme de 54 000 dollars.

Tant qu'il y aura des hommes, le roman de huit cents pages de James Jones, fut publié en février 1951. Harry Cohn, le directeur général de Columbia Pictures, acheta les droits d'adaptation cinématographique. Malgré son statut de best-seller, *Tant qu'il y aura des hommes* était considéré comme inadaptable au cinéma : le roman présentait un point de vue compatissant sur une histoire adultérine et se montrait critique vis-à-vis de l'armée. À cette époque, Martin Jurow travaillait à l'agence William Morris de New York. Jurow, qui allait plus tard produire *Diamants sur canapé* et *Tendres Passions*, a raconté que c'était un autre agent, George Wood, qui lui avait présenté Sinatra dans son bureau. Wood, qui était ami avec Costello et Lansky, voulait savoir si Jurow avait des idées pour revigorer la carrière du chanteur. Jurow savait que l'on était en train d'organiser le casting de *Tant qu'il y aura des hommes*, et il y avait quelque chose dans la triste mine qu'affichait ce jour-là Sinatra qui lui rappelait les tourments du personnage de Maggio. Peu de temps après, Jurow parla de Sinatra au réalisateur Fred Zinnemann, qui parut intéressé. Cohn, cependant, se montra inflexible quand

Jurow lui soumit son idée au téléphone. Il était hors de question que « ce feignant de Sinatra » travaille pour son studio.

Quelques heures après sa discussion avec Cohn, Jurow alla trouver George Wood à son appartement de Central Park South. Wood avait un autre invité, Jimmy « *Blue Eyes* » Alo, un ami de Meyer Lansky qui avait des liens avec la famille Genovese. Alo était également un ami de Wood. Le journaliste Lee Mortimer – l'homme qui avait poursuivi Sinatra pour coups et blessures en 1947 – disait que la pègre avait infiltré les plus grandes agences de talents et ponctionnait parfois plus de la moitié des 10 000 dollars par semaine que touchaient certaines stars de la télévision et du cinéma qu'elle avait aidées. Le journaliste d'investigation Hank Messick a quant à lui révélé qu'Alo était devenu actionnaire de la William Morris en 1955. (Un jour, Alo passa dans les locaux de la William Morris pour voir Wood. Il y avait une nouvelle réceptionniste. Quand il lui dit qu'il s'appelait Jimmy *Blue Eyes*, elle appela Wood et lui annonça : « Mr Eyes, pour vous. »)

Jurow expliqua à Alo que Cohn faisait pression pour que Sinatra n'obtienne pas le rôle. D'après Jurow, Alo aurait dit : « Harry Cohn, hein ? » Le gangster aurait ensuite demandé à l'agent s'il avait le numéro personnel de Cohn. Puis il aurait tapoté la tête de Jurow. « Il nous doit quelque chose. On va lui passer un coup de fil. »

De son côté, Ava Gardner avait dit à son amie Joan Cohn, la femme du dirigeant du studio, qu'elle trouvait que Sinatra serait parfait pour le rôle de Maggio. Elle avait également fait part de ce sentiment à Cohn lui-même. Sinatra fit campagne pour obtenir le rôle durant toute la seconde moitié de 1952. Il considérait *Tant qu'il y aura des hommes* comme un moyen idéal de revigorer sa carrière. On pariait déjà que le film serait nominé aux Oscars. Sinatra déjeuna avec Cohn, mais celui-ci s'accrochait à l'idée que le rôle devait être attribué à un acteur approprié. « Tu n'es qu'une petite pute », aurait-il dit au chanteur. « Qui pourrait avoir envie de voir ce petit trou du cul squelettique dans un grand film ? », demanda-t-il à son assistant Jonie Taps après le départ de Sinatra.

C'est à ce moment-là que la pègre serait intervenue. Lors d'un dîner au Copacabana, Frank Costello aurait expliqué aux convives qu'on lui avait demandé d'intervenir. Bien que Costello ne fût pas particulièrement ami avec Sinatra, il téléphona à ses associés de la Mafia qui contrôlaient les syndicats de Hollywood et leur demanda de faire pression. D'après l'une des versions des faits, Jack Farrell, un gangster qui travaillait pour Costello, aurait pris un avion pour Los Angeles afin de rencontrer Johnny Rosselli.

Bien qu'il eût été renvoyé d'Eagle Lion, Rosselli continuait d'investir dans les films du studio. En 1951, il avait injecté 400 000 dollars dans la société en échange d'une participation aux bénéfices (10 %). Il avait également tenté de devenir lui-même producteur, notamment en achetant les droits d'un roman à caractère religieux, *The End of the Santa Fe Trail*. Mais le travail de producteur est un dur labeur, qui nécessite de la patience, de la passion, et un peu de chance. Il semblerait que Rosselli ait trouvé la vie d'indépendant trop difficile.

Rosselli et Farrell téléphonèrent ensemble à Cohn et lui rappelèrent tout ce qu'il devait à la pègre. Au début des années 1950, la Columbia employait 19 000 personnes à qui elle versait 18 millions de dollars par an. Malgré ses succès, Cohn ne se faisait pas d'illusions sur

Hollywood. Tentant de définir l'industrie du cinéma, il avait un jour dit : « Ce n'est pas un *business*, c'est un racket. » Rosselli et Farrell lui rappelèrent que sans l'argent de la Mafia, il n'y aurait pas de Columbia Pictures. Joan Cohn a raconté à l'un des biographes d'Ava Gardner qu'un jour, deux mafiosi s'étaient introduits dans les bureaux de la Columbia et avaient dit à son mari qu'il *allait* engager Sinatra. Meredith Harless, ancienne assistante de Louis B. Mayer, a quant à elle entendu dire que Rosselli aurait laissé le choix à Cohn – engager Sinatra ou mourir.

Des années plus tard, le présentateur de télévision Steve Allen et son épouse se rendirent à une avant-première du *Parrain*. Beaucoup de mafiosi du New Jersey assistèrent également à la séance. Quand les lumières se rallumèrent, Mrs Allen se tourna vers son mari et lui demanda s'il était vrai que Sinatra avait obtenu son rôle dans *Tant qu'il y aura des hommes* grâce à une tête de cheval. Le lendemain matin, quand les Allen se réveillèrent, ils découvrirent une jambe de cheval devant leur porte d'entrée. Allen soupçonna Jonie Taps, ancien assistant de Harry Cohn et ami de Johnny Rosselli, d'être derrière cette tentative d'intimidation.

Sinatra a évidemment toujours nié avoir fait appel à Costello, et il gagna son procès contre la BBC, à qui il reprochait d'avoir fait cette allégation. Cohn détestait tellement Sinatra qu'il refusa de lui payer les frais du voyage qu'il dut faire de l'Afrique à Hollywood pour passer son essai. Fred Zinnemann a affirmé que Sinatra avait été son premier choix pour le rôle de Maggio, tout comme Montgomery Clift avait été son premier choix pour le rôle principal – idée qui avait également été désapprouvée par Cohn. Et Puzo lui-même a déclaré que *Le Parrain* était avant tout une fiction, un conte de fées pour adultes – il serait d'ailleurs impossible de glisser une tête de cheval dans le lit de quelqu'un sans le réveiller.

D'un autre côté, George Jacobs, l'intendant de Sinatra, a un jour demandé à son employeur si Giancana avait dit à Rosselli de faire pression sur Cohn pour qu'il obtienne le rôle. « Hey, si j'ai décroché le rôle, c'est uniquement grâce à mon talent », aurait répondu Sinatra – avant de faire un clin d'œil à Jacobs.

Alors qu'il attendait la sortie de *Tant qu'il y aura des hommes*, qui devait avoir lieu en août 1953, d'un point de vue professionnel, Sinatra en était toujours au point mort. Endetté jusqu'au cou, le chanteur recherchait désespérément du travail. D'après un mafioso, il suppliait les propriétaires de night-clubs de le laisser chanter. Une famille de mafiosi de Boston, les Palladino – Joseph Palladino Sr, connu sous le nom de Joe Beans ; Joseph Jr, connu sous le nom de *Little* Beans ; et Rocco Palladino, frère de Joe Beans –, accepta que Sinatra se produise dans leur boîte, le Copa. Après sa prestation, Sinatra demanda à Joe Beans s'il pouvait lui prêter de l'argent. Le film de son come-back, *Tant qu'il y aura des hommes*, allait sortir dans un mois. Il lui rendrait l'argent la prochaine fois qu'il viendrait chanter au Copa. Joe Beans accepta la proposition. Comme Sinatra l'avait prévu, *Tant qu'il y aura des hommes* fut un succès. En 1954, le film reçut dix nominations aux Oscars et en remporta huit, dont celui du meilleur acteur dans un rôle secondaire, qui récompensa la prestation de Sinatra. Il eut également pour effet de décupler les futurs revenus du chanteur. Le chanteur avait accepté de toucher un cachet de 8 000 dollars pour *Tant qu'il y aura des hommes*. Quatre ans plus tard, il recevrait 150 000 dollars et 30 % des bénéfices pour son apparition dans *La Blonde ou la Rousse* (1957). Sinatra rendit à Joe Beans l'argent qu'il lui devait, mais il ne tint pas l'autre promesse qu'il lui avait faite : revenir chanter au Copa. Les Palladino ne lui pardonneraient jamais.

Avec le recul, Gardner en viendra à regretter le nouveau tournant que prenait la carrière de Sinatra. « Il était tellement gentil quand il était démuni, dira-t-elle. Mais depuis qu'il a renoué avec le succès, il est redevenu aussi arrogant qu'avant. On était plus heureux à l'époque où il ramait. »

Pendant ce temps, Johnny Rosselli avait trouvé un poste de producteur associé en free-lance chez Monogram Pictures, un *poverty row*. Rien que dans les années 1940, Monogram avait produit quatre cent deux films. Le studio employait des gens qui ne pouvaient trouver de travail ailleurs. Rosselli était ami avec le président du conseil d'administration de Monogram, George Burrows. Le gangster trouva également du travail chez Mutual Pictures, une société de production concurrente dont le directeur général, Jack Dietz, avait été le propriétaire du Cotton Club. En 1952, Rosselli, Burrows et Dietz fondèrent une nouvelle compagnie pour produire le film de science-fiction *Invasion USA*. L'année suivante, la société de production allait également sortir *Paris Model* (ou *Nude at Midnight*).

Ses affaires commençant à s'améliorer, Rosselli s'installa dans l'une des petites maisons du Garden of Allah, hôtel qui comptait parmi ses résidents Humphrey Bogart et Edward G. Robinson. Après avoir divorcé de June Lang en 1942, Rosselli était sorti avec d'autres actrices, dont Betty Hutton et la magnifique Ann Corcoran, qui lui écrivit plus de deux cent cinquante lettres alors qu'il se trouvait en prison. Il était également devenu ami avec une jeune actrice qui lui avait été présentée par Joe Schenck. Cette dernière n'allait pas tarder à se faire connaître dans le monde entier sous le nom de Marilyn Monroe.

VI

Des blondes aux pare-chocs chromés

En 1948, Joe Schenck, 70 ans, traversait en voiture les studios de la 20th Century Fox, quand il aperçut une jolie fille qui marchait à côté de lui. Il ordonna à son chauffeur de s'arrêter et proposa à la jeune femme de monter dans sa limousine. La fille lui expliqua qu'elle était sous contrat avec le studio pour 74 dollars par semaine. Schenck lui laissa son numéro de téléphone. Il ignorait que la jeune femme avait été baptisée Norma en hommage à sa première épouse, Norma Talmadge. Création, et maîtresse, de l'agent de la William Morris Johnny Hyde, elle se faisait désormais appeler Marilyn Monroe. Il se peut que comme beaucoup de femmes très portées sur le sexe, Monroe ait été violée au cours de son enfance. Elle a elle-même déclaré qu'on avait abusé d'elle dans un orphelinat. D'une certaine manière, elle continuait à se comporter de façon à satisfaire les hommes plus âgés qu'elle. Monroe a raconté à son amie Amy Greene qu'au début de sa carrière, elle avait passé beaucoup de temps à genoux. D'un autre côté, elle a déclaré au journaliste britannique W.J. Wetherby : « Mais on ne peut pas devenir une star uniquement en couchant. Il faut bien plus que cela. » Quand un journaliste lui posa la question sans ambages, Monroe nia avoir eu des relations sexuelles avec Schenck. Elle disait par ailleurs à ses amis que Schenck avait des troubles de l'érection mais qu'il adorait jouer avec ses seins.

Schenck présenta Monroe à Johnny Rosselli, qui reçut probablement des faveurs sexuelles de la part de la starlette en échange d'un coup de pouce pour sa carrière. Jeanne Carmen, qui était l'amie et la voisine de Monroe, a affirmé qu'elle avait rencontré Rosselli plusieurs fois chez l'actrice. Quand la Fox renonça à Monroe, Schenck téléphona à Jonie Taps, l'assistant de Harry Cohn, et lui demanda de faire signer à l'actrice un contrat de six mois. Elle fut engagée par la Columbia pour 75 dollars par semaine (sept ans plus tard, quand on allait lui demander ce qui avait changé dans sa vie depuis qu'elle avait signé le meilleur contrat de toute l'histoire du cinéma, Monroe allait répondre aux journalistes : « Ce qui a changé, c'est que je n'aurai plus jamais à sucer une seule bite de ma vie »).

Pourtant, Cohn n'était pas très enthousiaste vis-à-vis de sa nouvelle recrue, bien que si l'on en croit Sam Giancana, il profitât également de ses faveurs sexuelles. Cohn ne se donna donc pas la peine de renouveler le contrat de Monroe. Un jour où il observait les rushes d'un film dans lequel elle faisait une brève apparition, il se tourna vers le producteur et lui demanda : « Pourquoi est-ce que tu as mis cette grosse poule dans le film ? Tu as baisé avec elle ? »

Dans les années 1950, du fait de ses liens avec la Mafia, Monroe fit l'objet d'une enquête. Pourtant, les agents fédéraux ignoraient tout de sa relation avec Rosselli. Vers la fin de l'année 1959, les agents du bureau du procureur du district de Los Angeles Frank Hronek et Gary Wean aperçurent Monroe quitter un restaurant de Sunset Boulevard en compagnie d'une autre femme et de deux hommes. L'un d'entre eux, George Piscitelle, était un associé de Mickey Cohen. Les agents virent ensuite Monroe et Piscitelle entrer ensemble dans un motel de Van Nuys Boulevard. Plus tard, Monroe fut de nouveau aperçue en compagnie d'un autre membre du gang de Cohen, Sam LoCigno. Le procureur pensait que Monroe était victime de chantage, mais l'enquête ne put aboutir à aucune conclusion.

Cohn, bien sûr, regretta amèrement le jour où il avait laissé partir la plus grande star des années 1950. Hollywood se mit bientôt à priser les grandes blondes plantureuses – Jayne Mansfield, Mamie Van Doren, Diana Dors –, toutes façonnées pour concurrencer Monroe et moulées comme les Chevrolet et les Buick de cette décennie. La Marilyn Monroe *manquée*[45] de la Columbia était Kim Novak. Création de pygmalion de Harry Cohn, l'actrice avait été modelée pour devenir la remplaçante de Rita Hayworth, qui avait quitté le studio sans crier gare. Néanmoins, dès qu'elle avait le dos tourné, Cohn appelait Novak « la grosse Polack ».

La Columbia avait fait de Novak une blonde lavande, un truc publicitaire pour la distinguer des autres blondes aux pare-chocs chromés. « Miss Novak, disaient les attachés de presse du studio, dort dans des draps parfumés à la lavande et utilise son téléphone couleur lavande dans son bain moussant parfumé à la lavande. » En réalité, Novak détestait la couleur lavande.

Le « refaçonnage » de Cohn fonctionna, et ce malgré le fait que Novak n'était pas très douée pour la comédie. L'ancienne Miss Deep Freeze se présentait d'ailleurs elle-même comme une fille qui savait ouvrir une porte de réfrigérateur « gracieusement. Et c'est tout ». Néanmoins, en 1956, Novak devint la star la plus populaire de la Columbia, avec ses 3 500 courriers de fans par semaine. À l'instar de beaucoup de stars, Novak était

45. En français dans le texte (*N.d.T.*).

comme un écran vide sur lequel les spectateurs pouvaient projeter leurs émotions – une qualité qu'Alfred Hitchcock allait bien saisir dans *Sueurs froides* (1958), notamment dans la scène où James Stewart oblige l'actrice à incarner son fantasme de la femme morte.

L'attitude de Cohn, qui ne cessait de suggérer que, s'il l'avait faite, il pouvait également la briser, commença à irriter Novak. Elle en voulait aussi au producteur d'avoir empoché 100 000 dollars quand il avait accepté qu'elle joue dans *L'Homme au bras d'or* (1955) pour United Artists avec Frank Sinatra – et elle ne se priva pas de le dire aux journalistes. Cohn, pour sa part, devint fou de rage quand il apprit que les revendications salariales de Novak étaient mentionnées dans un article couverture d'un numéro du *Time* daté de juillet 1957. Ce fut à peu près à cette époque que Novak fit la connaissance du chanteur de night-clubs Sammy Davis au cours d'une réception organisée par Tony Curtis et sa femme Janet Leigh. « Je suis absolument ravie de vous rencontrer », lui dit Novak avec un grand sourire. « J'aime beaucoup ce que vous faites. » Les deux artistes passèrent toute la soirée à discuter ensemble. Davis et Novak en voulaient aux gens qui créaient le monde étroit dans lequel ils évoluaient. Davis était freiné dans sa carrière par la couleur de sa peau, tandis que Novak se sentait complètement étouffée par Cohn. Unis par ces points communs, ils sympathisèrent immédiatement.

Davis était le prototype de l'artiste marginal. Toutes les chances étaient contre lui. Il était noir, et, d'après un ancien amant, bisexuel. Au cours de la Deuxième Guerre mondiale, Davis avait été molesté par les soldats de son propre camp. On lui avait ordonné de recommencer plusieurs fois la phase d'entraînement des soldats au Fort Francis E. Warren, une base de Cheyenne

(Wyoming). Il se faisait souvent battre par des soldats blancs, qui lui cassèrent un jour le nez et l'obligèrent à boire de la bière mélangée à de l'urine.

Après la guerre, Davis avait fait une tournée en Amérique, présentant son numéro de cabaret avec sa petite troupe, le Will Mastin Trio, qui avait du mal à s'en sortir. Les deux autres membres du trio étaient son père et son oncle. Davis, qui craignait de contrarier son père, hésitait à se lancer dans une carrière en solo, même s'il savait que c'était lui que le public adulait. La rupture se produisit en 1951 : Davis fut la *guest star* de la chanteuse Janis Paige, qui se produisit au Ciro's, un night-club de Los Angeles. Paige était une chanteuse ordinaire qui n'avait obtenu cet engagement que parce qu'elle était mariée à Errol Flynn. Davis, qui ne devait chanter que vingt minutes, resta au bout du compte deux heures sur scène, encouragé par de célèbres acteurs qui se trouvaient dans le public : Clark Gable et Humphrey Bogart. Il fut applaudi par les spectateurs comme s'il s'agissait d'une star blanche – Frank Sinatra ou Jerry Lewis.

La carrière de Davis décolla, mais en 1954 le chanteur fut grièvement blessé dans un accident de voiture. Il perdit un œil, qui resta empalé dans un emblème Cadillac qui se trouvait au milieu du volant. En mars 1955, encouragé par ses amis de Hollywood – Bogart, Lauren Bacall et Cary Grant –, il remonta sur la scène du Ciro's. Il recommença à travailler dans des night-clubs, mais il était toujours aussi dévasté quand il entendait quelqu'un crier « sale nègre » après six *standing ovations*.

Le chanteur contracta également des dettes envers la pègre. Davis, un vrai panier percé, empruntait de l'argent aux propriétaires de night-clubs, qu'il devait ensuite rembourser en revenant chanter un autre soir dans leurs établissements. Il se mit bientôt à travailler à un rythme effréné. Étant donné que tous les night-clubs appartenaient à la Mafia, il craignait des représailles. Comme le disait l'associé de Davis, Sy Marsh, ancien agent de la William Morris, « soit vous traînez avec des mafieux et vous devenez très copains avec eux, soit vous essayez de garder une distance respectueuse. Ce qu'il faut à tout prix éviter, c'est d'avoir une dette envers eux ».

Certains cyniques ont suggéré que si Davis s'était intéressé à Novak, c'était seulement parce qu'il pensait que cela pourrait lui faire une bonne publicité. On disait par ailleurs que si Novak avait une aventure avec un homme noir, c'était uniquement pour marquer son indépendance vis-à-vis de Cohn. Davis a plus tard déclaré que le ciment de leur relation était le défi.

D'après le service publicité du studio, en 1957, la Columbia était au meilleur de sa forme. Cette année-là, elle avait sorti quarante-sept films et fait 10 millions de dollars de bénéfices. Mais en privé, les membres du conseil d'administration s'arrachaient les cheveux. Les dirigeants du studio avaient dépeint un tableau très noir de la situation au cours d'une réunion d'actionnaires qui s'était tenue à New York. La Columbia s'attendait à tourner à perte durant le premier trimestre de l'année 1958. Les bénéfices de l'année 1957 ne reposaient que sur deux films : *La Blonde ou la Rousse* et l'« oscarisé » *Le Pont de la rivière Kwaï*. Or, Cohn avait tenté d'empêcher le studio de produire *Le Pont de la rivière Kwaï*. En décembre 1957, le studio organisa un dîner à New York en hommage au frère de Cohn, Jack, qui était décédé l'année précédente. Au cours de la soirée, un assistant marketing murmura quelque chose à l'oreille de Cohn. Les convives remarquèrent que les mains du producteur tremblaient tandis qu'il se levait et quittait la salle. Des médecins allaient plus tard expliquer que Cohn avait fait une crise cardiaque au moment où il avait appris la nouvelle. Deux heures plus tard, Cohn téléphona à son assistant et lui dit que Novak « [baisait] avec ce cyclope noir, Sammy Davis ». Il fit une seconde crise cardiaque le lendemain, dans l'avion qui le ramenait à Los Angeles.

En janvier 1958, le conseil d'administration de la Columbia, ainsi que plusieurs actionnaires, firent pression sur Cohn pour qu'il mette un terme à la liaison avant qu'elle ne devienne publique. Il faut dire que Novak était l'une des plus grandes championnes du box-office de la Columbia. Cohn déclara que la pègre « [aurait] le deuxième œil de Sammy ».

Frank Costello téléphona à Mickey Cohen et lui demanda de prendre rendez-vous avec le dirigeant du studio. Costello lui expliqua que Cohn avait rendu des services à la pègre de par le passé et qu'il souhaitait désormais faire assassiner Davis, qu'il appelait « cette saloperie de nègre ». Lorsqu'ils se rencontrèrent, Cohn expliqua à Cohen qu'avec cette liaison, Novak risquait de lui faire perdre le statut qu'il avait acquis dans le monde du cinéma. Mais Cohen eut la nette impression que Cohn était aussi très amoureux de Novak.

Cohn était également ami avec l'agent de Frank Sinatra, George Wood. Sinatra venait de terminer *La Blonde ou la Rousse* pour la Columbia. Jimmy « *Blue Eyes* » Alo a raconté que Wood était venu le voir pour lui demander de faire pression sur Davis. Le gangster aurait refusé, en expliquant qu'il ne faisait pas ce genre de choses.

Le père de Davis, Sam Davis Sr, passait ses après-midi au champ de courses d'Hollywood Park, à Inglewood. Un jour, Cohen vint trouver Davis Sr et lui dit qu'on lui avait donné l'ordre de passer son fils à tabac. Davis Sr prit peur ; Cohen lui expliqua qu'il ne se passerait rien si Davis épousait une fille noire dans les vingt-quatre heures.

Pendant ce temps, deux gangsters avaient accosté Davis. L'un d'entre eux lui avait dit : « Tu es borgne, juif et nègre, mais si tu revois cette blonde, tu vas devenir aveugle, juif et nègre. Tu te maries ce week-end – dépêche-toi de trouver ta future femme. » À Las Vegas, le photographe Billy Woodfield entendit des éclats de voix dans la loge de Sinatra. Puis Davis en sortit et se mit à faire les cent pas dans le couloir. Woodfield entendit Sinatra dire : « Passez-moi Fischetti. » Sinatra aurait ensuite parlé au téléphone, apparemment à Joe Fischetti, le principal contact mafieux du chanteur, puis il serait retourné parler à Davis. Davis serait reparti, l'air « complètement désorienté ».

Arthur Silbert Jr, le fils de l'agent de Sammy Davis, était avec le chanteur à Las Vegas. D'après Silbert, Davis aurait téléphoné à son « ami » Sam Giancana, chef de l'*Outfit* de Chicago (Giancana traitait Davis de « nègre sournois » dans son dos). Davis aurait demandé à parler au « docteur » – Giancana se faisait appeler « Dr Goldberg » lorsqu'il était à Las Vegas. D'après Silbert, Giancana aurait dit à Davis qu'il pouvait le protéger quand il était à Chicago ou à Las Vegas, mais pas à Hollywood. Il lui conseilla aussi vivement de ne pas retourner à Los Angeles avant d'avoir fait la paix avec Cohn.

Davis passa en revue son carnet d'adresses, à la recherche de quelqu'un à épouser. Il finit par jeter son dévolu sur une choriste noire appelée Loray White. La cérémonie eut lieu le 10 janvier 1958. Mrs Davis passa la nuit dans la suite présidentielle du Sands Hotel, mais le mariage ne fut jamais consommé. À Los Angeles, Giancana téléphona à Davis pour le rassurer : « Mickey a dit que tout était réglé. Tu peux te détendre. » Deux mois plus tard, Davis et White divorcèrent. White reçut 25 000 dollars en liquide et 10 000 dollars de vêtements et de chaussures.

Burt Boyar, le journaliste qui fut le véritable auteur des deux autobiographies de Davis, estimait que la vie du chanteur n'avait jamais été en danger. Aux yeux des membres de la pègre, Davis avait bien plus de valeur que Cohn, puisque la Mafia détenait tous les night-clubs dans lesquels il chantait. Mais Sy Marsh, l'ancien agent de la William Morris, a un jour affirmé : « Sammy a frôlé la mort. » Et Kim Novak a expliqué qu'elle avait été convoquée dans le bureau de Cohn : « Il était avec plusieurs personnes, dont des membres de la pègre. »

Cohn mourut des suites d'une crise cardiaque le 27 janvier 1958, deux mois après avoir été informé de la liaison. Sa veuve, Joan, a toujours reproché à Kim Novak d'avoir été la cause du décès de son mari.

Cohn possédait probablement des parts dans la Columbia qui appartenaient en réalité à des hommes de la pègre, qui cherchaient à dissimuler leurs investissements. Après le décès de Cohn, ces investisseurs voulurent récupérer leurs parts sans que leurs noms soient révélés au public, comme cela se produisait généralement au cours des homologations de testament. Cohn avait laissé 4 millions de dollars à sa veuve Joan. Cette dernière engagea Sidney Korshak comme avocat. Un avocat de syndicat qui possédait des liens avec la pègre était un choix assez curieux pour une homologation de testament. De plus, la spécialité de Korshak était de contourner les règles des homologations. Il conseilla à Joan d'épouser son ami Harry Karl, directeur de la chaîne

Karl's Shoes. Pour le FBI, Karl était « le contact de tous les truands de Chicago qui arrivaient à Los Angeles ». Son ex-femme, Marie « *the Body* [46] » Macdonald, avait été la maîtresse de Bugsy Siegel – et son premier mari était le gangster agent Victor Orsatti, le frère de Frank, l'ami de Louis B. Mayer. Joan Cohn et Harry Karl se marièrent dans l'appartement de Korshak le 1er septembre 1959. Leur divorce fut prononcé trois semaines plus tard. Certains considèrent que c'était le temps dont Korshak avait besoin pour reprendre les actions de la pègre.

Dans les années 1950, Rosselli avait également pour maîtresse Lana Turner. En un sens, Turner était à mi-chemin entre Jean Harlow et Marilyn Monroe. Comme Monroe, elle avait vécu une enfance malheureuse, ballottée d'une famille d'accueil à l'autre. L'une des familles dans laquelle Turner avait séjourné lui avait fait subir de mauvais traitements. Avec le recul, Turner allait déclarer : « Le choc dont j'ai souffert à cette époque peut sans doute être considéré comme un bon moyen d'excuser mon comportement actuel. Je pense que cela pourrait expliquer des choses que je n'arrive pas à comprendre moi-même. »

Découverte à l'âge de 15 ans alors qu'elle séchait les cours du lycée de Hollywood, Turner avait donné la réplique à John Garfield dans *Le facteur sonne toujours deux fois* (1946). Au début des années 1950, elle était devenue l'une des plus grandes stars du monde. Elle gagnait 5 000 dollars par semaine et vivait dans une villa de Holmby Hills qui comptait quinze pièces, une fontaine de soda et un salon de beauté. Elle avait dix domestiques, dont une jeune femme qui semblait avoir pour

46. « Le Corps » (*N.d.T.*).

unique tâche de passer des disques dans sa loge tandis qu'elle se préparait pour la prochaine scène.

Mais en 1956, la carrière de Turner commença à battre de l'aile. La MGM ne renouvela pas son contrat, et en 1957 l'actrice divorça de son quatrième mari, Lex Barker (alias Tarzan), après que sa fille Cheryl (Turner avait divorcé du père de Cheryl, le restaurateur Stephen Crane, alors que sa fille avait à peine 9 mois) eut accusé son beau-père de l'avoir violée régulièrement depuis ses 10 ans. Turner avait donné vingt minutes à Barker pour ramasser ses affaires. Ce dernier allait clamer son innocence jusqu'à sa mort, en 1973.

Peu de temps après, Turner se mit à fréquenter un autre homme, John Steele. Steele avait beaucoup téléphoné à l'actrice et lui avait fait parvenir d'onéreux cadeaux, des fleurs et des disques. Mais un jour, l'une des amies de Turner lui expliqua que John Steele se nommait en réalité Johnny Stompanato et était un gangster qui travaillait avec Mickey Cohen. Il avait été inculpé deux fois mais n'avait jamais été condamné. Si Stompanato avait occupé plusieurs postes de vendeur de voitures et avait été le propriétaire d'une animalerie et d'un magasin de meubles, sa principale source de revenus découlait de ses activités de gigolo. D'après une actrice, il avait la réputation d'être « un excellent amant bien monté ». On le surnommait d'ailleurs Oscar, car on disait que son pénis était aussi grand que les statuettes du même nom. La police considérait Stompanato comme un extorqueur. Il ciblait les femmes riches et seules – comme Joe Gillis dans le *Sunset Boulevard* de Billy Wilder – et leur « empruntait » de l'argent.

Pendant quelque temps, Turner refusa de répondre aux coups de téléphone de Stompanato. Mais un soir, ce dernier s'introduisit dans sa chambre et tenta de l'assassiner en l'étouffant avec un oreiller. Au moment même où elle commençait à perdre connaissance, Stompanato retira l'oreiller et se mit à l'embrasser. Turner allait plus tard dire qu'elle avait trouvé sa passion obsessionnelle étrangement excitante.

À cette époque, le bureau du procureur du district de Los Angeles maintenait le gang de Cohen sous surveillance. Les enquêteurs soupçonnaient Cohen de tenter de mettre des stars du cinéma dans des situations compromettantes pour pouvoir les faire chanter ou pour pouvoir exploiter commercialement des enregistrements. Or, des enregistrements audio des ébats de Turner et de Stompanato ne tardèrent pas à arriver sur le marché ; on les vendait plusieurs centaines de dollars la pièce.

En novembre 1957, Turner et Stompanato partirent en Grande-Bretagne pour le tournage de *Je pleure mon amour*, le premier film de la société de production indépendante de l'actrice. Stompanato avait tout fait pour que Turner lui offre une place de cadre. Le partenaire de l'actrice, Sean Connery, détestait tellement Stompanato qu'il le fit renvoyer du plateau. Quand Turner refusa de lui accorder le titre de producteur délégué, Stompanato manqua de l'étrangler. Ses cordes vocales furent tellement endommagées que pendant les trois semaines qui suivirent, elle ne put tourner que des scènes sans dialogues. Stompanato menaça ensuite un producteur associé qui avait conseillé à Turner de faire appel à la police : il lui dit qu'il parlerait de lui à la Mafia. Turner suivit néanmoins le conseil du producteur et demanda à la police de faire déporter Stompanato. Vingt-quatre heures plus tard, le gangster fut conduit à l'aéroport.

À la fin du tournage, en janvier 1958, Turner prit un vol pour Mexico via Copenhague ; elle comptait prendre un peu de vacances. Mais sur le tarmac de l'aéroport de Copenhague, elle fut accueillie par Stompanato, qui s'était entouré de journalistes et de photographes. Dans ces circonstances, Turner pouvait difficilement lui faire une scène et le repousser. Stompanato et Turner se rendirent donc à Acapulco ; ils séjournèrent au Villa Vera Hotel. Le gérant de l'établissement a raconté que Turner avait toujours l'air de vouloir lui dire quelque chose en privé, mais que Stompanato ne la quittait jamais d'une semelle. Turner allait plus tard écrire que Stompanato lui avait braqué une arme sur la tempe pour la forcer à coucher avec lui.

En 1958, Turner fut nominée à l'Oscar de la meilleure actrice pour sa prestation dans *Les Plaisirs de l'enfer*. À son retour de la cérémonie, le 26 mars, Stompanato l'attendait chez elle. Il la battit, la laissant avec deux yeux au beurre noir.

Quelques jours plus tard, Turner confia à sa fille Cheryl, 14 ans, à quel point elle avait peur du gangster. Cheryl conseilla à sa mère d'alerter la police, mais Turner refusa : elle craignait que le gang de Cohen ne cherche à se venger d'elle.

Le 1er avril 1958, Turner et Cheryl déménagèrent et s'installèrent avec Stompanato à Beverly Hills. Trois jours plus tard, le Vendredi saint, Turner et Stompanato se disputèrent de nouveau. On entendait des cris provenant de la chambre de Turner, située au premier étage. Turner venait de découvrir que Stompanato était plus jeune qu'il ne voulait le dire. À 37 ans, elle était devenue très susceptible vis-à-vis de son propre âge. Elle ne voulait pas que l'on croie qu'elle entretenait des hommes plus jeunes qu'elle. Vers 21h00, Turner dit à Stompanato que tout était fini entre eux. Elle lui demanda de partir. Stompanato la menaça de la défigurer et de faire du mal à sa fille.

Dans sa chambre, sur le même palier, Cheryl était en train de faire ses devoirs. Elle pouvait entendre tout ce qui se disait. Au bout d'un moment, elle se leva et descendit dans la cuisine. Carmen Cruz, la gouvernante de Turner, aperçut Cheryl sortir de la cuisine, un couteau de boucher de 20 centimètres à la main. Cheryl aurait ensuite remonté les escaliers.

Cheryl frappa à la porte de la chambre de sa mère. La dispute se poursuivait. « J'en ai assez ! », criait Turner. « Salope, tu vas mourir », criait Stompanato. Cheryl frappa de nouveau à la porte ; sa mère lui ouvrit. Stompanato se trouvait derrière elle, le bras levé. Cheryl pensa qu'il était sur le point de frapper sa mère. En réalité, il tenait par-dessus son épaule un cintre sur lequel se trouvaient une chemise et une veste. D'après le témoignage de Cheryl, Stompanato aurait bondi et se serait jeté sur le couteau. La lame transperça le rein et l'aorte. Le gangster aurait regardé fixement Cheryl, horrifié. « Mon Dieu, Cheryl, qu'est-ce que tu as fait ? », aurait-il dit, avant d'émettre un gargouillement et de s'effondrer sur le tapis, mort. Cheryl retira le couteau et le posa sur la coiffeuse. Puis elle sortit de la chambre en hurlant. Il était 21h20.

La première personne qui arriva sur les lieux fut le médecin de Turner, le Dr John McDonald. Il conseilla à l'actrice de téléphoner à Jerry Giesler, l'avocat qui avait défendu Bugsy Siegel dix-huit ans auparavant.

Mickey Cohen identifia le corps de Stompanato. Il dit qu'il ferait en sorte que son ami soit enterré dans sa ville natale : Woodstock (Illinois). « Cette affaire ne me plaît pas beaucoup », déclara-t-il aux journalistes. « Il y a beaucoup de questions qui restent sans réponses. Et je veux connaître la vérité – quoi qu'il en coûte. » Cohen avait raison. Il y avait beaucoup de détails curieux. Tout d'abord, le couteau ne comportait aucune empreinte identifiable. Ensuite, il n'y avait pas de sang dans la chambre, mis à part quelques petites gouttes sur un tapis rose. Cohen pensait que Cheryl, ou Turner, avait assassiné Stompanato dans son sommeil.

Le réceptionniste de l'hôtel de Westwood où Stompanato gardait ses affaires entendit parler de l'assassinat. Il s'introduisit dans la chambre du gangster avec un passe et découvrit que les lumières étaient allumées et que la fenêtre de la salle de bain avait été forcée. Une femme de chambre allait plus tard remarquer qu'un sac de cuir rempli de lettres, toujours rangé au-dessus du lavabo, avait disparu. Or, Cohen envoya des lettres au *Los Angeles Herald* en prétendant que Stompanato les lui avait remises avant sa mort. Il déclara qu'il voulait que ces textes soient publiés, afin que les gens comprennent que Stompanato ne persécutait pas l'actrice, comme elle le prétendait, mais était très amoureux d'elle.

Le frère de Stompanato, Carmine, 45 ans, quitta l'Illinois pour récupérer le corps. Il déclara lui aussi à la presse qu'il ne croyait pas en la version de Cheryl. Il voulait que Turner passe au détecteur de mensonges. Comment une jeune fille de 14 ans qui ne s'était jamais servie d'un couteau de sa vie pouvait assassiner un ancien marine ? Carmine Stompanato pensait également que son frère était en train de dormir quand il avait été assassiné. Clinton Anderson, ancien chef de la police de Beverly Hills, a plus tard écrit que le plus ironique dans l'enquête sur le meurtre de Stompanato, c'était que les gangsters avaient refusé d'admettre qu'une adolescente ait pu assassiner l'un d'entre eux.

Carmine Stompanato était accompagné de deux associés de la Mafia, Max Tannenbaum et Ellis Mandel. Tous trois avaient hâte de récupérer les effets personnels de Stompanato, notamment un carton dans lequel se trouvaient, entre autres, un revolver et une série de négatifs de photos sur lesquels on pouvait voir des actrices nues dans des positions compromettantes. La police accepta de leur rendre le carton. Devant leur cliente, les avocats de Turner brûlèrent une autre série de négatifs de photos sur lesquels l'actrice apparaissait nue.

Le procès sur le meurtre de Stompanato fut retransmis en direct à la télévision le 11 avril 1958. Des centaines de fans s'étaient rassemblés sur le trottoir pour observer l'arrivée de Turner au Hall of Records Building. Elle portait un élégant tailleur italien gris et ses cheveux étaient coupés à la garçonne. Cent cinquante journalistes et une foule de fans plus dense encore se trouvaient devant le palais de justice. Le maquilleur de Turner, Del Armstrong, a expliqué que Giesler avait entraîné l'actrice, qui, d'après certains, allait faire la meilleure prestation de sa vie. Elle parla pendant un peu plus d'une heure, de façon très réfléchie et sans trop en faire. Ce n'était jamais « Johnny » mais toujours « Mr Stompanato ». On jugea qu'il s'agissait d'un homicide justifiable.

Mais une personne présente dans le public se leva et cria que les enquêteurs avaient cherché à couvrir Turner. Beaucoup pensaient que l'actrice s'était aperçue que Stompanato entretenait également une liaison avec sa fille. D'après le spectateur, la mère et la fille étaient toutes les deux amoureuses de Stompanato.

Le procureur du district William B. McKesson décida de ne pas lancer de poursuites contre Cheryl. Fait révélateur sur l'inconstance de Turner en qualité de mère : la cour jugea bon de placer Cheryl sous tutelle. Elle passa trois semaines dans un centre pour délinquants juvéniles puis partit vivre avec sa grand-mère. Cheryl allait faire deux tentatives de suicide, dont une après que sa mère lui eut dit, de façon erronée, qu'elle allait rester sous le contrôle des autorités.

Turner se réfugia au 730 North Bedford Drive. Stompanato lui avait dit que la pègre se vengerait s'il lui arrivait quoi que ce soit. L'actrice avait reçu des menaces de mort et des lettres d'insultes. La police quadrillait le quartier jour et nuit.

Turner devait beaucoup d'argent à ses avocats et à la MGM et craignait de ne plus jamais retrouver de travail. Peu de temps après le meurtre, elle fut contactée par le producteur Ross Hunter qui lui proposa le premier rôle dans le remake d'un film de 1934, *Images de la vie*. L'intrigue, surfant sur le récent scandale Stompanato, traitait d'une femme égoïste, qui passait son temps à gâter puis à ignorer sa fille. La mère et la fille étaient amoureuses du même homme. Turner et Hunter se partagèrent les bénéfices du film. *Mirage de la vie* rendit Turner millionnaire.

Eric Root, un ancien coiffeur et professeur de danse qui vécut avec Turner à partir des années 1970, a déclaré qu'en avril 1985, l'actrice lui avait confié que c'était elle, et non sa fille, qui avait assassiné Stompanato. « J'ai tué ce fils de pute, et si c'était à refaire, je le referais », aurait-elle dit à Root. Dans le livre qu'il a écrit après la mort de Turner, Root donne une version différente des événements de la nuit du 4 avril 1958. Giesler serait venu sur les lieux du crime en compagnie du détective privé Fred Otash avant l'arrivée de la police. Les deux hommes auraient persuadé Turner de laisser Cheryl porter la responsabilité du meurtre à sa place. Otash aurait effacé les empreintes de Turner du couteau. D'après Root, Otash aurait fait ce commentaire : « On aurait dit qu'on avait égorgé un cochon dans le lit. »

L'écrivain Patricia Bosworth qualifia le meurtre de Stompanato de « lutte de pouvoir entre narrateurs concurrents – un mystère qui ne cesse de grandir dans ses infinies complications ». L'actrice Esther Williams déclara quant à elle que personne ne saurait jamais la vérité sur l'assassinat de Stompanato. « Et la raison principale, c'est que les preuves disparaissent souvent ici, parce que Hollywood cherche toujours à se protéger. »

VII

Surréalisme sordide

À la fin des années 1950, Frank Costello, grosse légume de la Mafia new-yorkaise, en était arrivé à tellement détester le dirigeant des studios RKO, Joseph Kennedy, qu'il avait menacé de le faire assassiner. Avant la Deuxième Guerre mondiale, Kennedy avait été nommé ambassadeur des États-Unis en Grande-Bretagne. Opposé à l'entrée de son pays dans le conflit, il avait donné sa démission. Certains disaient qu'il était sympathisant nazi. À la fin des années 1940, Kennedy était un habitué de la Colonial Inn, un casino de Miami Beach dont Costello et Meyer Lansky étaient les propriétaires. D'après Lansky, à une époque, Kennedy s'y rendait quatre ou cinq fois par semaine. Harold Conrad, l'attaché de presse du casino, disait que Kennedy était « le roi de la triche ».

Au milieu des années 1950, Kennedy et Costello s'étaient disputés au sujet d'une transaction immobilière. Se sentant dans une position de force, Kennedy avait cessé de répondre aux appels téléphoniques de Costello, qui avait des services à lui demander. « On avait l'impression, a expliqué un ami de Costello, que pendant la Prohibition ils étaient très proches, et puis qu'ensuite il y avait eu quelque chose. Frank disait qu'il avait aidé Kennedy à faire fortune. Je ne sais pas ce qui s'est exactement passé entre eux. Mais d'après ce que j'ai cru comprendre, à un moment, Frank avait demandé un service à Joe Kennedy, et Kennedy l'avait complètement ignoré. Frank acceptait que les gens lui disent non. Il comprenait. Mais il ne pouvait pas supporter qu'on l'ignore, qu'on fasse comme s'il n'existait pas. » Costello fit savoir à Kennedy que la pègre avait décidé de l'éliminer. Kennedy prit peur et demanda à Sam Giancana, qui avait succédé à Tony Accardo et Paul Ricca à la tête de l'*Outfit* en 1955, d'intervenir en sa faveur. Giancana se méfiait de Kennedy : il lui reprochait de s'être trop éloigné de ses racines, d'être devenu « arrogant ». Si Kennedy connaissait Giancana, c'était parce qu'il possédait le Merchandise Mart Building, un immeuble de Chicago qui avait autrefois abrité une taverne illégale. Giancana discuta avec Costello, et le contrat fut annulé.

Kennedy était convaincu que son fils allait devenir président des États-Unis. À la fin de l'année 1959, il passa plusieurs coups de téléphone à Giancana. Kennedy lui promit que son fils veillerait aux intérêts de la pègre si elle soutenait sa campagne présidentielle. L'*Outfit* était toujours en mesure d'influencer de nombreux votes dans certaines circonscriptions électorales. Giancana avait un service à lui demander en retour. Robert, l'autre fils de l'ambassadeur, était le président d'une commission du Sénat qui enquêtait sur le racket des syndicats. Au mois de juin, Giancana avait été accusé de corruption et interrogé par Bobby Kennedy. Il avait refusé de répondre à trente-quatre questions, invoquant le Cinquième Amendement. Joe Kennedy assura à Giancana que si la Mafia pouvait lui obtenir des voix dans des circonscriptions marginales, plus personne ne s'intéresserait à ses agissements.

Mais Giancana n'avait pas confiance en Kennedy et commença à courtiser ses deux fils pour tenter de les piéger. Sachant que les deux fils Kennedy avaient en commun avec leur père une certaine tendance à la débauche, Giancana décida de les enfoncer un peu plus dans le vice afin de pouvoir tirer profit de la situation et utiliser cet argument comme outil de chantage s'ils ne tenaient pas leurs promesses. Cette stratégie allait aboutir à une situation inédite dans l'histoire de l'Amérique : le président des États-Unis aurait bientôt la même maîtresse que le chef de la Mafia de Chicago. L'homme qui allait réunir Hollywood, la Mafia et Washington n'était autre que Frank Sinatra.

Sinatra avait fait la connaissance de Kennedy en 1955, à un rassemblement du parti démocrate. Les deux hommes s'étaient de nouveau rencontrés l'année suivante, à la convention du parti qui s'était tenue à Chicago. C'était Adlai Stevenson qui avait été nommé président. Il avait laissé aux délégués le soin de décider de l'homme qu'ils souhaitaient avoir pour vice-président. Contre la volonté de son père, Kennedy avait fait campagne pour ce poste. Mais il perdit la place au profit d'Estes Kefauver, qui profitait toujours de la publicité qu'il s'était faite grâce à son enquête sur le crime organisé.

Sinatra était également ami avec Peter Lawford, acteur d'origine anglaise qui avait épousé Pat, la sœur de John Kennedy, en 1954. Les Lawford avaient eux aussi des liens avec le crime organisé. Ils étaient amis avec Bea Korshak, ancienne starlette de la Paramount et épouse de Sidney Korshak. Bea connaissait Sinatra ; elle avait été invitée dans la villa qu'il avait louée à Acapulco en 1957. Au cours de l'été 1958, des agents du FBI notèrent dans un rapport que les Lawford avaient dîné avec Bea au Mocambo, un restaurant de Los Angeles. Ce furent Lawford et ses relations qui poussèrent Sinatra vers Kennedy.

Sinatra et John Kennedy étaient tous deux obsédés par les femmes. Apparemment, quand les deux hommes étaient ensemble, ils ne parlaient jamais de politique mais plutôt de potins mondains. Kennedy disait qu'il voulait coucher avec toutes les femmes de Hollywood. Pendant la Deuxième Guerre mondiale, il était sorti avec les actrices Sonja Henie, June Allyson et Gene Tierney. Grace Kelly figurait également sur son tableau de chasse. En 1946, il était devenu ami avec les producteurs Sam Spiegel (*Sur les quais*) et Charles Feldman (*Un tramway nommé désir*). Ce fut à l'une des réceptions organisées par Feldman, en 1954, que John Kennedy rencontra Marilyn Monroe.

Lawford allait plus tard définir les bases de ses relations avec les deux autres hommes : il fournissait des filles à Sinatra, qui, lui-même, trouvait des filles à Kennedy. « J'étais l'entremetteur de Frank et Frank celui de Jack », dirait Lawford.

Sinatra rencontra pour la première fois Joseph Kennedy à la fin de l'année 1959, dans la maison de famille que les Kennedy possédaient à Hyannis Port (Massachusetts). C'était la première fois que le chanteur était invité à la cour de ce roi. Pendant le déjeuner, Kennedy demanda à Sinatra s'il pouvait influencer leurs amis communs de l'*Outfit* pour les pousser à aider John à gagner l'élection présidentielle. Il avait surtout besoin d'un coup de main de l'*Outfit* pour faire basculer l'Illinois et l'ouest de la Virginie dans le camp démocrate. Sinatra n'avait pas tellement confiance en Kennedy, mais l'ancien ambassadeur, tel le diable tentant Jésus dans le désert, invoqua la possibilité que le chanteur devienne un jour ambassadeur des États-Unis en Italie.

En novembre 1959, John Kennedy prolongea son séjour à Los Angeles afin de passer deux jours avec Sinatra dans sa maison de Palm Springs. L'acteur Richard Burton a écrit dans son journal intime que quand

Kennedy était avec Sinatra, la résidence de Palm Springs se transformait en maison close.

Sinatra se rapprochait de John Kennedy, mais aussi de Sam Giancana.

Un officier de police a décrit le chef de l'*Outfit* comme « un psychopathe grincheux, sarcastique, mal élevé, pas équilibré et sadique ». Le comité d'évaluation de l'armée avait également qualifié Giancana de « psychopathe », bien qu'il faille dire que le gangster allait plus tard admettre avoir joué la comédie pour échapper au service militaire. Le fils de Yul Brynner voyait quant à lui Giancana comme quelqu'un d'« effrayant, tellement laid qu'on avait du mal à le regarder. Sa laideur, contrairement à celle de la plupart des gens, semblait être le reflet de son âme ». Pour Lawford, Giancana était « vraiment un type affreux, avec une tête de gargouille et un nez de fouine » :

> Je ne pouvais pas le supporter, mais Frank l'idolâtrait, parce que c'était le plus grand tueur de la Mafia. Frank adorait parler de « meurtres » et de types qui avaient été « éliminés ». Et quand le mot a commencé à circuler, que les gens ont entendu dire que Frank était pote avec Giancana, plus personne ne s'est risqué à chercher des noises à Frank Sinatra. Les gens avaient trop peur. Les bottes de béton, ce n'était pas une plaisanterie pour ce type. C'était un vrai tueur.

Malgré son caractère agressif et violent, Giancana collectionnait les porcelaines de Dresde et de Meissen et les services à thé en argent.

Au cours de l'été 1958, Giancana fit de fréquentes apparitions sur le plateau de *Comme un torrent*. La partenaire de Sinatra, Shirley MacLaine, ne savait absolument pas qui était Giancana. Un soir où il n'arrêtait pas de gagner au gin-rami, elle pointa sur lui un pistolet à eau ; Giancana, en retour, pointa sur elle un véritable pistolet calibre 38. La même année, Giancana fut arrêté en possession d'un faux permis de conduire ; dans son portefeuille, les policiers trouvèrent également un papier sur lequel figurait le numéro de téléphone de Sinatra.

Au début des années 1960, le gangster et le chanteur se rapprochèrent encore. Pour ce qui était des affaires, Sinatra considérait Giancana comme son mentor. Par le biais de Jimmy « *Blue Eyes* » Alo, le chanteur avait acquis 9 % du capital du casino Sands ; il cherchait à comprendre comment les affaires fonctionnaient. Quand les deux hommes se voyaient, à Chicago, Miami ou Hawaï, Giancana donnait des conseils à Sinatra. Meyer Lansky a un jour dit que Giancana était « le seul Italien qui gérait l'argent comme un Juif ». Sinatra invita même le gangster à dîner chez ses parents dans le New Jersey. Quand il chantait « My Kind of Town », il lui faisait un petit signe s'il se trouvait dans la salle. C'était sa façon à lui de remercier la pègre.

Le phénomène du Rat Pack se mit en place en 1960. Sinatra et ses camarades – Dean Martin, Sammy Davis Jr et Peter Lawford – chantaient et faisaient les clowns sur scène. Ces spectacles pouvaient être considérés comme un hymne aux joies de la boisson – une véritable publicité pour l'alcool vendu dans les bars et les night-clubs contrôlés par la Mafia. Un surréel et sordide entrelacement de starlettes de Hollywood, de membres du Rat Pack, d'hommes politiques et de mafiosi était sur le point de se nouer.

Lawford et son épouse Pat avaient obtenu les droits d'adaptation d'un roman qui traitait de cambriolages de casino, *L'Inconnu de Las Vegas*. Sinatra pensait que ce serait un bon moyen de mettre en valeur les membres du Rat Pack. La Warner accepta de sortir les 2,8 millions de dollars nécessaires au financement du film, dans lequel joueraient également d'autres membres du petit groupe, dont George Raft et Angie Dickinson. L'idée était de filmer Sinatra, Davis et Martin au petit jour, une fois leurs shows terminés. Le tournage débuta le 11 janvier 1960. Le film suivait Danny Ocean et ses hommes dans leur projet improbable : dévaliser quatre casinos de Las Vegas. Dans l'une des scènes, on pouvait voir Sinatra cambrioler son propre casino, le Sands. La petite bande faisait sortir l'argent de Las Vegas à l'aide de camions poubelles. Dans la réalité, bien sûr, la Mafia aurait jeté Ocean et son gang dans une déchiqueteuse à bois bien avant qu'ils n'aient atteint les limites de la ville.

D'après Dickinson, *L'Inconnu de Las Vegas* reflétait le sentiment d'optimisme qui avait gagné l'Amérique. La sérénité confiante du film était en phase avec la joyeuse perspective d'un nouveau président, jeune et dynamique. Or, le 7 février 1960, Kennedy visita le plateau de *L'Inconnu de Las Vegas* et séjourna au Sands. Sinatra organisa une soirée privée pour le sénateur. Fred Otash, détective privé de Los Angeles – l'homme qui aurait nettoyé la scène de crime après le supposé meurtre de Johnny Stompanato par Lana Turner –, expliqua au FBI que Kennedy, Sinatra et Lawford s'étaient « adonnés à des agissements inconsidérés » au cours de la soirée. Avant l'arrivée du sénateur, Lawford prit Davis à part et lui dit que s'il voulait savoir à quoi ressemblait 1 million de dollars en liquide, il n'avait qu'à aller dans l'une des loges et ouvrir la valise en cuir marron qui s'y trouvait. C'était le cadeau de la pègre pour la campagne électorale de Kennedy. Davis refusa. « Ils m'ont aussi dit qu'ils avaient prévu quatre filles pour le distraire, mais ça non plus, je n'avais pas envie d'en entendre parler, alors je suis parti. Il y a parfois des choses qu'on n'a pas envie de savoir. »

Ce fut ce soir-là que Sinatra présenta à Kennedy une call-girl de luxe âgée de 26 ans et appelée Judy Campbell. Campbell se présentait comme une artiste libre d'esprit. Elle avait rencontré Sinatra par le biais de Jimmy Van Heusen, le *songwriter* et compagnon de débauche du chanteur. George Jacobs, le domestique de Sinatra, allait qualifier Van Heusen, auteur des chansons « All The Way » et « Come Fly With Me », de « maquereau ». Van Heusen connaissait en tout cas un proxénète, Murray Wolfe, qui était lui-même ami avec une maquerelle de Los Angeles appelée Joyce. La femme en question tenait à jour une liste de starlettes qui avaient besoin d'arrondir leurs fins de mois et étaient prêtes à jouer le jeu. Les choses se faisaient de façon très discrète – un billet de 100 dollars glissé dans une lettre de remerciements. Campbell avait été sous contrat avec la MGM, Universal et Warner Brothers. Elle avait eu pour amant l'acteur Robert Wagner et elle était amie avec Angie Dickinson. Ancien mannequin, elle avait passé des vacances avec Sinatra à Palm Springs peu de temps avant les fêtes de la fin de l'année 1960 (Lawford et le gangster Johnny Formosa, l'un des associés de Giancana, avaient également été invités chez le chanteur). Il faut aussi dire que Joseph Kennedy avait couché avec Campbell avant son fils (Marlene Dietrich disait que John Kennedy voulait toujours absolument savoir si son père avait ou non déjà couché avec ses maîtresses). Sinatra avait lui aussi été l'amant de Campbell. Il prétendait qu'il avait essayé de l'initier au sexe interracial à trois. La jeune femme allait quant à elle expliquer que pendant qu'elle dormait, une prostituée noire avait fait une fellation au chanteur.

D'après Milt Ebbins, l'agent de Lawford, Campbell se présenta au Sands le dimanche soir pour la soirée organisée en l'honneur de Kennedy. À la fin du spectacle, Campbell et Kennedy montèrent ensemble à l'étage. Lawford expliqua à Ebbins que Campbell était une prostituée qui avait été payée 200 dollars (l'équivalent de 1 300 dollars actuels) pour divertir le sénateur.

Sinatra fit en sorte que Campbell et Kennedy déjeunent ensemble dans sa propre suite. Quand Kennedy quitta Las Vegas, le couple avait déjà prévu de se revoir à New York. Tout de suite après le départ du sénateur, une équipe se présenta sur les lieux pour détruire les photos compromettantes.

Dans ses Mémoires, Campbell s'est décrite comme une femme candide qui aurait fait n'importe quoi par amour. Elle prétend avoir été présentée à Giancana par Sinatra à Miami en 1960 et dit avoir pensé que Giancana, qui se faisait appeler Sam Flood, était un veuf solitaire. Apparemment séduit, le gangster se serait mis à lui envoyer tous les jours des roses jaunes. Mais d'après Guido Deiro, l'un des croupiers du Sands, à cette époque, Campbell était déjà la maîtresse de Johnny Rosselli. D'ailleurs, Rosselli affirmera plus tard qu'il connaissait Campbell depuis qu'elle avait 17 ans. Il déclarera devant une commission du Sénat qu'il a fréquenté la jeune femme après son divorce. Brad Dexter, un ami de Sinatra dirait à Anthony Summers, biographe du chanteur, que Rosselli et Campbell avaient une relation d'ordre sexuel. Rosselli expliquera que lui et Giancana fréquentaient tous deux Campbell avant 1960. Campbell était donc loin d'être candide. D'ailleurs, tout semble indiquer que la pègre ait explicitement demandé à la starlette de mettre dans l'embarras l'homme qui était pressenti comme le futur président des États-Unis. Pour Peter Lawford, « Judy était une pute du milieu ».

L'élection présidentielle approchait. En avril 1960, Sinatra réussit à persuader son ami Sammy Davis de devenir collecteur de fonds pour Kennedy ; il s'assura également le concours de Judy Garland, Tony Curtis, Angie Dickinson et Janet Leigh. Le même mois, Kennedy demanda à Campbell d'apporter un sac rempli d'argent à Giancana.

À un moment de *L'Inconnu de Las Vegas*, Lawford disait : « Je pense que je vais acheter des voix et me lancer dans la politique. » L'acteur étant le beau-frère de John Kennedy, cette remarque avait beaucoup fait rire le public. En cet été 1960, les spectateurs ignoraient que c'était exactement ce qui s'était passé. La pègre s'était infiltrée dans la carrière politique de Kennedy au mois de mai, quand Giancana avait demandé à Skinny D'Amato, propriétaire du 500 Club, une salle d'Atlantic City où Sinatra chantait tous les ans, d'envoyer de l'argent dans l'ouest de la Virginie, et même d'y effacer toutes les dettes de jeu. On pense que Giancana aurait emprunté 50 000 dollars au fonds de pension des camionneurs. « Il faut qu'on achète tous les putains d'électeurs de cet État », dit-il à D'Amato. Le 10 mai 1960, Kennedy gagna les élections en Virginie de l'Ouest. Son chemin était désormais tout tracé : il allait devenir le candidat du parti démocrate.

Kennedy s'attendait tellement à être élu candidat à la présidentielle que durant la convention du parti démocrate, qui eut lieu à Los Angeles en juillet, il passa tranquillement toutes ses soirées avec Campbell et Monroe. Le soir du 11 juillet, il essaya de convaincre Campbell de coucher avec lui et une autre femme, mais Campbell s'en alla, furieuse. Le lendemain soir, Kennedy dîna avec

Monroe à Puccini, le restaurant de Beverly Hills dont Sinatra et Lawford étaient les propriétaires. Kenny O'Donnell, l'assistant de Kennedy, qui avait reconduit Campbell chez elle la veille au soir, a raconté que Marilyn avait plaisanté quand il l'avait raccompagnée ; d'après elle, Kennedy s'était montré « très pénétrant » ce jour-là.

Pendant la convention du parti, Joseph Kennedy séjourna dans une maison qui lui avait été prêtée par Marion Davis, la star du cinéma muet. Joseph Kennedy était amoureux de Davis. Il avait une photo d'elle sur sa table de chevet à Hyannis Port – et c'était le seul et unique cliché qui se trouvait dans sa chambre.

La même année, Kennedy se rendit dans un hôtel où sa famille avait l'habitude de passer ses vacances, le Cal-Neva Lodge, un établissement situé à la frontière entre la Californie et le Nevada. L'hôtel se trouvait en Californie, mais le casino qui lui était adjacent était dans le Nevada. Kennedy servit d'intermédiaire pour que Sinatra rachète le Cal-Neva 2 millions de dollars – la Bank of Nevada lui aurait prêté 1,5 million de dollars et le chanteur aurait lui-même fourni les 500 000 dollars restants. En réalité, les capitaux de Sinatra étaient ceux de Giancana. La société de Sinatra, Park Lake Enterprises, possédait bien le Cal-Neva, mais le chanteur servait de façade à la pègre.

Sinatra se produisit au Cal-Neva au cours de l'été 1960. Il invita à son concert les acteurs des *Désaxés*, qui étaient en train de tourner dans la toute proche ville de Reno. Marilyn Monroe et son mari Arthur Miller séjournèrent à l'hôtel. Sinatra fut l'un des confidents de Monroe quand l'actrice rompit avec Miller. Il lui offrit un caniche blanc qu'elle appela Maf, en référence à la Mafia. Sinatra, Kennedy, Giancana, Monroe et Rosselli s'étaient mis à se tourner autour. Les queues des membres du Rat Pack étaient en train de se nouer – et plus ils cherchaient à se détacher, plus les liens qui les unissaient se resserraient.

À cette époque, Giancana voyait également l'actrice Phyllis McGuire, l'une des chanteuses des McGuire Sisters. Fiancée à l'acteur comique Dan Rowan (qui allait plus tard devenir célèbre grâce à l'émission *Rowan and Martin's Laugh-In*), McGuire avait commencé à fréquenter Giancana quand celui-ci avait annulé la dette de jeu de près de 100 000 dollars qu'elle avait contractée à la Desert Inn de Las Vegas. Un jour, au Cal-Neva, Giancana se battit avec le manager de McGuire tandis que Sinatra et un autre homme tentaient de le retenir. McGuire allait plus tard donner la réplique à Sinatra dans *T'es plus dans la course papa* (1963). Giancana serait régulièrement présent sur le plateau. McGuire dirait un jour que sa liaison avec Giancana avait freiné sa carrière.

John F. Kennedy fut élu président des États-Unis en novembre 1960. Le même mois, il demanda à Campbell de lui obtenir un rendez-vous avec Giancana à Miami. Il lui demanda aussi de lui transmettre des messages au sujet du dictateur cubain Fidel Castro. Kennedy s'était dit qu'il pourrait peut-être se servir de la pègre pour faire assassiner le leader de Cuba. Il chargea Campbell d'apporter à Giancana des documents relatifs à ce projet d'assassinat. Plus tard, Campbell organisa une autre rencontre dans son appartement new-yorkais. Là, Kennedy apporta de l'argent au chef de la pègre. Il y eut une troisième rencontre dans un établissement de Chicago, l'Ambassador East Hotel. Campbell resta assise sur le rebord de la baignoire tandis que les deux hommes discutaient dans la chambre.

Johnny Rosselli, qui avait été le producteur délégué de la diatribe anticommuniste *Invasion USA*, entraînait des exilés cubains qui projetaient de réenvahir leur pays.

Il s'intéressait toujours au cinéma et projetait de produire un film intitulé *Las Vegas at Night*. À Miami, Rosselli présenta Bob Maheu à Giancana. Maheu, un détective privé qui avait des liens avec la CIA, était le point de convergence entre les agents secrets, les mafiosi et les Cubains de droite. L'idée de l'assassinat de Castro laissait Giancana sceptique. Il avait simplement envie d'escroquer le gouvernement. Giancana demanda au détective privé d'enquêter sur McGuire afin de savoir si elle le trompait ou non avec Rowan. Les dollars destinés à l'invasion de Cuba furent dépensés en équipement d'espionnage et dans le salaire d'un deuxième enquêteur. L'affaire tourna à la farce le 30 octobre, quand le détective privé employé par Maheu se fit bêtement arrêter par la police. Rosselli dut payer sa caution, dont le montant s'élevait à 1 000 dollars.

Entre-temps, Joseph Kennedy avait vendu les droits d'adaptation cinématographique de *The Enemy Within*, le livre qu'avait écrit son fils Bobby sur la croisade menée par la commission du Sénat qu'il avait dirigée. Le producteur Jerry Wald, qui avait servi de modèle au personnage du producteur Sammy Glick dans le roman de Budd Schulberg intitulé *What Makes Sammy Run ?*, avait acheté les droits pour la 20th Century Fox. Paul Newman était pressenti pour le premier rôle. Schulberg, le scénariste de *Sur les quais* – une histoire qui traitait également des pressions exercées par la Mafia sur les syndicats –, se mit à travailler sur le script. Mais Wald commença à recevoir des menaces par téléphone. « C'est toi le fils de pute qui va tourner *The Enemy Within* ? », lui demanda-t-on un jour. Peu de temps après, Jimmy Hoffa, le chef corrompu des Teamsters, le syndicat des camionneurs, lança des poursuites pour empêcher la réalisation du film et obtint gain de cause – il menaça ensuite de réclamer à la Fox des millions de dollars de dommages si le film était un jour tourné.

Parallèlement, tandis que la Warner projetait de produire un film sur les supposés exploits de guerre de John Kennedy, Jack Warner commença à recevoir des lettres d'insultes. L'auteur de l'une des lettres prétendait que le président était « un pervers qui avait de nombreuses maîtresses » et que le « scandale qui n'allait pas tarder à exploser provoquerait la mort du film et [la] mort [de Warner] ».

Bobby Kennedy fut nommé attorney général en décembre 1960. Giancana pensait probablement qu'il échapperait à toutes poursuites grâce au pacte secret qu'il avait conclu. En février 1961, les Kennedy contractèrent une nouvelle dette envers lui. Peter Fairchild, un restaurateur de Los Angeles, envisageait de citer les noms de John Kennedy, Frank Sinatra, Dean Martin et Jerry Lewis dans la liste des personnes avec qui sa femme, la starlette Judi Meredith, avait couché pendant leur mariage. Fairchild embaucha Fred Otash pour rassembler des preuves contre Meredith. Campbell contacta Giancana. Le chef de l'*Outfit* demanda à Rosselli de faire taire Otash et de détruire tous les documents. Otash a expliqué qu'il avait plusieurs fois rencontré Rosselli, qui était parfois accompagné de Giancana. D'après Otash, Meredith voulait obtenir 100 000 dollars de son mari. Fairchild refusait de donner quoi que ce soit à cette femme qui lui avait fait tant de peine. Otash, Fairchild et les avocats de Meredith se trouvaient dans le cabinet du juge le jour où le divorce fut prononcé. Un chèque fut remis aux avocats de Meredith. Satisfaite du montant, la jeune femme ne fit pas de scandale.

Le FBI, qui cherchait à comprendre ce qui pouvait unir un gangster, un homme associé à la CIA comme

Maheu et un comique comme Dan Rowan, fit placer Rosselli sous surveillance. J. Edgar Hoover, le directeur du FBI, réussit à démêler l'histoire en janvier 1961, quand Rosselli fut aperçu quittant le restaurant Romanoff's de Los Angeles en compagnie de Campbell. Le FBI possédait des enregistrements de conversations téléphoniques entre Campbell et Kennedy, et Campbell et Giancana. Le président avait une liaison avec une femme qui était amie avec le chef de la Mafia de Chicago – l'homme même qui avait rendu le frère du président célèbre lorsqu'il l'avait interrogé dans le cadre de l'enquête du Sénat sur le crime organisé (au cours de l'audition, Bobby Kennedy avait humilié Giancana, nerveux, devant des millions de téléspectateurs, en lui disant qu'il n'y avait que les petites filles qui gloussaient comme il venait de le faire). En plus de cela, tandis qu'ils fustigeaient en public le crime organisé, les Kennedy avaient utilisé la pègre pour gagner des élections et projetaient désormais de l'utiliser pour fomenter un *coup d'État*[47] dans un pays étranger. Tout cela était d'une hypocrisie à couper le souffle.

Le 27 février 1961, Hoover écrivit à Bobby Kennedy pour lui faire part de ce qu'il savait sur les liens qui unissaient Sinatra, Giancana et le président. Mais Bobby Kennedy avait déjà des doutes vis-à-vis de Sinatra. Marilyn Monroe a un jour dit à son amie la journaliste Sidney Skolsky qu'un soir, au cours d'une réception organisée chez les Lawford, elle avait entendu Robert Kennedy dire à son frère qu'il ne pouvait plus se permettre de fréquenter Sinatra.

Le président Kennedy et Hoover déjeunèrent ensemble en mars 1961, trois jours avant le séjour que

47. En français dans le texte (*N.d.T.*).

Kennedy avait prévu de faire avec Sinatra à Palm Springs. Le chanteur avait redécoré sa villa et y avait même fait construire une piste d'hélicoptère. Au cours du déjeuner, Hoover exposa tout ce qu'il savait sur Giancana, Campbell et le président. L'après-midi même, Kennedy commença à prendre ses distances vis-à-vis de Campbell. Il demanda à Lawford de dire à Sinatra qu'il ne partirait pas en vacances avec lui. Quand il l'apprit, Sinatra devint fou de rage et se mit à lancer des objets partout dans la maison. Il ne pardonna jamais à Lawford de lui avoir annoncé cette « trahison ».

L'été suivant, Joe Kennedy invita Sinatra et son Rat Pack dans la villa qu'il possédait à Antibes, sur la Riviera française. Mais Joe retira ensuite son invitation en expliquant qu'il n'y avait en fin de compte pas assez de chambres à cause d'une visite surprise de Bobby.

À mesure que l'été avançait, le FBI resserrait son étau sur Giancana. Son nouvel ennemi juré était un ancien marine et champion de boxe universitaire, un nommé Bill Roemer. Roemer convoqua McGuire à comparaître devant le grand jury le jour même où Giancana et Sinatra devaient arriver à l'aéroport O'Hare de Chicago. Giancana menaça Roemer de le faire assassiner par son garde du corps. Il laissa également entendre qu'il pourrait révéler le secret de la conspiration cubaine à Bobby Kennedy. Un autre jour, Roemer et ses collègues du FBI étaient en train de surveiller le quartier général de Giancana quand un homme associé à la pègre, Chuckie English, monta dans leur voiture. Il leur dit que si Bobby Kennedy voulait rencontrer Giancana, il savait très bien à qui s'adresser. « Sinatra ? », demanda Roemer. « Tu as tout bon », répliqua English. (Lorsqu'il entendit cette histoire, Murray Humphreys fit ce commentaire : « Pour l'amour de Dieu, c'est une règle fondamentale. On ne balance pas un type loyal. Il a dit à Roemer que Sinatra était notre homme pour Kennedy ? »)

Giancana avait de plus en plus de mal à supporter d'être sous constante surveillance. « Je suis en Allemagne nazie, et c'est moi le plus grand Juif du pays », disait-il de sa voix haut perchée, presque féminine. Il décida de faire appel à Sinatra. Un jour où il se trouvait seul avec Bobby Kennedy, le chanteur écrivit le nom de Giancana sur un papier et le fit passer à l'attorney général. « C'est mon pote. Je veux que tu comprennes bien ça, Bob », lui dit-il.

Mais Giancana n'avait pas pu prévoir que Joseph Kennedy allait faire une hémorragie cérébrale sur un terrain de golf de Palm Beach en décembre 1961. Son père étant désormais hors jeu, Bobby Kennedy était complètement libre de se lancer dans une croisade contre le crime organisé. Et il ne tarda pas à essayer d'enchaîner la main qui avait permis à son frère d'être élu. Il demanda à toutes les agences gouvernementales de coordonner leurs services et leurs enquêtes. Au cours de la seule année 1962, Bobby Kennedy fit inculper trois cent cinquante gangsters, dont cent trente-huit furent condamnés. Parmi les victimes de Kennedy figurait Skinny D'Amato, qui fut poursuivi pour fraude fiscale. Le *Wall Street Journal* parla de « la plus grande action jamais entreprise par le pays contre les gangsters, les racketteurs et les suzerains du vice ».

Giancana commença à réaliser que sa stratégie, qui avait consisté à rendre des services aux Kennedy afin qu'ils contractent des dettes envers lui, avait été une perte de temps. « Si je me fais pincer pour excès de vitesse, plus aucun de ces types ne me connaît », dit-il à Rosselli en décembre 1961. Au cours d'une conversation téléphonique enregistrée, Rosselli suggéra à Giancana de changer de stratégie. Plutôt que de caresser les Kennedy dans le sens du poil, Giancana devait leur montrer son mauvais côté. Sur un autre enregistrement, on pouvait entendre Johnny Formosa conseiller à Giancana d'éliminer Sinatra ; mais le chef de la pègre refusa. « On va leur montrer. On va leur montrer à ces cinglés de Hollywood qu'ils ne peuvent pas s'en tirer comme si de rien n'était », disait Formosa, qui proposa également d'assassiner Dean Martin et Peter Lawford, et de s'occuper de l'autre œil de Sammy Davis. Mais Sinatra était l'unique célébrité que Giancana appréciait ; il s'agissait pour lui d'« un vrai type droit, trop bien pour ces parasites de Hollywood ». Plus tard, Giancana dirait à son demi-frère que ce n'était pas de la faute de Sinatra si « les Kennedy étaient des trous du cul, mais que s'[il] n'[éprouvait] pas de l'affection pour lui, il serait déjà mort depuis longtemps ».

Cependant, Giancana ne se fit jamais arrêter par le FBI. Quelques années plus tard, Will Wilson, ancien assistant de l'attorney général, allait déclarer sous serment que Bobby Kennedy avait empêché l'arrestation de Giancana. Wilson expliqua qu'en 1971, Hoover lui avait raconté que Kennedy était entré dans son bureau au moment même où ses agents allaient arrêter le gangster. « Il en sait trop », avait dit Kennedy à Hoover.

Pendant ce temps, Marilyn Monroe avait passé beaucoup de temps dans des hôpitaux psychiatriques. En février 1961, elle avait été admise à la Payne Whitney Psychiatric Clinic du New York Presbyterian Hospital – Cornell Medical Center. Alors qu'elle était sous observation, Monroe s'était entièrement déshabillée et avait jeté une chaise sur une porte vitrée. George Cukor, qui allait bientôt la diriger dans l'inachevé *Something's Got to Give*, disait qu'elle aurait semblé plus à sa place dans un asile de fous que sur un plateau de cinéma. Monroe était accro aux médicaments. Elle se considérait comme l'unique responsable de l'échec de ses trois mariages et de ses deux fausses couches. Cependant, elle était toujours la maîtresse occasionnelle de John Kennedy. Les deux personnalités se rencontrèrent plusieurs fois à Los Angeles et à New York au cours de l'année 1960, et à Palm Springs au cours de l'année 1962. L'un des rapports du FBI cite un informateur anonyme qui prétend que Monroe, Lawford et John et Bobby Kennedy participaient à des « orgies à l'Hotel Carlisle [*sic*] de New York ». Mais d'après son coiffeur, Mickey Song, Monroe aurait commencé à s'attacher à Bobby Kennedy (qu'elle avait rencontré quatre mois auparavant) dans les coulisses du Madison Square Garden, le 19 mai 1962. C'était le jour où elle chanta « Happy Birthday, Mr President » pour le quarante-cinquième anniversaire de John Kennedy. Un peu plus tard dans la soirée, le président rompit avec Monroe après un dernier rendez-vous au Carlyle. Déçue, Monroe se consacra entièrement à sa liaison avec Bobby Kennedy et se mit à dire à ses amis qu'il allait quitter sa femme pour elle. Elle confia à son ami Robert Slatzer que Bobby avait découvert comment la pègre avait été impliquée dans le projet d'assassinat de Castro. Mais la romance tourna rapidement en eau de boudin. Jeune, Monroe était une femme complexe et fascinante – mais à 36 ans, elle passait désormais pour quelqu'un de complètement dérangé. Sur ordre de son frère, Bobby Kennedy cessa de répondre aux coups de téléphone de Monroe. On fit également comprendre à l'actrice qu'elle devait arrêter de tenter de le contacter. Se sentant trahie, elle appela Lawford et lui confia qu'elle envisageait de tout révéler. Elle dit également à Slatzer qu'elle donnerait une conférence de presse si Bobby continuait de l'ignorer.

Pendant ce temps, Bobby Kennedy avait demandé qu'une enquête soit menée sur les liens qu'entretenait Sinatra avec le crime organisé. Les rapports initiaux furent achevés le 2 juillet 1962. Une étude plus complète fut présentée le 3 août. Rédigé par Dougald D. MacMillan, un avocat qui travaillait pour le service de recherches sur le racket et le crime organisé que le Département de la Justice avait récemment créé, le rapport définitif de dix-neuf pages aboutissait à cette conclusion :

> Sinatra a fréquenté énormément de truands et de racketteurs, et ce depuis très longtemps ; et il semblerait que la situation soit toujours la même. La nature du travail exercé par Sinatra a pu, en diverses occasions, le pousser à entrer en contact avec des personnalités de la pègre, mais ce fait ne doit pas masquer l'amitié et/ou les liens financiers qu'il a entretenus avec des gens tels que Joe et Rocco Fischetti – cousins d'Al Capone –, Paul Emilio [Skinny] D'Amato et Sam Giancana, qui figurent tous sur nos listes de racketteurs. Aucune autre personnalité du monde du spectacle ne semble avoir été aperçue aussi fréquemment en compagnie de racketteurs. Des sources fiables laissent penser que non seulement Sinatra a des liens financiers avec chacun des racketteurs mentionnés plus haut, mais aussi que tous ces hommes maintiennent des contacts entre eux. Ce qui semble indiquer l'existence d'une possible communauté d'intérêt qui unirait Sinatra et des racketteurs de l'Illinois, de l'Indiana, du New Jersey, de Floride et du Nevada.

À la fin du mois de juillet 1962, Monroe, invitée par Giancana, resta quelques jours au Cal-Neva Lodge.

Johnny Rosselli et Jimmy Alo y étaient également présents. Au cours du dîner, Lawford observa Monroe : elle but beaucoup et se confia à Giancana. « Pour Jack et Bobby, je n'étais rien d'autre qu'un morceau de viande », l'entendit-il dire. D'après Lawford, après le dîner, Monroe serait montée à l'étage avec Giancana. Monroe dira elle-même à Jeanne Carmen qu'elle avait couché avec Giancana au cours de ce week-end. Plus tard, Giancana allait se moquer du corps de Monroe tandis qu'il se vanterait de sa nouvelle conquête auprès de ses amis gangsters ; il se moquerait également, d'après Milton Ebbins, des performances sexuelles de l'actrice. Bill Roemer s'est souvenu avoir écouté un enregistrement audio sur lequel on pouvait entendre Rosselli dire à Giancana : « Ça te fait bander de baiser avec la même nana que les deux frères, pas vrai ? » – mais la « nana » en question pouvait aussi bien être Monroe que Campbell. Alo racontera qu'une ignoble orgie eut lieu au cours de ce week-end. D'après le gangster, Sinatra et Lawford auraient drogué Monroe. Le photographe Billy Woodfield a quant à lui dit que Sinatra lui avait montré des négatifs de photos qui avaient été prises pendant le week-end. Sur l'un des clichés, on pouvait voir Monroe à quatre pattes chevauchée par Giancana tandis qu'un autre homme montrait à l'actrice ce qui ressemblait à une tache de vomi sur sa robe. Le photographe conseilla à Sinatra de détruire les négatifs.

Courtney Evans, ancien directeur adjoint du FBI, a admis devant l'un des biographes de Monroe, le journaliste d'investigation Anthony Summers, que le crime organisé avait bien fait pression sur la présidence ; le gouvernement américain n'a jamais été aussi près d'avouer que la Mafia avait essayé de faire chanter les frères Kennedy. Bobby Kennedy arriva en Californie le

3 août 1962. On pense que le lendemain, il aurait fait un passage éclair à Los Angeles. Dans sa biographie de Monroe, publiée en 1973, Norman Mailer écrit :

> Si quelqu'un cherchait à embarrasser les Kennedy, et à commencer une campagne de rumeurs qui aurait pu les détruire en 1964, il n'aurait pu trouver meilleure stratégie que d'assassiner Marilyn et de maquiller sa mort en suicide. Et de faire en sorte que ce maquillage soit si grossièrement effectué que deux semaines plus tard, tous les journaux parlent d'assassinat. Cela pouvait faire affreusement de tort aux Kennedy. Étant donné la force de la rumeur… qui aurait pu croire qu'ils n'avaient rien eu à voir là-dedans ?

Marilyn Monroe mourut dans la nuit du 4 au 5 août 1962. Ce fut sa gouvernante qui tira la sonnette d'alarme en appelant le psychiatre de l'actrice. La femme en question trouvait suspect que sa patronne n'ait pas quitté sa chambre de la nuit. Le médecin constata le décès de Monroe. Le légiste écrivit qu'il s'agissait d'un « probable suicide ». Le foie de Monroe contenait 13 mg pour 100 ml de pentobarbital – la substance chimique contenue dans le somnifère Nembutal – soit dix fois la dose normale. Son sang contenait 8 mg pour 100 ml d'hydrate de chloral – soit vingt fois la dose recommandée pour dormir. Cependant, curieusement, les médecins qui pratiquèrent l'autopsie ne découvrirent pas de traces de somnifères dans l'estomac de Monroe. Les capsules de gélatine sont parfois retrouvées à moitié digérées, sous forme de fragments, et parfois intactes.

Le bureau du procureur du district de Los Angeles prit part à l'enquête officielle. D'après sa famille, sur son lit de mort, le détective du bureau du procureur Frank

Hronek était toujours fermement convaincu que la Mafia – notamment Sam Giancana et Johnny Rosselli – avait joué un rôle dans le prétendu suicide de Monroe.

Hank Messick, spécialiste du crime organisé et ancien consultant pour le Joint Legislative Committee on Crime de New York, pensait que la Mafia avait tenté de faire chanter les Kennedy en droguant Monroe et en la poussant à téléphoner à Bobby Kennedy pour lui demander son aide. Messick fait remarquer qu'en 1961, la pègre avait aussi injecté de l'hydrate de chloral à un politique local, avant de déposer son corps dans un lit et de le photographier avec une femme afin de le faire chanter. Messick pense que le plan consistait à compromettre Kennedy, un homme marié, en prouvant qu'il s'était rendu en pleine nuit dans la maison de Monroe. Mais ce plan échoua : Kennedy s'endurcit et refusa de venir au secours de Monroe, qu'il laissa mourir seule. Messick dit que cette théorie est fondée sur les propos de certaines sources du Département de la Justice et du crime organisé qui ont préféré rester anonymes.

D'après une autre version des événements, sachant que Monroe envisageait de révéler au public le rôle joué par la pègre dans le projet d'assassinat de Castro, Giancana aurait envisagé d'éliminer l'actrice et de faire porter le chapeau à Bobby Kennedy. Le chef de la pègre aurait demandé à quatre gangsters de s'occuper de l'assassinat. Les quatre hommes seraient arrivés le même jour à Los Angeles, l'un en provenance du Kansas et un autre de Detroit. La petite équipe aurait écouté ce qui se passait dans la maison de Monroe. Le détective privé Fred Otash l'avait fait mettre sur écoute sur ordre du responsable des Teamsters, Jimmy Hoffa. Hoffa allait plus tard affirmer qu'il possédait un enregistrement sur lequel on pouvait entendre « l'un des Kennedy » et « une femme » ; « quelque chose d'ignoble », selon lui. Bobby serait arrivé chez Monroe, accompagné d'un médecin. L'actrice serait devenue hystérique, et le médecin lui aurait injecté un sédatif. Kennedy et le médecin seraient partis. Les assassins se seraient ensuite introduits dans la maison, où Monroe était toujours sonnée par l'injection qu'on venait de lui administrer. Les hommes l'auraient couchée sur le lit après l'avoir bâillonnée. Ils auraient alors introduit dans son anus un suppositoire de Nembutal et d'hydrate de chloral. Monroe aurait perdu connaissance. Les gangsters auraient emporté les enregistrements et seraient partis.

En 2005, John Miner, l'ancien procureur adjoint du district de Los Angeles[48] – qui avait observé le Dr Thomas Noguchi pratiquer l'autopsie de Monroe – déclara qu'il était quasiment certain que l'actrice avait été assassinée et que l'arme du crime était un lavement. La théorie de Miner, c'est que Monroe aurait pris ou accepté de prendre de l'hydrate de chloral – probablement mélangé à une boisson non alcoolisée – afin de s'endormir, puis que quelqu'un aurait dissous du Nembutal dans de l'eau et lui aurait administré cette solution mortelle sous forme de lavement. Miner dit s'appuyer sur des notes qu'il aurait prises après avoir écouté des enregistrements audio de Monroe réalisés par son psychiatre, le Dr Ralph Greenson. D'après Miner, non seulement Monroe n'était absolument pas suicidaire, mais il se trouvait qu'elle se servait de lavements pour son plaisir intime. Cependant, la crédibilité de Miner a été ébranlée par son incapacité à fournir les notes qu'il aurait prises à l'époque des événements. Miner a fondé sa théorie sur des souvenirs

48. *Los Angeles County deputy district attorney* (*N.d.T.*).

d'enregistrements audio que personne n'a jamais entendus.

Si toutes les théories de complot sur le meurtre de Monroe étaient vraies, le soir en question, la chambre de l'actrice devait ressembler à la cabine de bateau dans *Une nuit à l'opéra* des Marx Brothers, étant donné le nombre de mafiosi, politiques et médecins qui devaient y être entassés.

D'après Jeanne Humphreys, la seconde épouse de Murray, les membres de l'*Outfit* étaient tout aussi curieux que les autres de savoir si Monroe avait ou non été assassinée. Les gangsters se demandaient eux aussi si les Kennedy avaient quelque chose à voir avec sa mort.

L'explication la plus plausible reste la suivante : Monroe serait décédée des suites d'une overdose accidentelle après avoir été rejetée par Bobby Kennedy. Elle avait déjà fait plusieurs overdoses et subi plusieurs lavages d'estomac. On sait aussi qu'elle et son professeur de comédie, Lee Strasberg, avaient conclu un pacte : si l'un d'entre eux éprouvait des pulsions suicidaires, il devait téléphoner à l'autre. La poète britannique Edith Sitwell avait prédit que Monroe mettrait fin à ses jours, alors qu'elle ne l'avait rencontrée qu'une seule fois. Comme le déclara en septembre 1985 Daryl Gates, chef de la police de Los Angeles, en annonçant la publication des fichiers de police concernant la mort de Monroe, « elle est décédée par suicide dû à une overdose de barbituriques – c'est la réalité, et il n'y a rien de vraiment exceptionnel là-dedans, mis à part le fait qu'il s'agissait de Marilyn Monroe ».

Judy Garland, également accro aux barbituriques, résumait les choses de cette façon : « Vous prenez deux somnifères, et vous vous réveillez vingt minutes plus tard. Vous avez complètement oublié que vous en avez déjà pris et vous en prenez deux autres. Et ce n'est que le lendemain que vous réalisez que vous en avez trop pris. »

En décembre 1962, Judy Campbell découvrit qu'elle était enceinte de l'enfant de Kennedy. Elle en parla à Giancana, qui lui proposa de l'épouser. Campbell décida de se faire avorter, et Giancana la conduisit au Grant Hospital de Chicago le 28 janvier 1963. Campbell était harcelée par le FBI, qui ne cessait de l'interroger sur les gens qu'elle connaissait. Mais les agents fédéraux cessèrent brutalement de lui demander de venir témoigner devant le grand jury. La jeune femme pensa que le Département de la Justice estimait qu'elle en savait trop et voulait calmer le jeu.

L'été suivant, Sinatra tenta de revendre à Warner Bros sa société de production de disques, qui tournait à perte. En 1961, il s'était disputé avec sa maison de disques et avait décidé de fonder son propre label, Reprise (censé évoquer le mot « *reprisal*[49] »). Pendant la seconde moitié de l'année 1963, Sinatra négocia avec Jack Warner pour que Warner Bros rachète sa société, mais Warner lui fit clairement comprendre que s'ils réussissaient à faire affaire, il ne voulait pas être mêlé à la pègre, de quelque façon que ce soit. Il demanda à Sinatra de cesser de voir Giancana, de vendre le Cal-Neva et de se faire racheter ses 9 % de parts du capital du Sands. Si ces conditions étaient remplies, Warner Bros rachèterait le label pour 2 millions de dollars (l'équivalent de 13 millions actuels). Sinatra serait obligé de dépenser 500 000 dollars pour acheter un tiers du capital de la société nouvellement créée, Warner Reprise. Il pourrait encaisser le million et

49. « Représailles » (*N.d.T.*).

demi de dollars restant. En d'autres termes, Sinatra pouvait échanger le capital d'une société en faillite dont il était l'unique propriétaire contre 33 % du capital d'une société prospère.

En plus de cela, les deux sociétés de production de films de Sinatra, Artanis – anagramme de « Sinatra » – et Park Lake Enterprises, se verraient proposer d'intéressants contrats. La Warner garantissait à Sinatra 250 000 dollars et 15 % des bénéfices pour chaque film dans lequel il jouerait. La star aurait ses bureaux dans les studios de la Warner et recevrait le titre d'« assistant spécial de Jack Warner ».

L'avocat de Sinatra, Milton « Mickey » Rudin – homme qu'un officier de la police de Los Angeles avait un jour qualifié d'« avocat voyou » –, allait modeler le contrat de sorte que le chanteur devienne plus riche encore cinq ans plus tard, quand une société de parkings et de services funéraires liée à la pègre allait racheter Warner Bros.

Sinatra laissa donc tomber Giancana, qui fut déconcerté et profondément blessé. Cette trahison, qui venait s'ajouter au refus des Kennedy d'assurer leur part du marché qu'ils avaient conclu avec lui pour les élections de 1960, était de trop. En 1963, Giancana décida d'éliminer Sinatra. Un membre de la famille Giancana allait expliquer au journaliste d'investigation Gus Russo que si Sinatra n'avait pas été tué, c'était uniquement parce que la Mafia de la côte était intervenue. Pourtant, Giancana parlait toujours de faire assassiner Sinatra. Au printemps 1965, le gangster fut inquiété par la justice, qui lui demanda de comparaître devant un grand jury dans le cadre d'une enquête sur le crime organisé à Chicago. Mais pour une raison qui reste indéterminée, le Département de la Justice n'allait jamais prononcer l'inculpation de Giancana. Le procureur[50] Edward Harkson, basé à Chicago, a déclaré que Washington lui avait intimé l'ordre de ne pas lancer de poursuites contre le gangster. Le grand jury proposa à Giancana de lui accorder l'immunité s'il acceptait de tout révéler. Giancana se retrouva ainsi face à un dilemme – dire tout ce qu'il savait et s'exposer à des représailles ou se laisser mettre derrière les barreaux pour refus de comparaître. Giancana respecta l'*omertà* et fut condamné à un an de prison. Ayant perdu le contrôle de Chicago, il s'installa ensuite au Mexique.

Le 22 novembre 1963, le président Kennedy fut assassiné. Sinatra se demandait si Giancana avait quelque chose à voir avec ce meurtre. Il savait que Giancana s'était lié d'amitié avec Jack Ruby, l'assassin de Lee Harvey Oswald, par le biais du réseau de clubs de strip-tease. Ruby avait passé sa jeunesse à Chicago et avait dit à certaines personnes que c'était la Mafia qui lui avait demandé de partir s'installer à Dallas. Quelques mois avant l'assassinat, les associés de Giancana s'étaient réunis à Dallas pour discuter de placements d'argent ; ils s'étaient retrouvés au Carousel Club, une boîte qui appartenait à Ruby. (Il se trouve également que l'un des films préférés de Giancana – il en possédait une copie 16 mm dans sa maison de Chicago – était *Un crime dans la tête*, un thriller traitant d'un complot visant à assassiner le président.)

Richard Gully, l'assistant de Jack Warner, est allé plus loin encore en prétendant que c'était Johnny Rosselli qui avait assassiné le président. Le journaliste people Jimmy Starr a déclaré à l'un des biographes de Rosselli que le gangster avait réuni une équipe pour assassiner le prési-

50. *US attorney* (*N.d.T.*).

dent. Rosselli a quant à lui affirmé que c'était Jonie Taps, l'assistant de Harry Cohn, qui lui avait appris la nouvelle ; il lui aurait téléphoné de Hollywood juste après l'assassinat. Quelques années plus tard, un détenu nommé Robert L. Russell allait écrire aux membres de la commission du Sénat chargée d'enquêter sur l'assassinat qu'il avait rencontré une femme prénommée Cindy qui prétendait avoir travaillé pour Ruby. Cindy aurait raconté à Russell que le 22 novembre, elle avait déposé Rosselli et un autre homme – un tireur d'élite qui aurait fait le voyage de Miami à Dallas – à l'extrémité de Dealey Plaza. Alors que le cortège du président approchait, le *sniper* aurait tiré à deux reprises puis aurait remis le fusil à Rosselli et aurait disparu dans la foule. Cindy aurait ensuite conduit Rosselli et le fusil loin de la scène du crime. Gully disait que si l'on avait retrouvé le corps de Rosselli dans un bidon d'huile en Floride, le 29 juillet 1976, c'était parce que le gangster avait commencé à se vanter du rôle qu'il avait joué dans l'assassinat. Par une ironie du sort, il se trouve qu'une année avant son propre assassinat, Rosselli avait suggéré une idée de film à son vieil ami, le producteur Bryan Foy : un gangster patriote prend part à un complot visant à envahir Cuba, mais ses projets sont avortés par Castro, qui commandite l'assassinat de Kennedy. Foy avait repoussé l'idée, qu'il jugeait trop tirée par les cheveux.

Judy Campbell fut très choquée quand elle apprit la nouvelle de l'assassinat de Kennedy. Deux jours avant les événements, Rosselli lui avait pris une chambre dans un hôtel de Beverly Hills. Après la mort de Kennedy, Campbell se mit à boire plus que de raison. Elle devint également accro aux amphétamines, qu'elle se faisait prescrire sous forme d'injections par le Dr Max Jacobson, un médecin new-yorkais qui prescrivait la même drogue à John Kennedy, son épouse Jackie, Johnny Mathis et Andy Williams. Campbell finit par se faire hospitaliser pour psychose amphétaminique ; elle était convaincue que le FBI cherchait à la pousser à mettre fin à ses jours.

Pour Robert Blakey, ancien président du House Select Committee on Assassinations – commission qui enquêta sur le meurtre de Kennedy –, la pègre était bien impliquée dans l'assassinat. Blakey a écrit : « Comme dans une tragédie grecque, il y avait dans le président une erreur fatale, une *hamartia*, quelque chose qui le rendait vulnérable à la possibilité d'un assassinat commis par des représentants du crime organisé. »

L'essayiste Stephen Fox fait remarquer que si Bobby Kennedy ne s'était pas lancé dans une croisade obstinée contre les gangsters, et que si Joe Kennedy n'avait pas entretenu de liens avec la pègre, John F. Kennedy n'aurait jamais été assassiné. « En un sens, écrit Fox, on peut dire que le frère a tué son frère et que le père a tué son fils. »

Néanmoins, étant donné le mal que la plupart des gens ont à garder un secret, il semble assez curieux que la conspiration n'ait pas été révélée immédiatement après la mort de Kennedy. S'il faut, pour expliquer l'assassinat de Kennedy, choisir entre la théorie de la conspiration et celle d'un étrange alignement de personnes et d'événements, on est plus prompt à se laisser convaincre par la seconde. Malgré les nombreux exilés cubains, agents de la CIA corrompus et mafiosi vindicatifs entassés dans le centre-ville de La Nouvelle-Orléans, même Norman Mailer, dans sa biographie de Lee Harvey Oswald, en est arrivé à la conclusion que le principal suspect avait œuvré seul.

Mais que la Mafia ait ou non été impliquée dans le meurtre de Kennedy, la mort du président a servi ses intérêts. Après le décès de son frère, Bobby Kennedy cessa son travail zélé de recherches contre la pègre. Il démissionna de son poste d'attorney général au cours de l'été 1964.

Sinatra ne fut pas la seule personne associée à la pègre qui s'inséra dans le parti démocrate. Sidney Korshak devint un donateur si important qu'il deviendra la première personne présentée au président Jimmy Carter en visite à Los Angeles. Dans les années 1960, Korshak était le meilleur ami du chef de la direction[51] d'Universal MCA, Lew Wasserman, l'homme que certains appelaient « le Zeus du mont Olympe qu'est Hollywood ». Korshak et Wasserman étaient tous deux partisans du parti démocrate et s'invitaient l'un l'autre à des événements de collecte de fonds. Harris Katleman, agent qui travaillait pour la MCA, disait que Korshak et Wasserman étaient comme les deux doigts de la main. Wasserman avait été présenté à Korshak en 1939, peu après l'arrivée de l'agent de la MCA à Los Angeles. Après la Deuxième Guerre mondiale, la MCA était surnommée « la Pieuvre étoilée » : elle avait la mainmise sur tous les secteurs du show business. Elle représentait tous les acteurs et chanteurs célèbres, mais elle était en plus la seule agence de talents autorisée à produire des programmes télévisés – elle empochait un salaire de producteur et 10 % des gains de ses clients. En 1958, l'agence racheta les studios Universal qu'elle se mit à louer à la major. Le gouvernement tenta de poursuivre la MCA pour manquement au droit de la concurrence mais en fut empêché par les contacts politiques de Wasserman.

---

51. *Chief executive* (*N.d.T.*).

La MCA racheta Universal à Decca Records en 1962. Universal MCA fit construire ses nouveaux bureaux – un immeuble « aussi étrange et menaçant qu'une soucoupe volante », d'après les mots du producteur Saul David – dans les studios Universal, en marge de Hollywood. L'immeuble de quatorze étages allait être surnommé la Black Tower et d'après une ancienne secrétaire, jusqu'en 1965, Jules Stein, président de la MCA, laissait Korshak utiliser son bureau pour des entretiens privés avec Meyer Lansky. Selon l'actrice Nancy Bretzfield, filleule de Johnny Rosselli, Korshak et Wasserman faisaient partie du groupe des cinq personnes qui contrôlaient Hollywood. « Ils contrôlaient tout ce qui s'y faisait », disait-elle.

Dans les années 1960, A.O. Richards, le chef des services de police de Los Angeles enquêtant sur le crime organisé, considérait Korshak comme quasi intouchable du fait des diverses protections dont il avait su s'entourer. Le 23 octobre 1963, Korshak allait déclarer à des agents du FBI qu'il était ami avec Kirk Douglas, Dinah Shore, Cyd Charisse et Debbie Reynolds.

D'après Chester Migden, ancien président de la Screen Actors Guild, Wasserman utilisait Korshak comme « médiateur ». Les studios investissaient beaucoup d'argent dans les acteurs, les réalisateurs et les scénaristes, et faisaient appel à Korshak pour régler tout problème qui pouvait survenir avec les artistes.

Le FBI a enregistré une conversation ayant eu lieu entre Jimmy Fratiano, membre de la Mafia de Los Angeles, et Johnny Rosselli ; Rosselli y explique comment Korshak travaillait : « Il y a quelque chose que tu dois savoir sur Korshak. Il a fait gagner des millions à Chicago et il a beaucoup d'influence à LA et à Vegas. C'est un vrai roi dans le monde du cinéma, il vit dans une super villa à Bel Air, et il connaît quasiment toutes les grandes stars. Il se dit expert des relations du travail, mais c'est un vrai médiateur. Si un syndicat lance un appel à la grève, c'est Sidney qui va arbitrer le conflit. Et il ne touche pas de pots-de-vin, mais un vrai gros salaire, qu'il déclare aux impôts. Tout est parfaitement propre. »

Korshak comptait parmi ses clients le syndicat des camionneurs, l'International Brotherhood of Teamsters. Pour produire des films, il faut sans cesse charger et décharger des équipements lourds – il y a beaucoup plus de besoins en « cols bleus » que les gens ne le pensent. Les Teamsters contrôlaient tout ce qui était acheminé vers les plateaux de cinéma : caméras, lampes, accessoires, nourriture, toilettes portables, et même pellicules de film. Le syndicat allait plus tard chercher à s'emparer de la Production Guild of America et d'autres associations liées à la production de films. Les camionneurs jouent un rôle déterminant, notamment dans les productions télévisées, qui suivent un planning très strict. Avec une grève, les Teamsters pouvaient détruire une série ou une émission télévisée. De plus, les camionneurs étaient tellement craints que peu de gens se risquaient à traverser ses piquets de grève. Korshak mit Wasserman en contact avec les Teamsters. D'après Andy Anderson, ancien responsable de la Western Conference Teamsters, Wasserman était le seul dirigeant de studio avec qui Korshak était si proche. Wasserman représenta ainsi Hollywood dans les négociations avec le syndicat. Et il acceptait toujours de reculer pour satisfaire les Teamsters, tant et si bien que c'en était parfois déconcertant. D'une certaine façon, on peut dire que Wasserman joua un rôle dans la faillite de Hollywood en rendant les tournages en Californie trop onéreux – du fait du coût de la main-d'œuvre, les « *runaway productions*[52] » devenaient de plus en plus nombreuses, ce qui finira par nuire à la Californie.

Des journalistes financiers interrogèrent un jour Wasserman sur les liens d'amitié qu'il entretenait avec le chef des Teamsters, Jimmy Hoffa. Vers la fin des années 1950, Bobby Kennedy, président de la commission du Sénat chargée d'enquêter sur la corruption mafieuse au sein des syndicats, avait parlé, pour Hoffa et ses Teamsters, de « diabolique conspiration ». Kennedy disait que Hoffa ponctionnait son propre syndicat et avait offert à ses amis gangsters des postes clés au sein de son administration. Le fait qu'un magnat du cinéma soit ami avec une personne aussi notoirement corrompue mettait les journalistes mal à l'aise. Mais Wasserman tenta de justifier cette amitié. Compte tenu du fait qu'Universal MCA faisait travailler environ 15 000 camionneurs syndiqués par semaine, expliqua-t-il, il préférait faire des affaires avec quelqu'un qu'il connaissait plutôt qu'avec quelqu'un qu'il ne connaissait pas.

Si Wasserman était si enclin à contenter les Teamsters, c'était en partie parce qu'il empruntait de l'argent au fonds de pension du syndicat. En 1955, Hoffa avait consolidé les dettes des petits fonds de pension de vingt et un États. Le système des studios étant en train de se désintégrer, Mayer était en train de mourir, et la MGM perdait la plupart des stars qu'elle tenait sous contrat. Korshak s'arrangea pour que Wasserman emprunte de l'argent au Teamsters Pension Fund afin qu'il puisse récupérer les artistes à Universal MCA.

---

52. Productions réalisées à l'étranger ou dans un autre État (*N.d.T.*).

La pègre empruntait également de l'argent à ce fonds de pension. Dans les années 1950, Moe Dalitz réussit à obtenir 1 million de dollars pour faire construire un hôpital à Las Vegas. Le Sunrise Hospital et ses cent chambres était le projet d'Irwin Molasky et de son associé Mervyn Adelson. Adelson se servit de sa participation aux bénéfices de l'hôpital pour fonder une société de production audiovisuelle pour la télévision, Lorimar. Dans les années 1980, Lorimar allait produire *Dallas*, *La Famille des collines*, et quelques films, dont *Officier et Gentleman*.

Chicago avait passé des années à pousser Korshak à s'infiltrer dans Hollywood, mais se sentait parfois obligé de rappeler à l'avocat qui était le patron. À l'époque où Korshak tentait d'arbitrer un conflit entre une famille de mafiosi de Los Angeles et les Teamsters, qui refusaient de lui payer des pots-de-vin, il trouva un jour un poisson mort dans sa boîte aux lettres.

Korshak comptait également parmi ses clients Charles Bludhorn, président de Gulf & Western Industries. Bludhorn, un immigrant autrichien, avait transformé une fabrique de pare-chocs du Michigan en un groupe qui comptait des sociétés de finances, des grandes industries et des exploitations minières. Bludhorn racheta Paramount Pictures en octobre 1966, dans le seul but, d'après la veuve d'un magnat du cinéma, « de coucher avec des starlettes – c'était aussi simple que ça ».

À cette époque, Korshak avait une liaison avec l'actrice Jill St John, qui était également la maîtresse de Henry Kissinger, conseiller à la sécurité nationale du président Richard Nixon. St John avait été présentée à Kissinger au cours d'une réception organisée par Kirk Douglas, l'un des premiers amis que s'était faits Korshak à son arrivée à Hollywood. En 1968, Korshak s'arrangea pour que St John – qui avait un jour dit : « J'étais une femme à l'âge de 6 ans » – achète des parts dans la société de casinos de Las Vegas Parvin-Dohrmann Inc. Le 23 janvier 1969, Parvin-Dohrmann racheta à Moe Dalitz le casino Stardust. Peu de temps après, la société fut elle-même rachetée par la chaîne de restaurants Denny's. Cette affaire fit de St John une femme riche. Les spectateurs qui eurent l'occasion de l'observer dans le James Bond *Les diamants sont éternels* (1971) – film pour lequel Korshak avait obtenu un poste non crédité de consultant – ignoraient que l'actrice avait été l'une des actionnaires de certains des casinos de Las Vegas dans lesquels le film avait été tourné.

Bludhorn, pendant ce temps, s'était mis à la recherche d'un nouveau dirigeant pour Paramount Pictures. Korshak avait fait la connaissance de l'ancien acteur Robert Evans au Palm Springs Racquet Club à la fin des années 1950. D'après Frank Yablans, ancien directeur général de la Paramount, Korshak disait qu'Evans lui rappelait Bugsy Siegel. Korshak recommanda Evans, qui venait de produire son premier film. Le producteur commença par diriger les affaires européennes du studio. Au début de l'année 1967, il fut nommé vice-président en charge de la production mondiale de la Paramount.

La première décision d'Evans fut d'engager Roman Polanski pour réaliser *Rosemary's Baby*. Pour le premier rôle, Polanski choisit Mia Farrow, actrice inexpérimentée qui venait d'épouser Frank Sinatra. Le réalisateur polonais poussait Farrow à bout, lui faisant parfois faire jusqu'à trente prises pour obtenir d'elle une performance très torturée. Au début du tournage, un émissaire de Sinatra alla trouver Peter Bart, cadre de la Paramount, et le menaça de lui casser les jambes si Polanski ne se limitait pas à deux ou trois prises.

En mars de cette même année, Evans acheta près de 100 000 dollars (l'équivalent de 574 000 dollars actuels) les droits d'adaptation cinématographique d'un synopsis de soixante pages tiré d'un roman. Quelque temps auparavant, son auteur, Mario Puzo, avait rencontré Evans et lui avait dit qu'il envisageait « d'écrire une histoire sur les gars, l'organisation – avec une part de réel, une part de fiction – et d'appeler ça *Mafia* ».

Puzo avait ensuite décidé de changer le titre du livre sur lequel il était en train de travailler. *Le Parrain* allait indubitablement devenir le plus grand film de gangsters qui ait jamais été réalisé.

VIII

Des gorilles vendant du pop-corn en costume de soie

En novembre 1966, Mickey Rudin, l'avocat de Frank Sinatra, lut dans la presse que Jack Warner, 74 ans, envisageait de vendre à la société de télévision Seven Arts ses parts du capital de Warner Bros pour 32 millions de dollars, ou 20 dollars l'action. Un observateur avait confié au rédacteur de l'article de *Variety* qu'il était assez étonné : la Warner aurait pu obtenir beaucoup plus d'argent qu'elle n'en demandait. Rudin réalisa que tout le monde avait oublié que Sinatra avait un droit de contrôle sur la vente. En 1963, quand le chanteur avait vendu sa société de production de disques à la Warner, Rudin avait inséré une clause dans le contrat : son client avait un droit de veto sur tout changement de propriétaire.

Le banquier d'investissement Charles Allen, qui allait plus tard devenir président de la société qui possédait Columbia Pictures, avait fait la connaissance d'Eliot Hyman, un ancien vendeur de pneus, en 1953. Howard Hughes désirait toujours revendre RKO Pictures, et ce malgré la mauvaise publicité que lui avait faite la tentative de rachat controversée de l'année précédente. En juillet 1955, Allen prêta à Hyman 11 millions de dollars (l'équivalent de 79 millions actuels) pour racheter le studio. La société de Hyman solda le catalogue des films RKO en 1955, et trois ans plus tard le studio cessa son activité.

Mais Hyman s'associa avec Ray Stark, un ancien agent qui avait eu pour client Marilyn Monroe, Lana Turner et

Kirk Douglas. Stark considérait les affaires comme le « huitième art » : l'art de faire de l'argent. Hyman et Stark rachetèrent le distributeur canadien de programmes télévisés Seven Arts. Le fondateur et président de Seven Arts était Louis Chesler, homme qu'un avocat général[53] avait un jour qualifié de « porte-valise de Meyer Lansky ». Chesler avait fait la connaissance de Meyer Lansky et du gangster Mike « *Trigger*[54] » Coppola au cours de vacances à Miami. Coppola devint actionnaire de l'une des sociétés de Chesler tandis que Seven Arts servit à dissimuler des mouvements d'argent entre le Canada, les États-Unis et les Bahamas. Seven Arts devait blanchir l'argent de la pègre pour une période de dix ans, après laquelle Hyman et Stark pourraient la récupérer.

Charles Allen rejoignit le conseil d'administration de Warner Bros en 1956 et accepta que le studio vende son catalogue de films pré-1948 à Seven Arts pour leur diffusion à la télévision canadienne. Allen devint également actionnaire, ce qui lui permit d'acquérir davantage d'influence en cas de future vente.

En 1964, Hyman et Stark décidèrent de mettre une partie du capital de Seven Arts à l'American Stock Exchange, le deuxième plus grand marché boursier des États-Unis. Pour se plier aux règles strictes établies par la Securities and Exchange Commission (SEC), la société Seven Arts devrait se défaire des liens qu'elle avait tissés avec la pègre. On demanda à Chesler de quitter son poste de président.

Mickey Rudin décida de se taire sur le droit de veto de Sinatra jusqu'à ce que Seven Arts ait acquis une position dominante. En juin, 1967, Seven Arts racheta Warner

53. *US prosecutor* (*N.d.T.*).

54. « La Gâchette » (*N.d.T.*).

Bros pour la somme de 9 millions de dollars. Sinatra empocha 84 millions de dollars et conserva 20 % du capital de Warner Reprise. Il garda également son droit de veto sur toute future vente de la nouvelle société résultant de la fusion Warner Bros-Seven Arts.

Or, l'été suivant, à Miami, on commença à discuter d'un nouveau rachat de la Warner. Des cadres de Kinney National Services s'étaient en effet réunis en Floride pour réfléchir à une stratégie. Kinney était un groupe qui comprenait des entreprises de parkings, de pompes funèbres, de désherbants et de maintenance d'immeubles. Le directeur général de Kinney, Steve J. Ross, voulait que sa société quitte les briques et le mortier pour se lancer dans les médias. Ross était en quelque sorte un visionnaire : il avait anticipé l'ascension des chaînes câblées, et, avec elle, l'opportunité qui s'offrait de vendre des biens et des services par le biais de la télévision. Mais il savait aussi que pour procurer de la matière aux réseaux d'échange qu'il envisageait de créer, il avait besoin d'un grand studio de cinéma tel que Warner Bros.

Kinney, par le biais de Ross, était très lié à la pègre. À une époque, le fondateur de la société louait des garages au chef de la Mafia du New Jersey, Longy Zwillman, qui y entreposait son alcool de contrebande. C'était avec l'argent des loyers de Zwillman que l'on avait acheté les locaux new-yorkais du siège de Kinney. Il se peut aussi que Zwillman ait possédé une partie du capital de la société ; sa veuve allait un jour dire à l'un de ses soupirants que s'il décidait de l'épouser, il deviendrait actionnaire de Kinney. Dans les années 1940, Joey Adonis payait Kinney pour que l'entreprise laisse les membres de la Mafia garer leurs limousines dans l'un de ses parkings.

Ross, qui avait fait ses débuts en dirigeant l'entreprise de pompes funèbres de son beau-père, prit le contrôle de Kinney Parking en mars 1962. La rumeur disait que Ross entretenait d'excellentes relations avec plusieurs des cinq familles de mafiosi new-yorkaises.

À la fin de leur réunion à Miami, Ross et les cadres de son entreprise avaient identifié trois acquisitions possibles – ABC, la MGM et Warner Bros-Seven Arts. ABC et la MGM répondirent qu'ils n'étaient pas intéressés, tandis que les responsables de Warner Bros-Seven Arts se montrèrent courtois mais refusèrent de s'engager.

Le 28 janvier 1969, Commonwealth United, conglomérat qui associait des sociétés d'assurances, des compagnies pétrolières et des sociétés immobilières, annonça qu'il souhaitait racheter Warner Bros-Seven Arts. L'offre publique d'échange évaluait le studio à 400 millions de dollars. Pour Ross, Commonwealth United était avant tout une société écran qui se nourrissait de transactions – plus on tentait de s'y insérer, moins elle était réelle. Quelques heures plus tard, les responsables de Kinney annoncèrent qu'ils souhaitaient également racheter le studio de cinéma. Au début du mois de février, chaque société modifia son offre deux fois. En mars, le conseil d'administration de Warner Bros accepta les 400 millions de dollars proposés par Kinney, et l'affaire fut conclue en juillet 1969. Conformément à son projet – faire de la Warner un distributeur de programmes multimédias –, Kinney rebaptisa le studio Warner Communications.

En juin 1970, le magazine *Forbes* dressa un portrait de Warner Communications dans lequel étaient évoquées les très vieilles rumeurs qui circulaient au sujet des liens entre la Mafia et la société mère que possédait Kinney. Ces attaches sales étaient très gênantes pour Ross, qui se voyait désormais comme un porte-parole de

Hollywood – un Lew Wasserman *manqué*[55]. Il décida donc d'éloigner Warner Communications des parkings et de leur passé douteux en créant pour eux une nouvelle société distincte, National Kinney Corp. Mais Warner Communications était assez rusé pour garder la société de parkings florissante. Le studio ne s'en débarrasserait qu'en 1978. La famille Genovese possédait probablement des parts du capital de Kinney dont elle avait hérité des investissements de Longy Zwillman. Neuf ans plus tard, Daniel Katz, président de Kinney System Inc., allait être découvert mort dans sa voiture, une balle dans la poitrine. On pensa qu'il s'agissait d'un suicide. À cette époque, Katz était surveillé par les autorités qui le soupçonnaient de verser de l'argent au Local 272, la branche new-yorkaise du syndicat des employés de parking et de garage qui était contrôlée par la Mafia.

La Warner, pendant ce temps, investissait avec la famille Gambino dans un théâtre du nord de l'État de New York qui allait détourner des millions de dollars avant de faire faillite. Le studio mêlait son argent à celui de la Mafia pour acheter des parts du capital de la salle de spectacle. La Warner, par le biais de certains de ses cadres – qui cherchaient apparemment à remplir une caisse noire – blanchissait ainsi de l'argent pour la Mafia de New York. On pense que la caisse noire servait à acheter de la cocaïne qui était revendue à des stars du cinéma et de la musique.

Au début de l'année 1972, le courtier en Bourse new-yorkais Eliot Weisman et son collègue Leonard Horwitz cherchaient à collecter des fonds pour faire construire une salle de spectacle dans le nord de l'État de New York. Weisman et Horwitz travaillaient tous deux pour la

55. En français dans le texte (*N.d.T.*).

société Ferkauf, Roggen. Horwitz essayait de vendre 150 000 dollars d'actions de sa nouvelle société. L'argent servirait à la construction du théâtre qui verrait le jour à Tarrytown, dans le comté de Westchester. La première personne qu'il contacta fut l'un des hommes de Ross, Jay Emmett, vice-président de Warner Communications. Emmett adhérait à un club d'investisseurs que Horwitz dirigeait pour quatre de ses amis. Le cadre de Warner Communications accepta d'acheter à titre personnel 15 000 dollars d'actions du Westchester Premier Theatre.

Mais le principal investisseur resta la Mafia. Parmi les individus qui possédaient des actions dans la salle de spectacle figurait Salvatore Cannatella, homme associé à la famille Genovese qui allait finir par placer 1,4 million de dollars dans la société. Il y avait également Thomas Marson, un entrepreneur en plomberie dont la maison, le Rancho Mirage (Californie), était considérée par le FBI comme un lieu de réunion pour la pègre de Los Angeles. Le bookmaker de Toledo Irving « *Slick*[56] » Shapiro expliqua à Jimmy « *the Weasel* » Fratiano que Marson avait investi 1,4 million de dollars dans le Westchester – 400 000 dollars de sa propre poche, 800 000 dollars de celle d'un gangster de Detroit et 200 000 dollars de celle d'un dentiste de Toledo. Ce découpage avait été imaginé par Carlo Gambino et son bras droit Paul Castellano. Gregory De Palma, membre de la famille Gambino, et Richard « *Nerves*[57] » Fusco, un homme associé à la famille Colombo, étaient également impliqués dans l'affaire. Les propriétaires de la salle allaient se servir sur la vente des billets tout en omettant de payer leurs créanciers.

56. « Rusé » (*N.d.T.*).

57. « Les Nerfs » (*N.d.T.*).

À la fin du printemps 1973, l'offre publique d'achat d'actions commença à capoter. Malgré les investissements de la Mafia, il semblait que l'émission d'actions n'atteindrait jamais le minimum requis pour être lancée. Horwitz alla trouver Emmett au siège de Warner Communications et lui fit une proposition : emprunter 50 000 dollars en liquide aux propriétaires du théâtre et ajouter 25 000 dollars de sa poche pour acheter 75 000 dollars d'actions. Horwitz estimait probablement que s'il facilitait l'investissement d'Emmett, l'émission d'actions atteindrait le seuil minimum requis pour que le Westchester entre en Bourse. Le mélange de l'argent de la Mafia et de celui d'Emmett permettrait de blanchir l'investissement de Gambino par le biais de l'émission d'actions. Horwitz avait même apporté 50 000 dollars en liquide dans un sac en papier. Emmett n'était pas intéressé, mais il dit à Horwitz qu'il allait faire part de sa proposition à Ross. D'après Emmett, Ross demanda à Horwitz de contacter l'assistant trésorier de Warner Communications, Solomon Weiss, qui était également son comptable à titre privé. Horwitz a plus tard déclaré sous serment que Weiss lui avait dit qu'une société comme Warner Communications avait toujours besoin de liquide. Après avoir compté les 50 000 dollars, Weiss quitta la pièce, sans doute pour s'entretenir avec Ross. Lorsqu'il revint, Weiss dit à Horwitz que la société comptait acheter non 10 000 mais 20 000 actions. Il fallait donc que le courtier en Bourse rapporte 50 000 autres dollars en liquide. Entre 1974 et 1977, la Warner acheta de nouveau l'équivalent de 150 000 dollars d'actions de Westchester contre 100 000 autres dollars en liquide. Ainsi, il est probable que Warner Communications ait blanchi à son insu l'argent de la Mafia. Marson confia à Fratiano que la Mafia poussait des responsables d'entreprises à acheter des actions avec l'argent de leur société à des prix prohibitifs en échange de pots-de-vin.

Malgré les mesures de relance qui avaient été prises par Gambino et les autres, le théâtre avait 1,5 million de dollars de dettes le jour de son ouverture, qui se produisit deux ans après la date prévue. Les ponctions étaient incessantes. On prenait de l'argent liquide dans la caisse de la vente de billets pour rembourser les dettes « *shylock* » que la pègre avait contractées en empruntant à taux élevé pour financer le théâtre. Les gangsters se servaient également dans la caisse. On créa par exemple soixante-quatre « places fantômes », dont les comptables du théâtre ignoraient l'existence. Ces places étaient toujours les premières à être vendues. Elles rapportaient aux alentours de 4 500 dollars, qui étaient répartis dans des enveloppes et distribués à Gambino et aux autres.

Les affaires quotidiennes du théâtre étaient dirigées par des voyous de la Mafia. Des gangsters en costumes de soie arpentaient les allées en vendant du pop-corn. Un truand qui assista à une représentation de *Casse-Noisette* fut surpris en train de dire : « Hé, ils ne parlent jamais dans ce truc ? » Les spectateurs étaient déconcertés quand les voituriers les accueillaient en leur disant : « Dégagez de là. Je vais garer votre poubelle. »

Beaucoup d'argent partait également dans les sommes que le Westchester versait aux artistes, qui recevaient toujours des cachets faramineux pour leurs prestations. Diana Ross, par exemple, fut payée 225 000 dollars pour une semaine d'engagement. Une autre artiste, qui avait demandé 150 000 dollars en liquide, se présenta au théâtre avec ses propres gardes du corps. Quand ces derniers pointèrent leurs armes sur Fusco et De Palma, les gangsters réagirent en dégainant leurs propres armes, laissant les gardes du corps complètement désorientés.

Au début de l'année 1976, Marson appela Sinatra d'un hôtel de Palm Springs et lui ordonna de venir chanter au Westchester. D'après une autre version des événements, Sinatra s'y serait produit à la demande de Louis « Louie Domes » Pacella, un gangster qui travaillait pour la famille Genovese. Selon la Drug Enforcement Administration (DEA), Pacella était revendeur d'héroïne et informateur pour le chef de famille Frank « Funzi » Tieri. Philip Leonetti, ancien mafioso devenu informateur, expliqua quant à lui au FBI que Pacella était devenu le conseiller financier mafieux de Sinatra après l'assassinat de Giancana, soit en 1975. Sinatra monta dix fois sur les planches du Westchester en avril 1976, neuf fois en septembre et octobre de la même année et huit fois en mai 1977. Plus tard, Jimmy « *the Weasel* » Fratiano fit participer Sinatra à l'escroquerie du Westchester. Fratiano, homme qui était rentré dans la Mafia par le biais de Johnny Rosselli, a expliqué que De Palma avait donné à Sinatra entre 50 000 dollars et 60 000 dollars en liquide pour qu'il se produise sur scène sans avoir à payer d'impôts. Le FBI possède aussi un enregistrement sur lequel on peut entendre De Palma dire que Mickey Rudin, l'avocat de Sinatra, avait reçu une partie de l'argent qui avait été ponctionné sur les ventes d'objets publicitaires liés aux concerts de Sinatra.

Fratiano a écrit que Sinatra avait accepté de faire des concerts supplémentaires au Westchester pour collecter des fonds destinés aux familles de certains mafiosi emprisonnés. En échange, Jilly Rizzo, un ami de Sinatra, transmit un message de la part du chanteur. Sinatra voulait que la Mafia casse les jambes de son ancien garde du corps qui revendait ses tuyaux à des magazines de la presse à scandale.

Le Westchester Premier Theatre fit faillite dans la seconde moitié de l'année 1977. On pense que la Mafia aurait détourné 9 millions de dollars avant que la salle de spectacle ne mette la clé sous la porte. Cependant, avant la fermeture, le FBI avait réussi à mettre sur écoute les bureaux du théâtre, de même que la ligne téléphonique personnelle de De Palma. En septembre 1977, à Norwal (Connecticut), un agent fédéral frappa à la porte de la maison de Horwitz. Il dit qu'il voulait parler à Horwitz de la fermeture du Westchester. Horwitz téléphona immédiatement à Emmett, désormais codirecteur général de Warner Communications. Il lui dit qu'un agent du FBI venait de frapper à sa porte. Emmett demanda à Horwitz de se taire. Un mois plus tard, en échange de son silence, Horwitz se vit proposer un emploi à Warner Communications, rémunéré 75 000 dollars par an.

Les agents fédéraux étaient convaincus de la culpabilité des financiers du Westchester. Le Département de la Justice était déterminé à prouver que toutes les personnes impliquées savaient que le Westchester était une escroquerie. En juin 1978, Emmett, Horwitz, Weisman et sept autres furent inculpés de vingt-six chefs d'accusation. On leur reprochait entre autres d'avoir trompé les investisseurs et d'avoir pillé les caisses du théâtre au cours de la procédure de redressement judiciaire.

Au cours de l'audience préliminaire, qui eut lieu en novembre 1978, l'avocat général exposa une preuve : une photo de Sinatra qui avait été prise dans sa loge, au Westchester. On pouvait y voir, au milieu d'un groupe de neuf personnes, un Sinatra souriant, les bras autour des épaules de deux hommes. Le groupe comprenait entre autres Carlo Gambino, son neveu Joseph Gambino, et Paul Castellano. Jimmy « *the Weasel* » Fratiano avait également posé pour la photo. Sinatra dira plus tard à des agents enquêtant sur les jeux d'argent illégaux qu'il ne connaissait pas les personnes réunies sur la photo. Il admit cependant avoir déjà rencontré Fratiano auparavant, une fois, au début des années 1970 – mais Sinatra savait simplement que l'homme en question se faisait appeler « Jimmy ». Fratiano allait tard contredire ces propos en déclarant qu'il connaissait Sinatra depuis les années 1950. Comme il l'avait fait dans les années 1940 pour la photo avec Lucky Luciano, Sinatra se disculpa en disant qu'il s'agissait du hasard des rencontres liées à la vie d'artiste. Beaucoup de gens voulaient être pris en photo avec lui, expliqua-t-il. Le chanteur déclara au Gaming Control Board du Nevada qu'il ne savait rien du passé des hommes qui apparaissaient sur la photographie – ce qui paraît bien étrange, compte tenu du fait que d'après Fratiano, Sinatra saluait Carlo Gambino comme un vieil ami, en le prenant dans ses bras et en l'embrassant sur les deux joues.

Le premier procès d'Emmett et de ses coaccusés fut arrêté pour vice de procédure. Il fallut tout recommencer à zéro. Plusieurs accusés, se sentant sans doute incapables de faire face à un second procès, espérèrent réduire leurs peines en admettant leur culpabilité. Mais Emmett et le comptable de Warner Communications, Solomon Weiss, refusèrent de céder à la pression. Quand le second procès commença, en mars 1979, ils invoquèrent le Cinquième Amendement. Trois mois plus tard, à la fin du procès, Horwitz, Weisman et Cannatella furent déclarés coupables. Emmett fut jugé non coupable.

Mais un enquêteur du bureau du procureur[58] sentit qu'il y avait un problème. Nathaniel Akerman était

58. *US Attorney* (*N.d.T.*).

convaincu que la corruption régnait au sein des plus hautes sphères de Warner Communications. Lui et ses collègues se firent la main sur Steve Ross, persuadé qu'il savait beaucoup de choses sur le blanchiment de l'argent de la pègre. Ross refusa de se déplacer. Il dit à ses avocats qu'il ne savait rien sur le Westchester, et qu'il ne s'était pas donné la peine d'enquêter sur le scandale puisque les avocats de la Warner lui avaient dit que c'était le travail du comité d'audit de la société. Ross expliqua que c'était Emmett qui avait pris la décision d'engager Horwitz en qualité de consultant, que seul Emmett savait pourquoi Horwitz avait été engagé et que seul Emmett savait en quoi consistait le travail de Horwitz au sein de Warner Communications. La stratégie de Ross était d'utiliser Emmett comme tampon afin de se protéger. Et il n'hésita pas à jeter en pâture le second de Warner Communications.

En septembre 1980, Emmett fut accusé d'avoir accepté des pots-de-vin pour pousser Warner Communications à acheter des actions, d'avoir détourné des fonds de la société et d'avoir créé des documents frauduleux pour dissimuler ses actes. Weisman promit de témoigner contre Emmett à condition que sa propre peine de prison de sept ans soit réduite à dix-huit mois. Horwitz, qui avait déjà été condamné pour avoir trompé les investisseurs et avoir ponctionné les caisses du Westchester, fut de nouveau jugé, cette fois-ci pour avoir soudoyé les cadres de Warner Communications. Le 9 février 1981, Emmett et Horwitz plaidèrent tous deux coupables.

Akerman, qui avait été promu au titre de procureur, n'était toujours pas satisfait. Il comptait utiliser pour Ross la stratégie qui avait fait ses preuves sur Emmett : il se disait que s'il réussissait à envoyer Solomon Weiss, le trésorier de Warner Communications, en prison, il pourrait le pousser à se retourner contre Ross en échange d'une réduction de peine. Weiss fut jugé en novembre 1982. Il était accusé d'avoir blanchi de l'argent de la pègre et d'avoir, sur une période de cinq ans, émis des chèques frauduleux pour dissimuler le blanchiment d'argent. On reprochait également à Weiss d'avoir mis en place une caisse noire à Warner Communications, bien qu'il ne fût jamais spécifié à quelle fin l'argent de la caisse était destiné. Cependant, au cours de l'audience, Weiss maintint qu'il était innocent. Le seul rôle qu'il avait joué dans l'affaire, d'après lui, avait été de préparer les chèques signés par Emmett. Weiss fut jugé coupable de sept des treize chefs d'accusation retenus contre lui, dont ceux de racket et de parjure. Mais Weiss réussit néanmoins à échapper à la prison. Il écopa d'une amende de 58 000 dollars et fut placé sous liberté conditionnelle pour cinq ans, au cours desquels il devrait accomplir des travaux d'intérêt général à plein temps. Weiss fut brisé par ce procès et ne réussit jamais à s'en remettre physiquement. Akerman échoua dans sa tentative d'engager des poursuites contre Ross. Ce dernier allait continuer de diriger Warner Communications, et ce pendant onze ans, jusqu'à sa mort, en décembre 1992.

La famille Gambino avait gagné des millions grâce au scandale du Westchester Theatre, mais c'était bien peu en comparaison avec les sommes qu'une autre famille de mafiosi – les Colombo – allait tirer de son association avec ce que certains appelaient « l'autre Hollywood » – le milieu de la pornographie.

IX

Une gorge plus profonde encore

En 1970, la Mafia new-yorkaise s'était mise à investir dans l'industrie florissante du film pornographique. Elle fournissait l'argent nécessaire au tournage de scènes de cinq minutes qui étaient filmées dans les *peep shows* des sex-shops de Time Square. Gerald Damiano, que l'on appelait le Scorsese du porno du fait de l'importance de l'iconographie catholique dans son œuvre, était l'un des réalisateurs des films en question. Un jour, Damiano eut une nouvelle idée de film. Il venait de rencontrer l'actrice porno Linda Lovelace, qui lui avait fait une démonstration de sa spécialité – avaler des pénis jusqu'à la garde. Damiano était rentré chez lui et s'était mis à rédiger un script pour Lovelace : l'histoire d'une femme incapable d'atteindre l'orgasme de la façon conventionnelle car son clitoris était situé dans son œsophage. L'ancien coiffeur du Queens était ensuite allé exposer son idée à son producteur et financier.

Gerald Damiano Film Productions était détenu aux deux tiers par Louis « Butchie » Peraino, un homme dont le père, Anthony, et l'oncle, Joseph, étaient tous deux membres de la famille Colombo. Le père et l'oncle de Peraino étaient respectivement surnommés « *Big* Tony » et « Joe *the Whale*[59] » par les autorités. Ils pesaient tous deux aux alentours de 130 kg. Giuseppe, le père des frères Peraino, était mort à la guerre des Castellamarese en 1931 (*cf.* chapitre II). Anthony Peraino n'avait que 16

59. « Gros Tony » et « Joe la Baleine » (*N.d.T.*).

ans quand son père avait été tué, et son frère Joseph à peine 5 ans. Les orphelins avaient été élevés par la famille Colombo. L'année même de l'assassinat de son père, Anthony fut accusé de meurtre, mais il ne fut pas condamné, de même que les six autres fois où il allait être inculpé. Au fil des années, Anthony Peraino sera en effet accusé de divers crimes et délits : jeux d'argent illégaux, fraude fiscale… on lui reprocha même d'avoir renversé et tué un piéton avec sa voiture, mais il échappa toujours à toute condamnation.

Son fils Louis était considéré comme un associé de la Mafia plutôt que comme un membre à part entière. Beaucoup de personnes qui furent interrogées pour un portrait de la famille Peraino publié dans le *Los Angeles Times* en 1982 expliquèrent que Louis, à l'instar de Michael Corleone dans *Le Parrain*, était animé par un désir de respectabilité. L'acteur porno Fred Lincoln déclara quant à lui que tout ce que voulait Peraino, c'était devenir un producteur reconnu. « C'est une histoire un peu triste », commenta Lincoln. « Un fils de mafieux, qui voulait devenir un grand cinéaste – vous voyez ce que je veux dire ? Butchie Peraino ne faisait rien d'autre que des films. Il n'escroquait pas les gens, il ne faisait de mal à personne – il faisait des films. C'était ce qu'il faisait, c'était ce qu'il avait toujours voulu faire et c'était la seule chose qu'il aimait faire. » D'un autre côté, un enquêteur faisait remarquer que le père, l'oncle et le grand-père de Peraino étaient tous impliqués dans le crime organisé. « Et donc, lui aussi est dedans – c'est comme ça. On ne peut pas y échapper », ajoutait-il.

Louis Peraino emprunta à son père les 22 000 dollars dont il avait besoin pour le film. D'après Linda Lovelace, Anthony Peraino entrait toujours dans les bureaux « avec sa petite armée, des types en costumes noirs et en trench-coats, qui semblaient tout droit sortis d'un film d'Edward G. Robinson ». Anthony Peraino conduisit Lovelace à Miami, ville dans laquelle le film devait être tourné en six semaines. Il ne leur manquait plus qu'à trouver le titre : « Et pourquoi on n'appellerait pas ça *Sword Swallower*[60] ? », demanda Peraino. Mais Damiano eut une meilleure idée – *Gorge profonde*.

Peraino ne voulait pas de Lovelace pour le premier rôle, mais le petit ami et manager de l'actrice, Chuck Traynor, craignant que son cachet de 1 200 dollars ne se volatilise, obligea Lovelace à faire quotidiennement des fellations au gangster pour conserver le rôle. Lovelace considérait Peraino comme un homme « dur et répugnant » : « Ce qui m'a le plus marqué, c'est qu'il avait une grande gueule. Il était tout le temps en train de hurler à quelqu'un de faire quelque chose. » Traynor tenta d'« offrir » Lovelace à Anthony Peraino, mais le gangster lui rappela l'importance de la monogamie dans la culture italienne. Au moins, pensa Lovelace, il avait quelques principes. Lovelace déclarera qu'on l'avait forcée à jouer, qu'on avait braqué une arme sur elle durant tout le tournage. Les acteurs et les techniciens n'auraient rien dit quand son manager l'aurait battu dans une chambre d'hôtel adjacente aux leurs. Il est vrai qu'en regardant le film, on peut apercevoir des bleus sur les jambes de Lovelace. « Quand vous regardez *Gorge profonde*, ce que vous regardez, en réalité, c'est un viol », dira l'actrice à la Congressional Meese Commission chargée d'enquêter sur la pornographie en janvier 1986. « C'est un crime que ce film soit toujours en circulation. Il y avait toujours un flingue braqué sur moi. »

60. *L'Avaleuse de sabre* (*N.d.T.*).

Mais Traynor niera toujours le fait que le film ait été financé par la pègre. Il déclara à un journaliste du *Los Angeles Free Press* : « Les gens parlent tous de la Mafia. Mais tout ça, c'est des conneries. J'étais le directeur de production de *Gorge profonde*. Les gens ont dit que c'était un film du *Syndicate*. Je peux vous assurer que ce n'est pas le cas. »

La première de *Gorge profonde* eut lieu à New York en juin 1972. Le film fut projeté au New World Theatre, cinéma de la 49e Rue. Il répondait aux besoins du public, qui réclamait davantage de liberté dans le cinéma et la télévision. Le film *Gorge profonde* sortit en même temps que *Cabaret* et *Les Nuits rouges de Harlem* ; il finira par rapporter davantage d'argent que les deux autres réunis. De nombreuses célébrités allèrent le voir. Sammy Davis Jr loua le Pussycat Theatre de Santa Monica pour une projection privée à laquelle il invita ses amis du cinéma, dont Shirley MacLaine. Plus tard, Louis Peraino présenta Lovelace à Davis, et les deux stars entamèrent une liaison. Lovelace a prétendu que Davis avait également eu des rapports sexuels avec son petit ami et manager, Chuck Traynor. L'ancien vice-président des États-Unis Spiro Agnew assista à une projection privée de *Gorge profonde* qui fut organisée dans la maison que possédait Sinatra à Palm Springs. Des hommes et des femmes de toutes les strates de la société américaine se précipitèrent pour voir le film, un phénomène que le *New York Times* baptisa « le porno chic ». D'après *Variety*, le public type d'une séance du vendredi après-midi était composé de femmes élégantes non accompagnées, de couples d'âge mûr, et d'au moins trois matrones aux cheveux gris.

Hollywood dut s'incliner. Louis B. Mayer avait un jour dit que le succès artistique d'un film ne pouvait se mesurer qu'à la quantité d'argent qu'il avait rapporté au box-office. Les studios avaient toujours considéré le cinéma comme un moyen de faire de l'argent, qui pouvait avoir, accessoirement, un potentiel artistique. D'après l'actrice X Annie Sprinkle, Damiano était convaincu que Hollywood allait se mettre à insérer des scènes pornographiques dans des films conventionnels. D'ailleurs, la MGM souhaitait engager Damiano, ce qui semble indiquer que le studio envisageait bien cette possibilité. On dit que le contrat de Damiano stipulait le nombre de scènes de sexe qu'il y aurait dans chaque film et l'ordre dans lequel elles apparaîtraient. Mais Damiano repoussa la proposition de la MGM en expliquant qu'il ne pouvait pas travailler sur commande. Certains disent qu'il eut en réalité peur de sortir de la marginalité.

Deux ans après sa sortie dans les salles, *Gorge profonde* était toujours numéro onze au box-office. Le FBI enregistra une conversation au cours de laquelle le comptable des Peraino, Chuck Bernstene, disait que 150 000 dollars arrivaient dans son bureau toutes les semaines. Les Peraino ne savaient pas quoi faire de tout l'argent qu'ils engrangeaient. Fred Biersdorf, distributeur de Dallas, se souvient de l'ambiance qui régnait dans les bureaux des Peraino, situés au 630 de la Neuvième Avenue de New York : « J'étais comme un gamin à Disneyland. Tout ne se faisait qu'en cash. En fait, si quelqu'un voulait un manteau de vison, il pouvait directement aller à Bonwit Teller et sortir 18 000 ou 20 000 dollars en liquide. » Joseph Peraino dit à son neveu que ses huit enfants et ses petits-enfants pourraient vivre sans rien faire jusqu'à la fin de leur vie. Un informateur qui travaillait dans le bureau de l'avocat des Peraino à Wilton Manors (Floride) expliqua au FBI que l'argent coulait tellement à flots qu'on ne se donnait même plus la peine de le compter. On se contentait de le peser.

On estime que *Gorge profonde*, qui avait coûté 22 000 dollars aux Peraino, rapporta au total 600 millions de dollars. Les bénéfices du film s'élevèrent à 127 millions de dollars en Amérique du Nord et 86 millions de dollars dans le reste du monde. Les 385 millions de dollars restants furent générés par la location et la vente de cassettes vidéo (plus de trois millions d'exemplaires vendus). Si les gangsters prélevaient 15 % des bénéfices, leur investissement dut leur rapporter 90 millions de dollars. Mais conformément à la coutume de la Mafia, la moitié de cet argent devait être englouti par la gorge plus profonde encore de la famille Colombo. « Ces deux types de Brooklyn qui n'avaient jamais eu beaucoup d'argent se sont tout à coup retrouvés millionnaires », allait dire un avocat représentant les Peraino à un journaliste du *Los Angeles Times*. « Les sommes d'argent qui arrivaient étaient vraiment impressionnantes. Personne n'aurait pu gérer ça. Toutes les estimations qui ont été faites sur les recettes de *Gorge profonde* sont bien en dessous de la réalité. »

On dit souvent qu'essayer de gagner de l'argent en produisant des films, c'est un peu comme transporter de l'eau dans un seau plein de trous. Les trous représentent le nombre de déductions qui doivent être pratiquées avant que les investisseurs ne prennent leur part. Une fois les cinémas, les distributeurs et les autres créanciers payés, il ne reste que très peu d'eau dans le seau. Les Peraino contournèrent ce problème en envoyant leurs hommes compter le nombre de spectateurs présents dans chaque cinéma. Ils prélevaient ensuite leur pourcentage sur le box-office et l'argent était directement acheminé dans leur bureau. Mais les Peraino auraient sans doute gagné encore plus d'argent s'ils avaient fait appel à un véritable distributeur. Les gens qu'ils employaient pour contrôler le nombre de spectateurs étaient facilement corruptibles. Une grande partie de l'argent dû aux Peraino fut paradoxalement ponctionnée par leurs prétendus « contrôleurs ».

Damiano possédait un tiers du capital de la société de production de *Gorge profonde*. Il devait donc toucher un tiers des bénéfices du film. Mais quand Damiano alla trouver les Peraino pour leur demander son argent, il s'entendit dire que la seule chose qu'il recevrait en plus de son cachet de réalisateur de 15 000 dollars, c'étaient deux rotules cassées. Damiano vendit sa participation aux bénéfices de *Gorge profonde* à Louis Peraino peu de temps après la sortie du film pour seulement 25 000 dollars. Quand un journaliste du *New York Times* lui demanda pourquoi il avait accepté une si mauvaise affaire, Damiano lui répondit : « Vous avez envie de me voir avec les deux jambes cassées ? »

Bien sûr, en refusant de donner davantage d'argent au réalisateur alors que le film était un succès, Peraino ne faisait qu'imiter les pratiques des producteurs « normaux » de Hollywood. À moins qu'il ne soit très talentueux et qu'il puisse ainsi négocier à l'avance une participation aux bénéfices, un réalisateur ou un acteur ne touche que son cachet.

Le reste de la Mafia réalisa très rapidement qu'il était plus intéressant de pirater les films X que d'investir dans leur production. Grâce à l'industrie du porno, la Mafia allait gagner des millions de dollars sans avoir investi le moindre cent dans un film. Un exploitant de Hartford (Connecticut) se plaignit d'un cinéma concurrent, qui projetait une version pirate de *The Life and Times of Xaviera Hollander*. On lui fit comprendre que s'il ne se taisait pas, on poserait une bombe dans son établissement. Les frères Mitchell, Arthur et James, de San Francisco, qui avaient produit le film pornographique *Derrière la porte verte*, reçurent la visite de deux représentants de la famille Gambino. *Derrière la porte verte* était devenu un immense succès après qu'il eut été révélé que Marilyn Chambers, l'actrice qui était dans le film placée au centre d'une orgie, était aussi le mannequin qui incarnait une mère tenant un bébé dans ses bras sur les boîtes de talc Ivory Soap. Les hommes de Gambino dirent qu'ils voulaient que le film soit distribué par leur société basée en Floride. Ils proposèrent de partager les recettes à cinquante-cinquante. Arthur Mitchell expliqua que le film était déjà sorti dans les salles. Les mafiosi répondirent à Mitchell que s'il ne leur donnait pas l'original, dans une semaine à peine, le marché serait saturé de copies pirates – et ce fut ce qui se produisit. Des copies illégales de *Derrière la porte verte* furent projetées dans les cinémas de très nombreuses villes d'Amérique, dont Dallas, Las Vegas et Miami.

En 1974, un projectionniste soupçonné d'avoir piraté un autre succès du porno, *The Devil in Miss Jones*, fut retrouvé mort dans sa voiture à Youngstown (Ohio). La police présuma que la Mafia, craignant qu'il ne devienne un informateur, l'avait fait assassiner.

Gorge profonde fut sans doute le film le plus piraté. Les gens qui plaisantaient sur le crime organisé en disant qu'il était tout sauf organisé ne croyaient pas si bien dire. De petites frappes de la Mafia, ignorant les liens que le producteur avait établis avec la famille Colombo, réalisèrent des copies du film. Mais Louis Peraino réussit à tourner le piratage à son avantage. Ses représentants allèrent trouver les propriétaires de cinémas et leur dirent qu'ils devaient diviser les recettes des films piratés à parts égales avec les Peraino. Ainsi, Louis, « *Big* Tony » et « Joe *the Whale* » n'auraient pas à dépenser d'argent pour faire fabriquer de nouvelles copies ou lancer des campagnes publicitaires. Ils n'auraient qu'à s'appuyer sur les campagnes marketing des cinémas.

Les archives de la police de Los Angeles montrent qu'en 1975, le succès de *Gorge profonde* avait poussé de nombreuses personnalités de la pègre new-yorkaise à s'installer en Californie. Ingénue, la LAPD pensait qu'une fois bien établie dans le porno, la Mafia allait tenter de s'insérer dans l'industrie du film « normal ». Comme on l'a vu, l'histoire de la Mafia et celle de Hollywood sont imbriquées l'une dans l'autre depuis les années 1930. En réalité, en 1975, moment où le rapport de police avait été rédigé, la famille Colombo avait déjà établi ses quartiers à Beverly Hills. Louis Peraino s'était appuyé sur le succès de *Gorge profonde* pour lancer sa propre société de production de films conventionnels. Deux ans plus tard, Bryanston Films Distributors était devenu la société de production et de distribution la plus prospère après les majors.

Peraino avait fondé Bryanston peu de temps après la création de Gerald Damiano Film Productions. D'après un prospectus de la société qui avait été réalisé pour une banque new-yorkaise, Bryanston et la société qui avait produit *Gorge profonde* étaient « des entreprises jumelles vouées au financement, à l'acquisition, à la production et à la distribution de films de tout type, de toute nature et de toute nationalité ». En 1973, la presse cinéma annonça que « deux hommes d'affaires de New York » – Louis et Joseph Peraino – venaient de fonder « une nouvelle et importante société de production et de distribution » appelée Bryanston. Peraino déclara aux journalistes qu'il comptait produire au moins dix longs-métrages au cours de l'année à venir. Le directeur financier de Bryanston, Joseph (Junior) Torchio, était un ancien voleur de voitures dont le Q.I., d'après la police, « ne [dépassait] pas la température qu'il faisait dans un commissariat ».

D'après Al Ruddy, producteur du *Parrain*, tout le monde savait que Bryanston était contrôlé par le crime organisé. Mais malgré cela, Louis Peraino était apprécié dans le milieu du cinéma, même si, comme allait le dire un producteur, quand on négociait avec lui, on ne savait jamais si on négociait pour son film ou pour sa vie. Un représentant de studio fut pourtant décontenancé quand un journaliste du *Los Angeles Times* lui téléphona sans s'être annoncé pour l'interroger sur son expérience avec Bryanston. « Pas question de vous répondre », répondit le dirigeant. « Je n'ai rien à dire là-dessus », ajouta-t-il avant de raccrocher.

Les employés de Bryanston ne cherchaient pas à connaître la provenance de l'argent qui servait à payer leurs salaires. « Je ne voulais rien savoir d'autre que ce dont j'avais besoin pour faire mon travail », dit l'un d'entre eux. « Je ne demandais pas aux gens qui arrivaient dans les bureaux pourquoi ils étaient là. »

Ruddy a expliqué que le passé de pornographe de Peraino jouait contre lui dans les négociations. La plupart des producteurs n'avaient pas envie qu'une société associée à la pornographie mette son nom sur leurs films. Mais Bryanston trouva un bon créneau en se lançant dans la distribution de longs-métrages violents, tels *Massacre à la tronçonneuse*, *De la chair pour Frankenstein* et le film de kung-fu de Bruce Lee *Opération dragon*. Peraino acheta les droits de ces films pour moins de 1 million de dollars ; ils lui rapportèrent 30 millions de dollars. Entre 1973 et 1974, Bryanston sortit un total de vingt longs-métrages, dont le film de science-fiction culte *Dark Star*. Au cours de la seule année 1974, Bryanston gagna 20 millions de dollars en coût de location – la somme restante après que l'exploitant eut pris sa part. « Le carton de Bryanston ! », comme allait l'écrire un journaliste de *Variety*.

Le FBI prit conscience du fait que Hollywood se souciait peu de la provenance de l'argent qui servait à financer ses films. Un agent du FBI déclara à un journaliste du *Los Angeles Times* que les producteurs de cinéma n'avaient pas plus de scrupules que les pornographes :

> Nous avons un ensemble de critères très flexibles qui nous permettent de définir la façon dont un film doit être financé. Au cours de ces dix dernières années, nous avons tenté six ou sept fois d'enquêter sur des affaires de supposés liens entre le crime organisé et l'industrie du cinéma. Et nous n'avons obtenu absolument aucun soutien de la part de l'industrie. Les gens du cinéma ne voient pas cela comme une menace. Pour eux, c'est juste un bon moyen d'obtenir de l'argent. C'est un mode de vie qu'ils ont excusé – et même adopté. Mais personne ne veut en parler.

Tobe Hooper, le réalisateur de *Massacre à la tronçonneuse*, ne souhaita pas parler au *Los Angeles Times* de son contrat avec Bryanston : « Tout ce que je peux dire, c'est que deux mois après la sortie de *Massacre à la tronçonneuse*, les gens se sont mis à dire que Bryanston était une société de la Mafia. Si la Mafia est derrière la porte numéro un, alors qui est derrière la porte numéro deux, et la porte numéro trois ? »

Louis Peraino expliqua à un propriétaire de cinéma qui lui devait de l'argent qu'il risquait de se faire défenestrer.

L'après-midi même, l'exploitant revint le voir pour le rembourser. Au cours d'une dispute, on menaça Sandy Howard, producteur d'*Echoes of a Summer* (avec Jodie Foster) de lui casser le nez et de lui arracher les oreilles.

La plupart des sociétés de distribution, lasses de sortir les films des autres, passent à un moment ou à un autre à la production. Cela leur permet également de s'assurer qu'elles auront assez de produits du type de ceux qu'elles veulent distribuer. Peraino assista à des séminaires d'exploitants et fit des discours au cours desquels il expliqua que Bryanston allait se mettre à faire des films familiaux, dont un portrait du Pape. Le premier film fut tourné en novembre 1973 pour un budget de 600 000 dollars ; il s'agissait d'une comédie qui évoquait le tournage de *Gorge profonde*. Certaines scènes furent filmées au Rampart-Parthenon Theatre de Los Angeles, une salle qui avait été utilisée pour tourner de véritables films pornos. *The Last Porn Flick* suivait deux chauffeurs de taxi italiens qui empruntaient 22 000 dollars à des amis et des membres de leur famille pour faire un film X. Les deux protagonistes mentaient en expliquant à leurs familles qu'ils allaient faire un film à caractère religieux. Mais les ennuis commençaient quand leurs épouses annonçaient qu'elles souhaitaient jouer dans le long-métrage. Comme dans *Les Producteurs* de Mel Brooks, le film des chauffeurs de taxi finissait par faire un tabac. Il y avait même dans *The Last Porn Flick* un personnage de Parrain « brandoesque ». Le directeur financier de Bryanston, Junior Torchio, fut crédité en qualité de scénariste. Ce fut la dernière fois que son nom apparut dans un générique de film pour la simple et bonne raison que peu de temps après, il fut renversé par une voiture. La police soupçonna un meurtre commandité par la Mafia. Réintitulé *The Mad, Mad Moviemakers*, la première production de Bryanston sortit en août 1974, et fut très mal accueillie par la critique.

En 1975, Bryanston distribua *La Pluie du diable*, un film d'horreur avec Ernest Borgnine qui marqua la première apparition à l'écran de John Travolta. Il y eut également *Coonskin*, un dessin animé qui se moquait de la mode des films de « blaxploitation » tels *Les Nuits rouges de Harlem* ou *Foxy Brown*. Le film fut entièrement financé par la Paramount et produit par Al Ruddy. La rumeur disait que la Paramount avait offert *Coonskin* à Peraino pour remercier la Mafia de sa collaboration sur *Le Parrain*.

Au début de l'année 1976, Bryanston figurait en haut de la liste de sociétés soupçonnées d'être contrôlées par la Mafia établie par le Département de la Justice de Californie. Au printemps de la même année, Louis Peraino, son père Anthony et son frère Joseph furent arrêtés pour transport de matériel obscène en dehors des limites de l'État. Anthony Peraino fut libéré sous caution et s'enfuit en Europe pour échapper à toute condamnation. Louis et Joe furent jugés avec neuf autres personnes, dont l'acteur Harry Reems, le 1er mars 1976 à Memphis (Tennessee). Le procès engendra une controverse : l'accusation disait que Reems était tout aussi responsable que les Peraino dans l'affaire de trafic de matériel obscène. Warren Beatty et Jack Nicholson prirent le parti de l'acteur, qui pensa que ses nouveaux amis l'aideraient ensuite à se faire une place à Hollywood. L'accusation conduisit pas à pas le jury dans les finances labyrinthiques de *Gorge profonde* en lui présentant des documents du FBI, de l'IRS et de deux *task forces* du Département de la Justice des États-Unis ayant travaillé sur le crime organisé. Le procès dura deux mois, au terme desquels les Peraino et Reems furent jugés coupables. Louis Peraino et son oncle écopèrent d'un an de prison et d'une amende de 10 000 dollars (l'équivalent de 34 165 dollars actuels). La société de distribution de *Gorge profonde* dut également payer 10 000 dollars. La condamnation de Reems fut annulée, mais les amis de l'acteur avaient tous disparu. En juin 1975, Bryanston ferma ses bureaux de Beverly Hills ; la société disparut aussi vite qu'elle était apparue. Elle devait 750 000 dollars à l'IRS, mais aussi des millions à ses fournisseurs, et plus encore aux cinéastes avec qui elle avait travaillé, qui ne virent jamais la couleur de l'argent qui leur était dû. Ceux de *Massacre à la tronçonneuse*, par exemple, devaient toucher 35 % des 25 millions de dollars de bénéfices. Ils ne reçurent que 5 734 dollars. Bien qu'il eût été envoyé en prison, Peraino déclara à la presse cinéma qu'il ne tarderait pas à rebondir : « Ne vous inquiétez pas. Je ne peux pas en dire plus pour le moment, mais je serai bientôt de retour dans les affaires », dit-il à un journaliste de *Variety*.

Louis et Joe Peraino furent de nouveau arrêtés en février 1980 pour avoir distribué des titres pornographiques, dont *Hot and Saucy Pizza Girls*. Mais ils ne furent pas poursuivis pour violation des droits à la propriété intellectuelle, bien que la police eût découvert pas moins de cinquante cassettes VHS dans leurs bureaux, ainsi que du matériel de piratage. Parmi les films qui furent confisqués figuraient *American College*, *Kramer contre Kramer*, *L'Arnaque*, *La Guerre des étoiles* et *Le Parrain 1* et *2*. Les deux hommes furent jugés à Miami le 2 décembre 1981. Cette fois-ci, Louis Peraino écopa de six ans de prison. Il mourut d'un cancer du poumon en 1999.

Au cours des années 1980, la pornographie perdit de son éclat. L'époque où les couples de classe moyenne et les dames de la haute société allaient voir des films pornos – le milieu des années 1970 – avait fait long feu. Les féministes manifestaient devant les sex-shops en scandant que les films pornos donnaient une image dégradante de la femme. L'audition de Lovelace, qui expliqua à une commission du Congrès qu'elle avait été forcée à jouer dans *Gorge profonde*, fut largement médiatisée. Les affaires elles-mêmes changèrent avec la banalisation de la cassette vidéo : les marges de profits se réduisirent. Le prix de la cassette porno VHS passa d'une centaine de dollars à 3,99 dollars, et la Mafia laissa la place aux Israéliens et aux Sri Lankais. Le marché fut inondé de vidéos « attrape-gogos » qui présentaient une jolie fille sur la jaquette et pas grand-chose d'intéressant à l'intérieur. Les cinéastes se désintéressèrent eux aussi de la pornographie. Certains réalisateurs de Hollywood, comme Wes Craven (*Scream*), avaient fait leurs débuts en réalisant des films pornos. On passa des films à budgets comparativement élevés, tel *Gorge profonde*, à des vidéos bon marché. L'arrivée du sida, au début des années 1980, terrorisa l'industrie qui était déjà surnommée l'« enceinte des damnés ».

En 1972, il y avait un autre film qui tenait l'affiche face à *Gorge profonde*. *Le Parrain* reste sans doute le film le plus influent qui ait jamais été fait sur la Mafia. Il changea la façon dont la Mafia elle-même se considérait et, pour beaucoup de gens, réhabilita les gangsters en les présentant comme des hommes d'honneur plutôt que comme ce qu'ils étaient vraiment – des hommes violents et incultes. *Le Parrain* tendit aussi à perpétuer le mythe du truand respectant un code d'honneur, à une époque où la véritable Mafia se faisait grignoter par des mouchards qui pensaient plus à sauver leur peau qu'à respecter l'*omerta*.

X

Un conte de fées pour adulte

Le 12 avril 1972, Marlon Brando se trouvait dans le quartier new-yorkais de Little Italy pour le tournage du *Parrain* – et notamment de la scène où des hommes travaillant pour Sollozo, le chef rival, tirent sur le parrain. Brando regardait un étal de fruits et tâtait quelques oranges. Derrière la caméra, deux véritables mafiosi critiquaient sa prestation. D'après Nicholas Pileggi, journaliste du *New York Times*, aucun d'entre eux ne semblait convaincu. Ils estimaient que Brando ne faisait pas assez riche. « On dirait un marchand de glaces. Ça ne va pas du tout. Un homme comme lui devrait avoir du style. Il devrait avoir une boucle de ceinture en diamants et une bague sertie de diamants, et une broche. Tous les vieux chefs adorent les diamants. Ils en portent tous. »

Dans la scène suivante, des gangsters arrivaient en courant et tiraient sur Brando. L'acteur se penchait vers l'avant et tombait dans le caniveau. Les véritables gangsters n'apprécièrent pas non plus cette scène. Les assassins de Brando ne tenaient pas leurs armes comme il fallait. « On dirait que c'est des fleurs qu'ils ont à la main », dit méprisamment l'un d'entre eux.

Alors, un troisième mafioso arriva et murmura quelque chose. Apparemment, l'un des personnages sur lesquels Brando avait basé son interprétation se trouvait à une rue de là. Les deux mafiosi parurent alors tout aussi agités que l'étaient les gens du voisinage du fait de la présence de Brando. Ils se dirigèrent rapidement vers Grand Street et s'arrêtèrent au coin de la rue. L'un d'entre eux jeta un bref coup d'œil puis, tout excité, se retourna vers l'autre et lui dit : « Il est là. Il est là. J'ai vu sa voiture. J'ai vu les hommes de Paul. »

Le vieil homme, Carlo Gambino, sirotait un verre de café dans un bar de Grand Street. Il était arrivé quelques instants plus tôt avec son frère Paul et cinq gardes du corps. Gambino avait quelque chose du Patricien bienveillant, une aura que Brando avait réussi à saisir dans le film. Rien ne laissait présager qu'il s'agissait d'un pornographe et d'un dealer de drogue. Jimmy « *the Weasel* » Fratiano disait que Gambino lui faisait penser à un oiseau de proie perché, attendant que quelqu'un meure. Il était en train de faire revivre une tradition sicilienne du XVIIIe siècle dans le New York des années 1970. Il avait coutume – en qualité de chef d'une famille de mafiosi new-yorkaise – d'écouter les malheurs des pères déshonorés, des maris qui allaient être expulsés et d'autres hommes venus lui demander son aide. Les gens attendaient dans un restaurant qui se trouvait de l'autre côté de la rue et défilaient devant lui, un par un. On demandait à Gambino, tout comme à Brando dans *Le Parrain*, de rendre justice.

Mario Puzo avait 45 ans quand il avait écrit *Le Parrain*, et était, d'après ses propres mots, las d'être un artiste. Il était l'auteur de deux romans acclamés par la critique, mais peu prisés par le public. En 1968, il devait 20 000 dollars (l'équivalent de 110 000 dollars actuels) à divers membres de sa famille, banques, organismes de prêts et usuriers. Il avait dit à son éditeur qu'il voulait écrire un best-seller. « Il était vraiment temps de grandir et de vendre, comme Lenny Bruce me l'avait un jour conseillé », allait commenter Puzo.

Si Puzo était endetté, c'était aussi à cause de son addiction au jeu. Puzo était un joueur qui prenait autant de plaisir à perdre qu'il en prenait à gagner : il lui semblait parfois qu'il se poussait lui-même à perdre. Ce plaisir pervers explique en partie pourquoi il était tant endetté au moment où il écrivit *Le Parrain*. Peu après la publication du roman, Puzo découvrit qu'une dette de jeu qu'il avait contractée à Las Vegas avait été réglée. Quand l'écrivain demanda des explications, il s'entendit dire : « Mais c'est un plaisir. » D'autres fois, des bouteilles de champagne arrivaient sur sa table sans qu'il n'ait rien commandé. Des maîtres d'hôtel révérencieux lui murmuraient à l'oreille des titres multisyllabiques. Des hommes portant des lunettes de soleil et des bagues serties de diamants lui faisaient des signes derrière des devantures de restaurants faiblement éclairés. La Mafia était ravie que quelqu'un ait romancé son passé. La pègre avait désormais son *Autant en emporte le vent*. Car *Le Parrain* était bien une histoire nostalgique, qui revenait sur les années de gloire d'un racket depuis longtemps révolu. Le roman tendait à perpétuer le mythe selon lequel la Mafia n'était pas impliquée dans le trafic de drogue. Il romançait et exagérait la fortune et l'influence politique de la pègre. En bref, *Le Parrain* satisfaisait le goût de l'Amérique pour les histoires merveilleuses.

Si Puzo était originaire d'Italie du Sud, il n'avait pas vraiment eu d'expérience du crime organisé. Mais il avait en revanche des souvenirs d'enfance sur lesquels il put s'appuyer. « Les histoires sur le crime faisaient partie de la culture », expliquerait-il. « Il y a une ou deux choses que j'ai vues quand j'étais petit et qui ont fini dans *Le Parrain*. » Enfant, Puzo avait un jour aperçu un homme passer des armes à sa mère par la fenêtre de l'appartement voisin. Et à une époque où elle craignait d'être expulsée, sa mère avait demandé un service au parrain local – la menace de se retrouver à la rue s'était dissipée.

Mais Puzo n'avait jamais rencontré de véritable mafioso. Pour écrire *Le Parrain*, il s'appuya donc en grande partie sur ses lectures. Il consulta par exemple le témoignage de Joseph Valachi, mafioso qui avait expliqué le fonctionnement du *Syndicate* de New York à une commission du Sénat en 1963. Du fait des recherches de Puzo, il existe beaucoup de parallèles entre la fiction qu'est *Le Parrain* et l'histoire de la pègre. Moe Greene, propriétaire de casinos de Las Vegas, est assassiné chez un coiffeur, tout comme Albert Anastasia ; on lui tire une balle dans l'œil, comme on le fit à Bugsy Siegel. On retrouve dans *Le Parrain* des versions fictionnelles de la guerre des Castellamarese et des Vêpres siciliennes. Et la plupart des personnages sont inspirés d'hommes ayant réellement existé. Si Don Vito Corleone a été principalement créé à partir de l'idée que se faisait Puzo de ce que devait être un chef de la Mafia, l'un de ses inspirateurs fut Frank Costello. Comme celui de Costello, le pouvoir de Corleone dérive du nombre de politiques, de juges et d'officiers de police qui sont à ses côtés. À l'instar de Costello, Corleone ne veut pas s'impliquer dans le trafic de drogue. En refusant d'utiliser ses contacts politiques pour aider les autres mafiosi à se lancer dans le marché des stupéfiants, il déclenche la guerre des gangs. Par une ironie du sort, il se trouve que Costello ne voulait pas du roman de Puzo chez lui. Il prétendait être choqué par les dialogues. « Ce livre, c'est un vrai torchon », disait-il.

Le roman de Puzo s'était déjà écoulé à vingt et un millions d'exemplaires au moment où la Paramount produisit le film. L'idée originelle de la Paramount avait été de tirer profit du succès du livre pour faire un film contemporain bon marché, avec un budget d'environ 1 million de dollars. Il y avait ainsi quelques hippies dans la première ébauche de scénario de Puzo, qui tentait de remettre la Mafia au goût du jour en cette ère de « Faites l'amour et pas la guerre » et de lévitation du Pentagone. Les gens pensaient que les films de gangsters ne rapportaient plus d'argent, comme l'avait prouvé *Les Frères siciliens* (1968) de Martin Ritt – malgré la présence de Kirk Douglas, le public n'avait pas été au rendez-vous. Les gangsters, pensait-on, étaient désormais la chasse gardée des réalisateurs de films d'exploitation : Roger Corman venait de terminer un *biopic* à petit budget de Ma Baker, *Bloody Mama* (1970). Pour *Le Parrain*, la Paramount contacta une trentaine de réalisateurs, dont John Frankenheimer (*Un crime dans la tête*, 1962), Sidney J. Furie (*Ipcress, Danger immédiat*, 1965) et Lewis Gilbert (*On ne vit que deux fois*, 1967). Tous rejetèrent le projet, refusant de faire l'apologie de la Mafia. Seul Sam Peckinpah accepta, pensant probablement que le film lui offrirait des marges de manœuvre pour exercer sa patte violente.

Ce fut le vice-président de la production de la Paramount, Peter Bart, qui glissa le nom de Francis Ford Coppola à son supérieur Robert Evans. Bart pensait que bien qu'il eût la réputation d'avoir mauvais caractère, Coppola pouvait apporter une certaine sensibilité italienne au projet. Au départ, Coppola refusa d'être lié de quelque façon que ce soit au *Parrain*. Il trouvait lui aussi qu'il était immoral de glorifier la Mafia et refusait de réhabiliter une société secrète qui avait noirci son héritage italien. D'un autre côté, il avait beaucoup de dettes. Il changea d'avis en observant Aggie Murch – l'épouse de son monteur son, Walter – assise à l'écart des autres convives à un barbecue organisé au cours de l'été 1971. Murch était plongée dans la lecture du *Parrain*. Coppola se dit que si une personne était tellement absorbée par un livre qu'elle en oubliait de manger, c'était que ce livre devait bien contenir quelque chose d'intéressant.

Coppola dit à la Paramount qu'il acceptait de faire le film à deux conditions. Tout d'abord, il ne devrait pas mentionner les mots « Cosa Nostra » et « gangsters ». Ensuite, il ne devrait pas contenir de scènes violentes. Coppola voyait plutôt *Le Parrain* comme une saga familiale. Les Corleone – tout comme les Coppola allaient le devenir – étaient une sorte de famille royale américaine. Don Corleone, le roi, avait trois fils, chacun ayant hérité de l'une des caractéristiques distinctives du père. Alfredo Corleone avait pris de sa douceur, Sonny son sang-froid et Michael son ingéniosité. À la fin du film, Michael Corleone devenait le chef de famille, après avoir vengé les morts de son père et de son frère Sonny. Bart pensait que quelque part entre l'approche édulcorée de Coppola et celle, très gore, de Peckinpah, il y avait un bon film à faire.

Evans réussit à convaincre le président de la Paramount, Charles Bludhorn, d'engager Coppola en arguant que si tous les films de gangsters avaient échoué ces derniers temps, c'était parce qu'ils avaient été réalisés par des Juifs. Avec *Le Parrain*, les spectateurs allaient « sentir l'odeur des spaghetti », et seul un Italien pouvait parvenir à ce résultat. Evans allait plus tard repousser cet argument en le qualifiant de « ridicule », mais il s'agissait néanmoins de celui qui avait réussi à convaincre Bludhorn.

Orson Welles chercha à obtenir le rôle de Don Corleone. On pensa également à Laurence Olivier et à Edward G. Robinson, mais la Paramount s'opposa au choix de Coppola – Marlon Brando –, du fait de la très mauvaise réputation de l'acteur. Ces derniers temps, Brando s'était si mal conduit sur les plateaux que plus aucun studio ne voulait travailler avec lui. Bludhorn changea d'avis après avoir visionné un essai spontané qui avait été filmé par Coppola chez Brando. L'acteur avait bourré ses joues de papier toilette et s'exprimait dans un murmure rauque et lent. La transformation physique était remarquable.

Mais la Paramount se montrait encore plus réticente vis-à-vis de l'acteur italien inconnu que Coppola souhaitait engager pour le premier rôle. Evans faisait pression pour que ce rôle soit confié à son ami Alain Delon, mais Coppola n'était pas d'accord. Il menaça de se retirer du projet si Al Pacino n'était pas engagé. Evans appela l'agent de Pacino, qui lui dit que l'acteur, las d'attendre, avait accepté de jouer dans un film MGM. Evans téléphona au dirigeant de la MGM, Jim Aubrey, qui, d'après les mots du principal intéressé, traita le chef de la production de la Paramount « comme s'il venait de refiler le sida à sa sœur ». Evans appela alors son mentor, Sidney Korshak, à qui il exposa le problème. Korshak accepta de parler à Kirk Kerkorian, l'homme qui possédait la MGM. Kerkorian avait racheté le studio afin de pouvoir rattacher la marque MGM – et son association avec le film *Grand Hotel* – à un hôtel qu'il était en train de faire construire à Las Vegas. Aujourd'hui encore, le MGM Grand Hotel reste le plus grand établissement hôtelier du monde avec ses 5 005 chambres. Vingt minutes après avoir raccroché avec Korshak, Evans reçut un nouveau coup de téléphone. C'était Aubrey. « Tu n'es qu'un enculé, un sale connard. Tu me le paieras. Le nabot est à toi ; tu peux le prendre », dit-il à Evans avant de raccrocher. Korshak expliqua plus tard à Evans qu'il avait dit à Kerkorian qu'il pourrait avoir des problèmes avec les ouvriers syndiqués de son hôtel s'il ne laissait pas partir Pacino.

Avant que le tournage ne débute, Puzo expliqua à Coppola qu'il serait très certainement contacté par des membres de la Mafia : « Eux aussi, ils sont fans – alors ils vont vouloir copiner avec toi. » Puzo poursuivit en expliquant à Coppola qu'il ne s'agissait pas d'une bonne chose, car tôt ou tard, les gangsters se sentiraient assez proches de lui pour lui demander un service. Il lui conseilla de se montrer aimable et poli, mais de garder ses distances. Dans le cas contraire, Coppola risquait d'être absorbé dans leur monde, ce qui, bien sûr, était le but ultime des gangsters.

Joe Colombo, chef de la famille Colombo, avait fondé l'Italian American Civil Rights League en 1970. L'organisation protestait contre les stéréotypes sur les Italo-Américains, présentés comme des gangsters et des truands. « Est-il possible qu'à New York, seuls les Italiens aient commis des crimes ? », disait Colombo. « Je ne suis pas un ange, mais je ne peux tout de même pas être tout ce que les gens disent – j'aurais des instruments de torture dans ma cave, je serais un assassin, je serais le chef de tous les usuriers, et aussi le chef de tous les bookmakers. Pour qui est-ce qu'ils nous prennent ? Et jusqu'à quel point pensent-ils pouvoir tromper le public ? » Colombo affirmait que la Mafia n'existait pas – qu'il s'agissait d'une calomnie raciale qui avait été exploitée par le FBI, agissant au nom de l'establishment. En 1970, des centaines de personnes manifestèrent devant les locaux new-yorkais du FBI. Et à la surprise générale, le FBI accepta les revendications de la ligue. Au mois de juillet, l'attorney général John Mitchell interdit l'usage des mots « Mafia » et « Cosa Nostra » dans les communiqués de presse du FBI.

L'organisation anti-diffamation se tourna alors contre *Le Parrain*. La ligue organisa un rassemblement au

Madison Square Garden, auquel Frank Sinatra fit une apparition. L'événement permit de rassembler 600 000 dollars, somme destinée à faire cesser le tournage du *Parrain*. La ligue écrivit à la Paramount pour se plaindre du fait que *Le Parrain* stigmatisait les Italo-Américains. Dans sa lettre, elle demandait aussi au studio pourquoi il ne produisait pas plutôt des films sur les grands Italiens tels que Garibaldi, unificateur de l'Italie, ou Marconi, inventeur de la radio (dans *Le Parrain 2* Coppola allait se moquer de la ligue en mettant le même argument dans la bouche d'un sénateur corrompu).

La pègre, entre-temps, avait menacé de tuer le petit garçon d'Evans si le projet n'était pas annulé. Un jour, Evans avait reçu un coup de téléphone. « Si tu ne disparais pas de cette ville tout de suite, ton fils va mourir », lui avait-on dit. Evans avait protesté en expliquant qu'il n'était pas le producteur du film. « Quand on veut tuer quelqu'un, on frappe à la tête », avait répondu son interlocuteur.

Al Ruddy, le véritable producteur, reçut lui aussi des menaces de mort ; quelqu'un tira même dans la fenêtre de la voiture de sa secrétaire. Ruddy pensait que la Mafia ne ferait aucun mal aux gens qui travaillaient sur *Le Parrain*, mais qu'elle chercherait à rendre le tournage impossible. Il y aurait des problèmes avec les syndicats, des grèves, des sabotages, et toutes sortes de choses de ce genre. Ruddy décida donc d'avoir un entretien « en tête à tête » avec Joe Colombo. Les deux hommes se donnèrent rendez-vous au Park Sheraton Hotel – établissement où Coppola possédait un appartement – le 25 février 1971. Le producteur fut complètement déstabilisé quand il arriva devant l'hôtel : environ six cents membres de la ligue s'étaient rassemblés pour manifester. Il commença à comprendre que la ligue ne souhaitait pas que le film soit annulé, mais plutôt que ses membres décrochent des rôles et des emplois de figurants. Il fut acclamé quand il se mit à pointer du doigt des gens dans la foule en leur promettant qu'il les laisserait jouer dans le film s'ils le laissaient le tourner. Parmi les amis de Colombo qui obtinrent un rôle figurait Gianni Russo, un acteur qui avait peu d'expérience, mais qui se vit confier l'important personnage du beau-frère et traître Carlo Rizzi. « Je pense que la, euh, l'influence de Joe a certainement joué un rôle », allait admettre Russo.

Un rendez-vous fut pris avec le propriétaire du studio, Charles Bludhorn, dans son bureau de Colombus Circle, situé dans le Gulf & Western Building. La Paramount accepta de se soumettre à certaines des conditions de la ligue en échange de sa collaboration. Ruddy promit à Colombo que l'on parlerait dans le film des « cinq familles » et que l'on utiliserait des termes non italiens plutôt que les mots « Mafia » ou « Cosa Nostra ». Il proposa également d'organiser une avant-première aux bénéfices d'un hôpital ou d'une œuvre de charité choisi par la ligue. D'après Ruddy, Colombo se serait alors tourné vers ses hommes et leur aurait dit : « Bon, est-ce qu'on peut faire confiance à ce type ? » Les mafiosi auraient acquiescé. Ruddy allait plus tard dire qu'il préférait faire des affaires avec Colombo plutôt qu'avec certaines des personnes qu'il avait rencontrées à Hollywood.

Mais quand la ligue diffusa un communiqué de presse pour annoncer que l'honneur des Italo-Américains était sauf, le *Wall Street Journal* publia un article qui révélait que la Paramount avait cédé à Colombo. Les actions de Gulf & Western commencèrent à s'effondrer. Ruddy déclara à la presse que son travail ne consistait pas à garantir le prix des actions de la société, mais à faire en sorte que le film soit réalisé. Bludhorn, furieux, renvoya Ruddy. Le producteur ne fut réengagé que grâce à l'intervention de Coppola.

Le 19 mars, la ligue organisa un autre rassemblement public. Ruddy rassura les membres en expliquant qu'étant lui-même juif, il savait très bien ce qu'étaient les préjugés et le sectarisme.

Mais le sénateur John Marchi écrivit à Ruddy pour lui dire qu'abdiquer face à la ligue était « une insulte faite aux millions et millions d'Américains loyaux d'origine italienne » : « Apparemment, vous vous êtes laissé convaincre par l'absurde théorie de la ligue, qui voudrait qu'on puisse exorciser les démons en bannissant leurs noms de la langue anglaise. Oui, Mr Ruddy, la Mafia existe bien, et si vous vous êtes laissé berner, j'ai malheureusement le sentiment que les Italo-Américains et l'ensemble de la communauté ont été roulés. »

Le *New York Times* soutint le sénateur Marchi en insistant sur le fait que la vaste majorité des Italo-Américains n'avaient pas besoin de prétendre que la Mafia n'existait pas pour conserver leur amour-propre et leur statut dans la société. On les insultait en laissant entendre que leur réputation était si fragile que le simple fait de mentionner les mots « Mafia » et « Cosa Nostra » la mettait en péril.

Le tournage commença en avril 1971, à Manhattan. Ruddy et son assistant, Gary Chasen, allaient parfois boire un verre ou dîner avec des émissaires de Colombo. Certains membres de la ligue avaient obtenu des postes de techniciens, et d'autres des emplois de figurants. James Caan, qui jouait le rôle de Sonny Corleone, observait attentivement les mafiosi présents sur le plateau. Il dirait plus tard qu'il s'en était inspiré pour créer son personnage. C'était pour Caan le début d'une association qui allait durer des années.

Caan avait passé son enfance à Brooklyn et, adolescent, avait été membre d'un gang de rue. Sur le plateau, il observa le comportement des mafiosi et remarqua, par exemple, qu'ils ne prenaient jamais de pressions mais toujours des bouteilles. Pour indiquer à un autre qu'une personne de sa connaissance avait été tuée, un truand tendit son bras, pointa son index et son majeur pour figurer une arme et fit mine de viser le sol. « BadaBOUM ! », s'exclama-t-il. Les deux hommes rirent. Caan dit à Nicholas Pileggi qu'il était facile d'imiter le comportement des gangsters. « Mais leur langage, c'est autre chose », ajouta-t-il. « Ils répètent certains mots, par exemple : "Où t'étais, où ?" Ils ont leur propre langage. Ce n'est pas de l'italien, et ce n'est certainement pas de l'anglais. »

Après la fin du tournage du *Parrain*, les liens qui unissaient Caan et la Mafia se resserrèrent. En novembre 1985, l'acteur fut appelé à témoigner au procès d'Andrew Russo, un homme que le FBI disait être un membre éminent de la famille Colombo. Caan connaissait Russo depuis quinze ans ; il affirma que son ami n'avait jamais été mêlé à des crimes violents. Russo était jugé pour corruption et extorsion. Il avait auparavant écopé de quatre ans de prison pour corruption et fraude fiscale et venait tout juste de purger sa peine. En entrant dans le tribunal, Caan salua le coaccusé de Russo, Carmine « *the Snake*[61] » Persico, chef de la famille Colombo, selon une coutume mafieuse – en l'embrassant sur les deux joues. « Je croyais qu'il avait été tué au péage », plaisanta l'avocat général[62] Rudolph Giuliani, en référence au *Parrain*, quand il aperçut Caan. Giuliani

61. « Le Serpent » (*N.d.T.*).
62. *Federal prosecutor* (*N.d.T.*).

avait vu *Le Parrain* un si grand nombre de fois qu'il connaissait les dialogues par cœur. En juin 1986, Persico et huit autres personnes furent déclarés coupables de racket.

Russo fut de nouveau jugé en 1999. Caan filma un témoignage en sa faveur ; la cassette vidéo fut présentée au jury. Cette fois-ci, Russo était accusé de corruption de jurés et d'entrave à la justice. Les faits se seraient produits lors du procès de son fil, Joseph Russo, accusé de racket. Andrew Russo fut jugé coupable.

En 1988, Caan proposa de faire hypothéquer sa maison pour payer la caution de 10 millions de dollars d'un dealer lié à la pègre. Joey Ippolito avait déjà fait trois ans de prison pour trafic de cannabis quand il avait ouvert à Malibu le CentAnni, un restaurant italien tendance. D'après des sources de la police fédérale, Ippolito était membre d'une famille de mafiosi du New Jersey, les DeCavalcante. Le restaurant servait de façade au trafic de cocaïne qu'Ippolito avait organisé avec Ronnie Lorenzo, un associé de la famille Bonanno. En 1993, Caan assista au procès de Lorenzo. L'acteur témoigna en faveur de l'accusé, qu'il présenta comme son meilleur ami. Ippolito et Lorenzo furent jugés coupables et écopèrent de dix ans de prison. En 1998, encore, le FBI nota que Caan s'était rendu à une soirée de Noël organisée par la famille Colombo dans un restaurant de Little Italy.

Caan devint lui-même un grand consommateur de cocaïne. Il achetait sa drogue à un mafioso de Los Angeles appelé Tony « *the Animal* » Fiato. Fiato se faisait également appeler Tony Rome, en référence au film éponyme qu'avait fait Sinatra en 1967. Ironiquement, une partie des revenus du gangster provenait du piratage de cassettes vidéo ; beaucoup étaient copiées, y compris celles du *Parrain*. Caan faisait souvent appel à Fiato, connu pour ses interventions musclées. Il lui demanda un jour d'envoyer des hommes donner une bonne leçon à un acteur qui lui devait de l'argent. Caan se servit également de Fiato et de ses méthodes violentes pour tenter d'obtenir le premier rôle dans *Le Pape de Greenwich Village* (1984). Fiato et un autre gangster tentèrent d'intimider le producteur du film, qui expliqua que le tournage avait déjà commencé avec Mickey Rourke (Rourke, soit dit en passant, assista en 1991 au procès de John Gotti, chef de la famille Gambino, et embrassa la bague du parrain). Plus tard, Caan reçut un coup de téléphone d'un gang qui disait avoir kidnappé son frère Ronnie. Le gang réclamait une rançon de 50 000 dollars. Fiato et ses hommes tendirent une embuscade aux kidnappeurs, qu'ils laissèrent pour morts. « Je suis un homme respecté », écrit Fiato dans son autobiographie. « Je suis un homme respecté par les gens qui ont essayé de me baiser. » Il se trouvait en réalité que Ronnie Caan, accro à la cocaïne, avait simulé son propre enlèvement en vue d'extorquer de l'argent à son frère. Ayant fui l'embuscade, James et Ronnie Caan étaient en train de se disputer quand leur voiture fut arrêtée par la police. L'un des officier dit à Caan qu'il l'avait adoré dans *Le Parrain*, puis le laissa partir avec son frère. Caan n'allait arrêter la drogue que quelques années plus tard, après avoir vu son fils donner un coup de batte de base-ball à son dealer.

À l'instar d'Al Capone, Joe Colombo ne pouvait plus se passer de l'attention de la presse. Malgré l'accord qui avait été conclu au sujet du film *Le Parrain*, Colombo voulait organiser une autre manifestation devant le Gulf & Western Building pour protester contre les clichés sur les Italo-Américains. Les autres dons de la Mafia commençaient à se méfier de l'exposition médiatique.

L'Italian American Civil Rights League n'était pas une simple association. Colombo ponctionnait une partie des dons effectués par les Italo-Américains patriotes et partageait l'argent avec les autres dirigeants de la Mafia. Il valait mieux ne pas trop attirer l'attention de la presse. Carlo Gambino demanda à Colombo de cesser de courtiser les médias et de faire annuler la manifestation. Colombo, que l'exposition médiatique avait certainement gonflé d'orgueil, refusa. La manifestation de Columbus Circle eut bien lieu. Mais le 28 juin 1971 – soixante-sixième jour du tournage du *Parrain* – Colombo reçut trois balles dans le crâne. L'assassinat avait été organisé par « *Crazy* Joe » Gallo, l'un des tueurs d'Albert Anastasia. Le tueur à gages, un Afro-Américain nommé Jerome Johnson, fut abattu par les gardes du corps de Colombo. Colombo survécut, mais resta paralysé du côté gauche et incapable de parler. Coppola commenta . « C'est à peine croyable. Avant de commencer le film, on se disait : "Mais ces types de la Mafia, ils ne passent plus leur temps à s'entretuer." On pensait qu'on avait un problème, que le film ne collait pas assez à l'actualité. »

L'année suivante, John Gallo fut lui aussi abattu dans un restaurant de Little Italy. Gallo passait son temps à regarder des films de gangsters de Jimmy Cagney et Edward G. Robinson afin de s'assurer qu'il maîtrisait bien les gestes de la Mafia. Le jour de sa mort, il avait passé l'après-midi avec un acteur qui devait jouer son rôle dans un film. L'acteur lui avait posé beaucoup de questions sur la façon dont parlaient et bougeaient les gangsters. Il ignorait que Gallo avait tout appris en regardant la télévision. La frontière entre la réalité de la Mafia et la fiction du cinéma était devenue de plus en plus perméable au fil des années. L'art imitait la vie, qui imitait l'art.

Le chanteur Al Martino, qui incarnait Johnny Fontane dans *Le Parrain*, a expliqué que la Paramount craignait que Sinatra n'engage des poursuites et ne fasse arrêter le tournage. Pour l'apaiser, le studio accepta de réduire au minimum l'importance du rôle de Johnny Fontane. Mais Sinatra n'était toujours pas satisfait, et d'après le principal intéressé, essaya d'« intimider [Martino] pour [le] pousser à démissionner ». « Mais j'avais moi aussi mes moyens d'intimidation », a expliqué Martino. « J'ai demandé à Phyllis McGuire d'appeler Sam Giancana, et Sam a dit à Frank de laisser tomber, et les choses se sont arrêtées là. »

Une fois le tournage terminé, Ruddy cessa de recevoir des coups de téléphone de la pègre. Il déclara qu'il ne voulait plus jamais entendre parler de certaines des personnes avec qui il avait travaillé. « Et je ne parle pas de Brando ou de Coppola », ajouta-t-il. Le 14 mars 1972, aucun membre de la pègre ne fut d'ailleurs invité à la première du film (à laquelle assista Henry Kissinger), au grand regret de l'un des hommes de la famille Genovese : « Regardez, si une société de production avait fait un film sur Audie Murphy, il aurait été invité à la première. Quand on fait un film sur l'armée, on fait venir les généraux. Alors quand ils en font un sur nous, on devrait tout de même être représentés. »

Interviewé par un journaliste du magazine *Life*, Brando déclara que *Le Parrain* était un commentaire constructif sur le système américain. Il suggéra que les tactiques utilisées par le Don n'étaient pas si différentes de celles utilisées par General Motors contre Ralph Nader, le porte-parole des consommateurs. « Je veux dire que si la Cosa Nostra avait été une organisation de Noirs ou de socialistes, Corleone se serait fait tuer ou jeter en prison. Mais comme la Mafia s'est bien coulée dans le moule du système – et a su se comporter de façon très pragmatique avec l'argent et les politiques – elle a réussi à prospérer. La Mafia est tout ce qu'il y a de plus américain. »

La famille soudée du *Parrain*, organisée autour d'un patriarche sévère mais juste, unie contre le monde, parla au cœur d'une Amérique pataugeant dans un conflit parents-enfants depuis le début de la guerre du Vietnam. Les gens auraient souhaité pouvoir se tourner vers un Don Corleone qui aurait résolu leurs problèmes d'un revers de la main. Comme Joe Bonanno, chef de la famille Bonanno, allait le souligner, *Le Parrain* n'était pas un film sur le crime organisé ou le gangstérisme. C'était un film sur l'honneur familial. L'essayiste Stephen Fox a quant à lui mis en valeur le fait que dans une société atomisée en particules individuelles, la Mafia tendait à rappeler l'importance de la famille, d'où son attrait. Le mythe de l'Amérique moderne, c'est que les gens peuvent se réinventer à l'infini ; la Mafia nous rappelle que nous ne pouvons pas changer nos racines.

D'après Ruddy, *Le Parrain* rapporta plus de 100 millions de dollars après sa sortie dans les salles (l'équivalent de 465 millions de dollars actuels). Coppola et Ruddy touchaient chacun 7,5 % des bénéfices, et Puzo 2,5 %. Un point allait finir par équivaloir à 1 million de dollars. *Le Parrain* remporta trois Oscars, dont celui du meilleur film. « Le plus drôle dans tout ça, commenta Coppola, c'est que je ne me suis jamais beaucoup intéressé à la Mafia. »

Mais le film, qui fut un réel succès auprès du public, allait aussi influencer le comportement des membres de la Mafia. L'ancien avocat général Rudolph Giuliani a expliqué que cette différence était parfaitement identifiable sur les cassettes de vidéosurveillance, qui permettaient de comparer l'avant et l'après-*Parrain*. Les gangsters se mirent à parler comme les personnages du film. C'était Puzo, par exemple, qui avait imaginé le terme « parrain » pour se référer au chef d'une famille de mafiosi ; le mot n'avait jamais été utilisé par la Mafia. Mais après le carton du film, les gangsters se mirent à s'appeler ainsi et à faire revivre des coutumes moribondes, par exemple embrasser la bague du don. La bande originale de Nino Rota fut jouée au mariage de la fille d'un don sicilien, et Joe Adonis ne cessait de demander qu'on la repasse dans un restaurant new-yorkais. Une tête de cheval fut retrouvée dans une voiture appartenant à des entrepreneurs près de Palerme. Un mafioso qui travaillait pour John Gotti, chef de la famille Gambino, se mit à appeler son tueur à gages « mon Luca Brasi ». Un autre homme de main des Gambino a expliqué qu'il avait essayé de gagner sa vie honnêtement, mais qu'il était revenu au crime organisé après avoir vu *Le Parrain*, le film l'ayant rendu « très nostalgique ».

La vision romancée de la Mafia que présentait *Le Parrain* provoqua la colère de Nicholas Pileggi, spécialiste du crime organisé. « Ce ne sont pas des Sonny Corleone », dit-il. « Ce ne sont pas des personnages de film. Il n'y a rien de noble en eux. Ce sont des êtres vils. » Pileggi expliquait que la pègre était régie non par l'honneur et la loyauté, mais par la trahison et la perfidie. « Cette vision romancée de la Mafia est extrêmement éloignée de la réalité. C'est un monde plein de douleur, qui, la plupart du temps, est infligée aux autres. »

Le critique de cinéma David Thomson remarqua que les personnages du *Parrain* avaient influencé non seulement les gangsters, mais aussi les dirigeants des studios. Les expressions « Ça n'a rien de personnel, ce sont les affaires » et « Celui qui t'apportera le message, c'est lui le traître » entrèrent dans le vocabulaire des magnats du cinéma.

La Paramount insista auprès de Coppola pour qu'il accepte de faire une suite, mais ce dernier refusa six fois, expliquant qu'il était las des gangsters. Il recommanda au studio un autre réalisateur italien, Martin Scorsese, qui dans *Mean Streets* (1973), avait suivi un truand et un futur prêtre dans les rues de Little Italy. La Paramount n'eut pas d'autre choix que de diffuser un communiqué de presse pour annoncer que Coppola ne mettrait pas en scène la suite du *Parrain*. Mais Bludhorn était tenace, et ce qu'il aimait par-dessus tout, c'était négocier. Il argua qu'avec l'argent qu'il gagnerait, Coppola pourrait financer tous ses futurs projets. Il flatta le réalisateur en lui disant qu'il pouvait rentrer dans l'histoire en créant une suite qui serait meilleure que l'original. C'était comme si Coppola avait découvert la recette du Coca-Cola, disait Bludhorn. Coppola finit par se laisser convaincre. Il demanda 1 million de dollars pour écrire, réaliser et produire *Le Parrain 2*. Bludhorn lui garantit une parfaite liberté créative ainsi qu'un pourcentage non sur les bénéfices, mais sur les recettes.

Coppola passa une année à mener des recherches pour *Le Parrain 2*. En juin 1972, il écrivit à Peter Bart pour lui dire que Harry Korshak, le fils de Sidney, avait été embauché comme consultant. Harry Korshak était un producteur de la Paramount qui n'avait en réalité jamais fait de film avant d'être engagé par le studio. Un jour, Sidney Korshak avait tout simplement dit à Bart que son fils allait devenir producteur. L'idée de Coppola, c'était qu'en mettant le fils de Korshak sur le projet, il créerait un lien avec la Mafia. Coppola lut également des transcriptions écrites des auditions de Kefauver. Cette fois-ci, il décida de se concentrer sur Meyer Lansky, qui fut rebaptisé Hyman Roth pour le film. Toutes les répliques de Roth, personnage joué par Lee Strasberg, sont censées avoir été prononcées par Lansky. À l'instar de Lansky, Roth, par exemple, dit que la pègre est « plus grande qu'US Steel ». Le personnage du sénateur Pat Geary est quant à lui inspiré de Pat McCarren, homme politique du Nevada qui aurait eu des liens avec le crime organisé. Frank Pentageli, l'informateur, est un « sosie » de Joseph Valachi, le mafioso qui témoigna devant la commission McClellan en 1963. Comme Valachi, Pentageli décide de se suicider en se pendant dans sa douche. Contrairement à Valachi, Pentageli réussit à tomber sur son épée comme les généraux romains qu'il admire tant – une passion empruntée au chef de la Mafia des années 1930 Salvatore Maranzano.

Coppola était vexé d'avoir été accusé de présenter une vision romancée de la Mafia. Il est vrai qu'il avait repris certains mythes, ceux, par exemple, qui disaient que les mafiosi ne se tuaient qu'entre eux ou n'avaient rien à voir avec le trafic de drogue. *Le Parrain 2* allait montrer Michael Corleone basculant vers le mal, une chute qui s'achevait sur le moment où il commanditait le meurtre de son frère Fredo. Coppola trouvait que Michael Corleone étant un Italo-Américain de la deuxième génération, il représentait dans une certaine mesure l'Amérique elle-même. À la fin du film, Corleone se retrouverait isolé, impérial et suffisant – tout comme l'Amérique des années 1950.

Comme toute œuvre d'art, le second volet était dans une certaine mesure le portrait de son créateur. L'initiale du second prénom de Corleone est « F. » pour Francis, prénom de Coppola. Comme Corleone, Coppola a un frère aîné (August), qui, pour tout le monde, était celui qui réussirait. Pourtant, c'était Coppola qui était célèbre.

En faisant assassiner Fredo par Michael, Coppola a sans doute mis en scène sa propre victoire sur son frère. « D'une certaine façon, je suis devenu Michael : un homme puissant responsable de toute une production », dirait le réalisateur.

Le Parrain 2 remporterait six Oscars, dont celui du meilleur film, et, comme Bludhorn l'avait prédit, serait meilleur que l'original. Le film raconte deux histoires en parallèle : celle de la jeunesse de Vito Corleone et de la façon dont il a rejoint la Mafia, et celle de la corruption de son fils Michael, qui prend en main l'ascension au pouvoir de la pègre à Las Vegas.

Ensemble, *Le Parrain* et *Le Parrain 2* rapportèrent près de 1 milliard de dollars grâce aux revenus combinés de la diffusion dans les cinémas, de la vente et location de vidéos, de la diffusion à la télévision et des royalties.

À cette époque, Sidney Korshak se rendait presque tous les jours dans les locaux de la Paramount pour aider les dirigeants du studio. Toujours impeccablement vêtu d'un costume gris anthracite, le grand et ténébreux Korshak passait son temps à conférer avec Bludhorn ou à téléphoner à Evans. Bart trouvait que Korshak était très poli, mais qu'il manquait terriblement d'humour. Quelques années plus tard, devant son épouse, un cadre de la Paramount se plaignit du fait que le studio n'était pas aussi bien dirigé qu'auparavant. La femme répondit du tac au tac que c'était parce que Korshak n'était plus là pour lui dire ce qu'il avait à faire.

Korshak joua un rôle dans la fondation de ce qui reste aujourd'hui la plus grande société de distribution de films du monde, United International Pictures (UIP), qui gère les films de DreamWorks, de la Paramount et d'Universal. Au début des années 1970, Universal et la Paramount dépensaient des centaines de milliers de dollars pour faire construire des bureaux à l'étranger. Il semblait plus intéressant de fusionner leurs opérations de *back offices* – la comptabilité, le personnel, etc. Fonder une société multinationale distincte apportait également d'importants avantages fiscaux. Korshak servit d'intermédiaire dans l'association entre Bludhorn de la Paramount et Wasserman d'Universal ; il empocha 50 000 dollars. La Cinema International Corporation (CIC) fut lancée en avril 1970. La MGM ne fut incorporée que par la suite. La minimajor United Artists avait été rachetée par Kerkorian, dont les films étaient diffusés au niveau international par la MGM. Mais United Artists avait signé un contrat avec la CIC, qui devait se charger de la distribution de ses films. En octobre 1973, au cours d'un déjeuner d'affaires, Korshak réussit à persuader Kerkorian de faire rentrer la MGM dans la société. Bludhorn qualifia les négociations avec Kerkorian de « très, très dures ». Il déclara qu'ils n'auraient pas réussi à faire affaire sans l'intervention de Korshak. Quand la MGM eut rejoint le groupe, l'avocat de la pègre factura à la CIC 250 000 dollars.

Pendant ce temps, Evans, l'ami de Korshak, avait enchaîné les succès avec *Love Story*, *Le Parrain* et ses suites et *Chinatown*. Mais du fait de sa consommation croissante de cocaïne, le chef de la production était de plus en plus souvent à côté de la plaque et incapable de travailler. Malgré l'affection qu'il éprouvait pour lui, Bludhorn n'eut pas d'autre choix que de le laisser tomber. Mais une fois encore, Korshak intervint pour son client, pour qui il négocia un contrat de huit ans et de vingt-quatre productions avec la Paramount en 1974. Six ans plus tard, Evans, son frère Charles et son beau-frère Michael Shure furent accusés d'avoir acheté

150 grammes de cocaïne à un agent fédéral sous couverture ; ils plaidèrent coupables. Evans accepta de se plier à contrecœur à la volonté de son frère, qui ne souhaitait pas faire appel à Korshak. L'ancien chef de production de la Paramount fut condamné à un an de prison avec sursis. Mais le pire était à venir. Le beau tapis rouge qui, dans les années 1970, avait conduit Robert Evans à tant de succès était en train de se dissiper dans la paranoïa de la cocaïne.

XI

Des gangsters, de la musique, des nanas

Imaginez que vous soyez le producteur de cinéma Robert Evans en 1983. Pendant toute une année, vous avez essayé de mettre en œuvre un projet intitulé *Cotton Club*. Des rois du pétrole texans, des vendeurs d'armes arabes et toutes sortes d'éventuels investisseurs se sont succédé dans votre maison de Beverly Hills pour écouter vos arguments de vente. « *Le Parrain* en musique », avez-vous dit pour décrire le projet – ou, plus sarcastique : « Des gangsters, de la musique, des nanas ». Mais toutes ces discussions se sont terminées sur des promesses vaines. Alors, le chauffeur de votre limousine vous présente à une certaine Lanie Jacobs, une trentenaire divorcée qui dit travailler dans la joaillerie. Jacobs vous présente à son tour un organisateur de spectacles new-yorkais nommé Roy Radin. Il vous dit qu'il va financer *Cotton Club* avec de l'argent provenant de Porto Rico. Vous vous serrez la main et vous décidez d'oublier Lanie. Lorsqu'elle l'apprend, Lanie devient folle de rage et demande à être considérée comme une associée à part égale. Puis Radin disparaît. Lanie se rend à New York, où vous êtes en plein préparatif du tournage du film ; elle vous dit que Radin a été assassiné. Vous découvrez que Lanie Jacobs n'est pas une divorcée texane mais une vendeuse de cocaïne liée à la pègre de Miami. Et si vous ne lui donnez pas sa part du gâteau sur *Cotton Club*, vous serez sa prochaine victime.

Au début des années 1980, Hollywood avait changé. Les agents en costume Armani avaient évincé les hommes de spectacle du type d'Evans dans le rôle de ceux qui possédaient le don presque magique de « lancer » une production. Le centre du pouvoir s'était déplacé vers les agences de talents de Beverly Hills. Ces agences, telle la Creative Artists Agency, présentaient aux studios des « groupes » d'artistes tous prêts (scénaristes, acteurs, réalisateurs...), une pratique connue sous le nom de « *packaging* ». Le manager Bernie Brillstein comprit que les choses avaient changé quand il vit les magnats de Hollywood, parmi lesquels Lew Wasserman, défiler pour présenter leurs hommages à l'agent Michael Ovitz au cours d'un dîner organisé en son honneur. Ovitz les remerciait pour leur gentillesse un peu comme Don Corleone accueillait les suppliants dans *Le Parrain*. « La seule chose qui manquait, c'était le baiser sur la bague du nouveau don », observa le journaliste Nikki Finke.

Pour Evans, le cauchemar du *Cotton Club* commença en 1980, au Festival de Cannes. L'arrivée de la cassette vidéo, au début des années 1980, avait relancé le cinéma. Le magnétoscope eut un fort impact sur l'industrie du cinéma : c'était comme si l'on s'était mis à déverser de l'héroïne pure dans les rues alors que les junkies avaient dû se contenter de méthadone pendant des années. Les producteurs étaient ravis – les investisseurs n'avaient plus besoin que d'un script et de l'enthousiasme d'un vendeur pour distribuer leur argent. On pouvait désormais faire n'importe quoi, puisque de toute façon les films pourraient être revendus sur le marché de la VHS. Peu à peu, on accumulait les différents investissements et au bout d'un certain temps, on pouvait lancer la production.

Evans se présenta devant les distributeurs avec une affiche noire, dorée et argentée qu'il avait lui-même créée. Sous le titre, « The Cotton Club », un dessin représentait des gangsters, des musiciens et des balles qui fusaient. En bas de l'affiche, on pouvait lire : « Sa violence a fait frémir la nation – sa musique a fait trembler le monde. » Par le simple pouvoir de ses arguments de vente, le producteur réussissait à donner vie à l'image. Le critique de cinéma Alexander Walker a un jour dit que serrer la main d'Evans, c'était comme mettre ses doigts dans une prise de courant.

Le Cotton Club était un célèbre cabaret illégal des années 1920. Les stars blanches et les membres de la haute société ne s'aventuraient à Harlem que pour venir y observer les danseurs et les chanteurs noirs qui s'y produisaient. Le chef d'orchestre attitré de la boîte était Duke Ellington. Sept cents célébrités, stars du cinéma et gangsters s'asseyaient autour de minuscules tables disposées en fer à cheval autour de la scène pour l'écouter. L'entrée était interdite aux clients noirs. Le Cotton Club appartenait au mentor de George Raft, le gangster Owney Madden. Le soir, dans le public, on pouvait croiser des gens aussi différents que le producteur Samuel Goldwyn, Lucky Luciano, Charlie Chaplin, Dutch Schultz et Fred Astaire.

Grâce à son affiche, Evans avait rassemblé 8 millions de dollars. Il lui fallait désormais trouver 12 autres millions pour commencer la production. Le temps lui était compté avant même que les négociations avec le vendeur d'armes Adnan Khashoggi ne tombent à l'eau. Les coûts de préproduction s'élevaient à 140 000 dollars par semaine. Evans avait déjà loué une maison à New York pour le tournage du film. Mais il n'avait en sa possession qu'un scénario de Mario Puzo, qui n'enthousiasmait personne, et Richard Gere, qui s'était engagé pour tenir le premier rôle – mais qui cherchait apparemment à se défiler. Le producteur vendit les dernières actions qu'il possédait dans la Paramount pour couvrir les dépenses quotidiennes.

Ce fut à ce moment-là qu'Evans fit la connaissance de Jacobs et de Radin. L'organisateur de spectacles s'était rendu à Los Angeles pour tenter de devenir producteur de cinéma. Sur la côte est, une actrice de télévision disait avoir été battue et violée au cours d'une soirée cocaïne organisée dans la villa de Radin, à Long Island. Radin tentait de couper les ponts avec son passé. Jacobs était arrivée en Californie l'année précédente, en 1982. Elle avait un enfant en bas âge qu'elle avait conçu avec Milan Bellechasses, un immigrant cubain. D'après la police, toutes les six semaines environ, Jacobs recevait 10 kg de cocaïne. Le travail de la jeune femme consistait à revendre la drogue 60 000 dollars le kilo.

Le conflit qui opposa Jacobs et Radin n'eut en réalité rien à voir avec une possible participation aux bénéfices d'un film qui n'était encore rien d'autre qu'une affiche. Jacobs suspectait Radin d'avoir quelque chose à voir avec le cambriolage de sa maison. On lui avait en effet volé 10 kg de cocaïne et 270 000 dollars en liquide. Jacobs pensait que Radin devait au moins savoir où se trouvait le butin. Elle avait très peur et appréhendait la réaction de ses fournisseurs quand ils découvriraient que la drogue et l'argent avaient été volés.

Evans rencontra Jacobs à Miami en avril 1983. La jeune femme lui présenta ensuite le producteur et avocat Frank Diaz. Ce dernier allait également tenter d'aider Evans à trouver de l'argent pour financer *Cotton Club*. Trois ans plus tard, Diaz serait emprisonné au Brésil pour avoir aidé des trafiquants de drogue à blanchir de l'argent via une société écran des Antilles néerlandaises.

Le 13 mai 1983, Jacobs et Radin devaient dîner ensemble dans un restaurant de Beverly Hills appelé La Scala afin de régler leurs différends au sujet de *Cotton Club*. Jacobs arriva en limousine devant l'hôtel de Radin. Un témoin remarqua qu'elle portait une robe en lamé or. Radin avait tellement peur qu'il avait demandé à un ami de le suivre jusqu'à Beverly Hills. Il monta dans la voiture de Jacobs ; ce fut la dernière fois qu'il fut aperçu en vie.

La limousine était conduite par Robert Lowe, un garde du corps employé par le pornographe Larry Flynt. Le trio était suivi par un véhicule, dans lequel se trouvaient deux autres employés du magazine *Hustler* : William Mentzer, l'amant de Jacobs, et son ami Alex Marti. La limousine était filée par un troisième véhicule, celui de l'ami de Radin, qui était censé ne pas la perdre de vue. Mais sur le chemin de Beverly Hills, l'homme en question se laissa semer par la limousine, dans laquelle Jacobs et Radin s'étaient mis à se disputer. La limousine se rangea sur le côté d'une route, sans doute à un endroit qui avait été déterminé à l'avance. Jacobs sortit du véhicule. Mentzer et Marti y entrèrent, les armes à la main.

Les relevés téléphoniques prouvent que peu de temps après, Jacobs passa un coup de téléphone à Evans, qui se trouvait à New York. Accompagnée de l'un des assassins, elle prit ensuite un avion privé à Miami afin de retrouver Evans et de s'entretenir avec lui. Après la discussion – dont le contenu précis n'a jamais été révélé –, Evans téléphona à Woodlands, sa maison de Beverly Hills, afin de s'assurer que tout était bien fermé. Il prit ensuite un vol pour Las Vegas et passa quelque temps avec les propriétaires de casinos libanais Frederick et Edward Doumani. D'après un détective qui avait été mis sur l'affaire, Evans aurait dit aux Doumani que Jacobs avait commandité le meurtre de Radin – et qu'il était le prochain sur la liste.

Un mois plus tard, la police découvrit un cadavre dans le bras mort d'une rivière située dans un parc national, au nord de Los Angeles. Le soleil du désert avait desséché le corps, qui ne pesait plus que 31 kg. Une chaussure Gucci se balançait au bout d'une jambe racornie. Douze balles avaient été tirées à l'arrière du crâne de la victime. Ses parties génitales avaient disparu et l'on avait fait exploser son visage de sorte qu'il soit impossible de l'identifier à l'aide des empreintes dentaires. Un bâton de dynamite avait été placé dans sa bouche. La police classa d'abord le cadavre dans la catégorie des « John Doe » – les victimes anonymes. Il lui fallut un certain temps pour découvrir qu'il s'agissait de Roy Radin.

À Los Angeles, Evans demanda à son ami, le producteur Scott Strader, de le conduire, avec sa petite amie de l'époque, à Palm Springs. Evans, devenu paranoïaque, voulut que Strader prenne la voiture de son maître d'hôtel. Lui et sa petite amie se couchèrent sur le sol, à l'arrière de la voiture, jusqu'à ce qu'ils soient parvenus à une distance suffisamment sûre de Woodlands. La plus grande partie du trajet se fit sans encombre, mais tout à coup, près de Cabazon, la voiture commença à faire des siennes. Strader fut obligé de s'arrêter sur le bas-côté. Evans se mit à hurler qu'il s'agissait d'un piège. Soudainement, des coups de feu se mirent à résonner autour de la voiture. « Je te l'avais dit qu'ils allaient me tuer », cria Evans en se jetant sur le sol. Strader s'était sans le savoir garé près d'un stand de tir.

À ce moment-là, Evans avait réussi à convaincre ses amis les Doumani de financer *Cotton Club* à la place de Radin. Les Doumani trouvèrent un autre investisseur,

Victor Sayrah. Le budget fut fixé à 20 millions de dollars. Les Doumani étaient les propriétaires du casino El Morocco, à Las Vegas. Ils ne reniaient pas leurs liens avec Joe Agosto, un homme associé à la pègre, et avec le célèbre gangster Joey Cusumano. Ces liens assez vagues avaient mis les Doumani en difficulté avec les autorités chargées du contrôle des casinos du Nevada et du New Jersey. Le Nevada Gaming Control Board, notamment, n'appréciait pas que les deux hommes aient prêté des millions de dollars à Agosto, qui était le témoin clé dans le procès des chefs de la Mafia de Kansas City, accusés d'avoir ponctionné les bénéfices d'hôtels de Las Vegas. Cusumano, était lui-même ami avec le représentant de l'*Outfit* à Las Vegas, Anthony « *the Ant*[63] » Spilotro – le Punchinello grincheux incarné par Joe Pesci dans *Casino* (1995). Cusumano, qui allait plus tard devenir l'un des producteurs du *Cotton Club*, parlait de Spilotro comme de « [son] cher ami ». Il reprocha à des agents du FBI d'avoir une imagination débordante : « Bien sûr que je connais Spilotro, mais ça ne fait pas de moi un gangster. J'ai aussi rencontré beaucoup de chirurgiens dans la ville ; ça ne fait pas de moi un chirurgien. » Les autorités avaient mis Cusumano sous surveillance pendant près de dix ans, mais n'avaient jamais rien pu trouver contre lui. Evans, de son côté, disait que Cusumano était « plus à l'aise avec un pistolet dans la main qu'avec un Steadicam ».

Evans avait prévu de réaliser lui-même *Cotton Club* – il avait grandi à Harlem dans les années 1930 – mais il dut abandonner cette idée après avoir demandé à Coppola de réécrire le script. Coppola, qui avait besoin d'argent, proposa de mettre le film en scène. Un mois avant la date prévue de début de tournage, il abandonna le script exis-

63. « La Fourmi » (*N.d.T.*).

tant et fit appel au romancier William Kennedy. Coppola et Kennedy rédigèrent alors ensemble une histoire qui s'inspirait vaguement de celle de George Raft. Le trompettiste de jazz Dixie Dwyer, alias Richard Gere, sauve la vie du gangster Dutch Schultz ; en récompense, il devient l'un des noms figurant sur la liste des personnes rémunérées par le contrebandier. Schultz rôde dans Harlem, essayant de s'insérer de force dans l'un des nombreux rackets liés au jeu. Celui qui était dans la vraie vie le mentor de Raft, Owney Madden, s'arrange pour que Dwyer devienne son espion à Hollywood et surveille les investissements qu'il a faits dans le cinéma.

Le tournage débuta le 28 août 1983, et fut chaotique, du début à la fin. Evans ne réussit pas à transformer *Cotton Club* en or. Dès le départ, le projet fut mis à mal par Gere, qui insistait pour incarner un joueur de cornet, ce qui posait un petit problème, compte tenu du fait que le Cotton Club n'engageait que des musiciens noirs. Coppola et Kennedy avaient créé deux sous-intrigues parallèles – une histoire d'amour entre Richard Gere et la petite amie de Dutch Schultz et les vicissitudes du destin d'un danseur de claquettes noir (Gregory Hines) qui travaillait au club. Gere ne se présenta pas sur le plateau le premier jour du tournage ; il n'avait pas encore signé de contrat. Coppola réalisa le film en improvisant comme un musicien de jazz, une technique qui pouvait difficilement s'accorder avec un film qui coûtait des dizaines de millions de dollars. On repéra des lieux de tournage, qui ne furent jamais utilisés ; on construisit des décors, qui furent ensuite laissés de côté. Coppola tourna un jour une scène que son coscénariste venait à peine de lui dicter d'une cabine téléphonique. Les musiciens noirs qui avaient été engagés pour incarner les membres de l'orchestre de Duke Ellington furent évincés par des musiciens blancs, à qui l'on demanda de recréer le son du Cotton Club. Les musiciens noirs étaient tous des experts de Duke Ellington, mais au bout du compte, seul Richard Gere fut autorisé à jouer devant les caméras. « Ils auraient dû appeler le film *Tarzan fait du jazz* », ironisa l'un des musiciens.

Le budget ne cessait d'augmenter et l'argent se faisait de plus en plus rare. Coppola déclara que les producteurs lui avaient demandé de diminuer le budget de 20 % mais ne lui avaient jamais dit à quel montant il était au départ fixé. À la fin de la sixième semaine de tournage, le réalisateur n'avait toujours pas été payé. Il partit à Londres en Concorde. Il ne rentra qu'au milieu de la semaine suivante, une fois que les Doumani eurent accepté de commencer à lui verser son cachet de 2,5 millions de dollars. Aucun autre membre de l'équipe n'avait été payé. Les acteurs et les techniciens menacèrent de se mettre en grève s'ils ne recevaient pas immédiatement leur argent.

Bob Hoskins, l'acteur britannique qui joua le rôle de Madden, allait plus tard prétendre que les investisseurs de Las Vegas s'étaient servis du film pour blanchir de l'argent. Des gens arrivaient chez Evans à l'improviste, tenant à la main des valises pleines de liquide. Les arrivées d'argent étaient irrégulières, ce qui rendait les comptes impossibles à effectuer. Et il y avait également beaucoup de cocaïne, bien en évidence.

Les Doumani commencèrent à voir d'un très mauvais œil la prodigalité de Coppola. N'ayant pas réussi à faire en sorte qu'il soit désigné comme responsable si le budget était dépassé, les Doumani demandèrent à leur vieil ami Joey Cusumano de jeter un œil sur la production. À ce moment-là, *Cotton Club* coûtait près de 1,2 million de dollars par semaine. Ed Doumani déclara à un journaliste du *New York Times* qu'il avait voulu prendre quelqu'un qui avait une « véritable expérience de la rue » pour surveiller son investissement.

Tous les matins, Cusumano arrivait sur le plateau et restait dans un coin, silencieux. L'homme de main de Las Vegas ne disait pas un mot de la journée. Il se contentait d'être là. Cusumano allait plus tard expliquer pourquoi il ne parlait que rarement : « Avant d'ouvrir la bouche, je veux savoir de quoi je parle. Mon père disait souvent : "Les poissons ne se font attraper que quand ils ouvrent la bouche." » Coppola, sans doute impressionné par la présence de Cusumano, demanda à ce qu'un fauteuil de réalisateur soit placé à côté du sien. On fit peindre le mot « Joey » à l'arrière du dossier. Coppola, qu'Evans comparait souvent à Machiavel, réussit à transformer son ennemi en allié. Dans un scénario qui n'était pas sans rappeler celui de *Coups de feu sur Broadway* – comédie de Woody Allen dans laquelle un gangster qui a été envoyé à Broadway pour surveiller l'investissement de son chef se met à diriger une pièce – Cusumano devint le garant de la vision des choses de Coppola. Le gangster, qui devait jouer le rôle de chien de garde des investisseurs sur le plateau, dit à Doumani de se tenir à distance de Coppola. « Francis ne veut pas entendre parler de budget », expliqua-t-il. « Il a juste envie de créer. »

Les caisses de la production étaient désormais vides. Les dépenses engendrées par le film étaient passées à 1,4 million de dollars par semaine et le budget atteignait maintenant les 48 millions de dollars. Certains des membres de la pègre qui avaient prêté à Evans l'argent nécessaire au lancement de la production téléphonèrent au producteur pour lui annoncer qu'il y aurait des représailles s'ils ne récupéraient pas leur argent. « Bob a été visiblement secoué par ces coups de téléphone », déclara l'avocat d'Evans, Alan Schwartz. Evans emprunta encore 3,5 millions de dollars à des prêteurs sur gages – « *shylocks* » – qui pratiquaient des taux d'intérêts prohibitifs. Il hypothéqua sa maison et remit un chèque de 46 000 dollars à ses créanciers. « Ces types de Vegas n'étaient pas du genre à se préoccuper des aspects artistiques », écrit Evans. « Ne voulant pas voir mon assurance-vie disparaître, je me suis dit que la meilleure solution, c'était de se grouiller. »

Cusumano dit à Coppola que le tournage devait être bouclé pour le 23 décembre 1983. Afin que personne n'oublie l'échéance, le mafioso, que l'équipe s'était mise à surnommer « mon gangster bien-aimé », distribua des T-shirts sur lesquels étaient inscrits « 23 décembre 1983 ». Coppola s'efforça de caser les principales scènes dans un planning de trois semaines. Curieusement, le réalisateur perfectionniste, qui faisait au moins sept prises pour chaque scène, réussit à tourner quarante séquences en à peine trois jours.

Cusumano, qui fut crédité en qualité de producteur exécutif, se mit à parler de quitter Las Vegas pour Hollywood. Comme la plupart des gens, il se faisait des illusions sur l'industrie du cinéma. « Je me prendrais une maison sur la plage », disait-il. Coppola écrivit une lettre de recommandation pour le gangster. Puis, en 1987, Cusumano fut accusé d'avoir escroqué le syndicat des employés de la restauration de Las Vegas via une fraude à l'assurance. Il fut condamné à quatre ans de prison.

Evans, quant à lui, accusait les frères Doumani de le menacer. Il renonça à sa participation aux bénéfices de *Cotton Club* moyennant 1 million de dollars en liquide et la restitution du titre de propriété de sa bien-aimée maison de Woodlands. Avec le recul, on peut dire que compte tenu de l'échec critique et commercial que fut

Cotton Club, Evans ne s'en sortit pas si mal. Mais si financièrement, les choses n'étaient pas aussi noires qu'elles auraient pu l'être, judiciairement, les ennuis ne faisaient que commencer.

Lanie Jacobs, William Mentzer, Alex Marti et Robert Lowe avaient été arrêtés pour le meurtre de Roy Radin. Jacobs s'appelait désormais Lanie Greenberger ; elle s'était entre-temps mariée avec Larry Greenberger – également connu sous le nom de Vinnie De Angelo – soupçonné d'être le second dans une affaire de trafic de cocaïne colombienne. Du fait de magistrats pleins d'ambitions politiques qui souhaitaient à tout prix qu'Evans soit impliqué dans le meurtre, ce qui était a priori une simple affaire d'assassinat lié au vol d'un stock de drogue devint un cas beaucoup plus complexe. L'avocat général[64] tenta de prouver que la véritable cause du kidnapping de Radin avait été la dispute au sujet des bénéfices de *Cotton Club*. Il n'y a qu'à Hollywood, remarquait l'essayiste Joan Didion, que le mobile d'un meurtre peut être lié à des participations complètement hypothétiques sur les bénéfices complètement hypothétiques d'un film complètement hypothétique. Pourtant, écrivait Didion, si le Los Angeles des années 1980 subsistait, c'était en grande partie grâce à des abus de confiance ; LA était une ville maintenue à flot par le cinéma et les *junk bonds*. Quoi qu'il en soit, Robert Shapiro, l'avocat d'Evans – qui allait bientôt devenir celui d'O.J. Simpson –, conseilla au producteur de faire valoir son droit de recourir au Cinquième Amendement. Aujourd'hui encore, Evans ne peut parler ouvertement des événements.

---

64. *State prosecutor* (*N.d.T.*).

En 1991, Jacobs/Greenberger et Robert Lowe – le garde du corps qui conduisait la limousine – furent reconnus coupables de meurtre simple. Marti et Mentzer furent reconnus coupables de meurtre avec préméditation. Tous quatre furent condamnés à perpétuité.

La cocaïne restait une part intégrante de Hollywood. Pour certains, de par leurs excès, les années 1980 étaient très similaires aux années 1920. John Gotti était considéré comme le nouvel Al Capone ; son portrait, réalisé par Andy Warhol, fit la couverture de l'un des numéros du magazine *Time*. D'après Evans, tout le monde à Hollywood prenait de la cocaïne, des scénaristes aux acteurs en passant par les réalisateurs. Les agents acceptaient que leurs clients leur paient une partie de leurs dûs en cocaïne. Entre 1985 et 1987, l'« excédent de trésorerie » du bureau de la Federal Reserve à Los Angeles augmenta de 2 300 %, passant à 3,8 milliards de dollars, une indication, disaient certains observateurs, sur la quantité d'argent de la cocaïne qui avait été injectée dans le système. Le Département de la Justice comparait l'économie de Los Angeles à un océan d'argent sali par la drogue. L'un des plus célèbres consommateurs de cocaïne était Dodi Al-Fayed, l'homme qui allait plus tard mourir dans un accident de voiture à Paris avec la princesse Diana. Al-Fayed, qui fut l'un des producteurs des *Chariots de feu* (1981) et de *FX effet de choc* (1986), achetait sa cocaïne à Mike Liszt, un ami de Tony Fiato, homme de main de la pègre de Los Angeles. On disait qu'Al-Fayed exposait des briques de cocaïne aux soirées qu'il organisait. James Caan dit un jour à Fiato qu'Al-Fayed s'était défilé dans un pacte qu'il avait conclu avec Liszt. « Beaucoup de personnes connaissaient Dodi », écrit Fiato. « Il se servait des gens, puis s'en allait en laissant derrière lui une traînée de dettes. »

Les liens qui semblaient unir les célébrités telles que Caan et les truands tels que Fiato attirèrent l'attention de l'avocat général[65] Richard Stavin, qui décida de s'attaquer au crime organisé au sein de l'industrie du cinéma et de la télévision. En automne 1983, par exemple, la Mafia avait prévu de faire assassiner le magnat du cinéma Lew Wasserman, qui avait informé des avocats généraux[66] sur les agissements de la pègre dans le milieu de la musique. Les familles Gambino et Gotti avaient toutes deux investi dans Brunswick Records, une ancienne filiale d'Universal MCA. Des gangsters avaient menacé de violences des DJ de stations de radio pour les obliger à passer des disques Brunswick – ou les avaient soudoyés avec de la cocaïne.

Stavin, magistrat honnête qui méprisait les excès de tolérance, avait été avocat général pendant douze ans à New York avant de s'installer à Los Angeles. Il avait alors rejoint l'Organised Crime Strike Force du Département de la Justice. Là, il avait découvert que le FBI était déjà en train de mener deux enquêtes sur la corruption mafieuse dans l'industrie du cinéma. Pour la première, le FBI avait fondé une fausse société de production de films. L'idée, c'était que la société de production voyagerait dans toute l'Amérique afin de voir si elle pouvait monter un long-métrage sans avoir recours aux puissants Teamsters, les camionneurs syndiqués qui avaient des liens avec le crime organisé. La société de production du FBI se rendit à Atlanta, Boston, Dallas et Miami afin de déterminer si elle pouvait rester tranquille en offrant des

65. *Idem* (*N.d.T.*).
66. *Idem* (*N.d.T.*).

pots-de-vin au syndicat. L'autre enquête, qui portait sur les familles de mafiosi de Los Angeles, avait commencé au début des années 1980. L'agent fédéral Thomas Gates s'était concentré sur un seul homme, Martin Bacow, le principal contact des studios avec les Teamsters. Bacow avait écrit un scénario sur Meyer Lansky, qu'il avait vendu à Eugene Giaquinto, chef du service cassettes vidéo d'Universal MCA. Ce que cherchait à comprendre le FBI, c'était pourquoi Giaquinto continuait de faire des affaires avec North Star Graphics – une société de conditionnement de cassettes vidéo basée dans le New Jersey –, sachant que North Star avait tout récemment escroqué des centaines de milliers de dollars à Universal. En 1981, le gouvernement avait en effet accusé le directeur général de North Star, Edward « *the Conductor* » Sciandra – *sotto capo* de la famille Bufalino – d'avoir escroqué Universal en lui facturant un travail qui n'avait jamais été accompli. Universal estimait pour sa part qu'avec ses fausses factures, North Star lui avait coûté 400 000 à 500 000 dollars. Au bout du compte, Sciandra avait été condamné pour fraude fiscale. Et pourtant, après sa condamnation, Giaquinto, le second de la famille Bufalino, le rencontra deux fois – une première au cours d'une convention sur la vidéo, et une seconde dans un restaurant de Beverly Hills. Stavin était de plus en plus convaincu que la majorité des cadres des studios de Hollywood avaient des liens avec la Mafia.

En décembre 1986, Stavin pensa qu'il avait rassemblé assez de preuves pour présenter les différentes affaires d'implication de la Mafia à Hollywood devant un grand jury. Le grand jury écouterait puis déterminerait s'il y avait suffisamment de preuves pour organiser un procès. Il devrait également écouter des témoins et des personnes accusées de racket de syndicats, extorsion et entrave à la justice. Le dossier devrait également contenir des enregistrements de responsables des Teamsters qui avaient été mis sur écoute et des recherches qui avaient été menées dans tout le pays sur différents gangsters.

L'enquête de Stavin révéla que la Mafia extorquait l'un des cadres de Warner Bros. L'avocat général avait également identifié deux studios de cinéma qui employaient à des postes de cadres des personnes associées à la Mafia. Le producteur indépendant Cannon était accusé de gonfler le budget de ses films – en inscrivant des salaires de Teamsters fantômes sur ses livres de comptes et en partageant probablement les sommes avec les responsables du syndicat. Stavin et Gates avaient identifié trois films dont la Mafia s'était servie pour blanchir de l'argent, parmi lesquels une production Universal de 1988, *Screwball Hotel*.

Entre-temps, le FBI avait surpris une conversation entre Giaquinto et Sciandra au cours de laquelle le cadre du service cassettes vidéo d'Universal avait révélé qu'une guerre des gangs se préparait au sujet des projets Meyer Lansky. Indépendamment du projet Giaquinto et Bacow, la famille Genovese envisageait d'écrire sa propre version de l'histoire de Meyer Lansky. James Caan avait dit au mafioso de Los Angeles Michael Rizzitello que ce serait lui, et non Giaquinto, qui ferait le *biopic* du gangster. Non seulement Caan bénéficiait de l'appui de Thelma, la veuve de Lansky, mais aussi de celui de Jimmy « *Blue Eyes* » Alo, le bras droit du gangster. Giaquinto déclara qu'il était prêt à « aller au matelas » – comme on disait dans *Le Parrain* – pour déterminer qui ferait le film sur Lansky. Il était évident qu'il n'y avait pas de place pour deux. Il dit à Sciandra qu'il avait réussi à persuader le *capo* des Gambino John Gotti de faire venir ses hommes à à Hollywood pour arrêter le clan Genovese. Sur un autre enregistrement, on pouvait entendre Giaquinto dire à Bacow que si Alo et la famille Genovese voulaient la guerre, ils auraient la guerre. Au cours d'une autre conversation retranscrite par un homme n'étant identifié que par le prénom « Tommy », Giaquinto disait qu'il comptait faire venir trente des hommes de main de Gotti afin d'éliminer tout risque de compétition qui pourrait provenir de Jimmy Alo, James Caan ou la famille Genovese. Mais la guerre des gangs n'eut jamais lieu. À Hollywood, le « taux de mortalité » des projets est assez élevé – seule une idée sur dix finit par produire un script, et les scripts qui aboutissent à une production sont rares. Aucun des deux projets sur Lansky ne se concrétisa. Le rêve des Gambino – devenir des artistes du cinéma – se brisa.

Mais avec ces enregistrements en sa possession, Stavin était sûr que l'enquête aboutirait à des condamnations. Ceci étant, il soupçonnait ses responsables de ne pas partager son assurance ; on ne lui donnait pas assez de temps, pas assez de moyens. Les mises sur écoute engendraient beaucoup de frais et l'équipe d'investigation n'était composée que de deux individus : Stavin et l'agent Gates. Stavin finit par être convaincu que personne ne voulait vraiment qu'il mette son nez dans les affaires d'Universal MCA. Il pensait que Bacow avait un informateur à la LAPD qui le tenait au courant de la progression de l'enquête. Deux officiers de police soupçonnés d'avoir donné des informations à des figures importantes du crime organisé furent interrogés – l'un fut mis en retraite anticipée et l'autre fut suspendu de ses fonctions. Certains observateurs se demandaient si quelqu'un ne faisait pas pression pour que le grand jury refuse que les choses aillent plus loin. Pire encore : John Newcomer, le chef de la Los Angeles Strike Force, ne cessait de rejeter la *prosecution memo* de Stavin – le document qui, aux yeux de la loi, transformait les témoignages présentés au grand jury en preuves et qui était indispensable pour inculper qui que ce soit. L'avocat général n'avait donc pas la moindre preuve convaincante susceptible de garantir un véritable procès. Stavin quitta le Département de la Justice en mai 1989, après que Newcomer eut refusé de pousser l'enquête plus loin. « C'était une bonne tentative, mais on ne nous a pas donné assez de ressources pour en faire un véritable effort », déclara-t-il.

À une époque, la Paramount avait été actionnaire d'une société italienne qui blanchissait l'argent de la vente d'héroïne pour la Cosa Nostra. Mais le studio s'intéressait moins à ses liens avec la véritable Mafia, qu'à ceux qui l'unissait à une famille de gangsters fictifs, les Corleone. À la fin des années 1980, la Paramount voulait à tout prix réaliser un troisième volet du *Parrain*. Le studio pensa à plusieurs réalisateurs, dont Martin Scorsese, Sidney Lumet, et Michael Cimino. Frank Mancuso, dirigeant de la Paramount, finit par persuader Coppola d'accepter cette tâche en lui proposant 6 millions de dollars et 15 % des recettes. Coppola croulait de nouveau sous les dettes et craignait de perdre Napa Valley, les 550 hectares de vignobles qu'il avait achetés avec l'argent du premier *Parrain*. En mars 1989, le réalisateur se rendit à Reno (Nevada), où il passa une semaine à développer le script du *Parrain 3* avec Mario Puzo. Les deux hommes passèrent leur temps à travailler dans une chambre d'hôtel et à jouer au casino. Coppola avait demandé six mois pour écrire le scénario mais la Paramount ne lui avait donné que six semaines. Le studio voulait absolument que *Le Parrain 3* sorte pour les vacances de Noël 1990, au plus tard. Pour rédiger le script, Coppola s'inspira de nombreuses sources littéraires, dont *Le Roi Lear*, *Titus Andronicus* et *Roméo et Juliette*, ainsi que l'opéra *Rigoletto*. Mais Coppola déclara lui-même que par bien des aspects, *Le Parrain 3* était un portrait du studio qui l'avait produit.

Le Parrain 3 suit un Michael Corleone d'âge mûr dans sa tentative d'expier ses péchés. Coppola estimait que plus on vieillissait, plus il devenait important d'être perçu comme quelqu'un de bien, quelqu'un qui accomplissait de bonnes actions. Corleone veut mêler ses affaires financières à celles du Vatican, mais en s'infiltrant dans l'Église, il se rend compte à quel point l'institution est corrompue. Un peu comme un adolescent en crise, Coppola disait que l'Église catholique était « la » véritable Mafia, le véritable pouvoir, une organisation immensément riche qui demeurait un mystère pour tout le monde. Dans le film, le holding par le biais duquel Corleone veut légitimer sa fortune s'appelle Immobiliare. Dans la vraie vie, le Vatican avait été accusé de blanchir l'argent de la Mafia par le biais d'une société qui portait exactement le même nom – et qui avait racheté la moitié des studios de la Paramount en 1970 et accepté que des films pornos y soient tournés.

Au début des années 1970, les finances du Vatican étaient contrôlées par Monseigneur Paul Marcinkus, un natif de Chicago qui avait un jour dit : « On ne peut pas diriger les affaires de l'Église avec des *Je vous salue Marie.* » Marcinkus était le responsable de la banque du Vatican, l'Instituto per le Opere di Religioni. La banque du Vatican allait plus tard être accusée d'avoir blanchi pour la Mafia près de 1 milliard de dollars en payant 65 % de la valeur nominale pour forger des obligations du gouvernement. Marcinkus, ainsi que d'autres, auraient reçu d'importants pots-de-vin pour ces agissements.

Beaucoup pensent que la mort du Pape Jean-Paul Ier en 1978, trente-trois jours à peine après son élection, eut quelque chose à voir avec le fait qu'il souhaitait mettre un terme aux obscures affaires financières du Vatican.

Marcinkus avait pour conseiller financier le Sicilien Michele Sindona, responsable des investissements du Vatican à l'étranger. Sindona était un mafioso sicilien de haut rang. En 1957, lors d'un conclave d'importants mafiosi siciliens et américains qui avait eu lieu à Palerme, Sindona avait été élu banquier en chef de la pègre. On lui avait donné pour mission de blanchir l'argent d'un trafic d'héroïne transatlantique. Sindona, qui était également le conseiller financier de la famille Gambino, blanchissait environ 500 millions de dollars par an. Il dirigeait une entreprise de bâtiment, la Società Generale Immobiliare, dont le Vatican possédait 15 % du capital. Au milieu des années 1970, Immobiliare racheta la moitié des studios de la Paramount pour le double de leur valeur. En échange, la Paramount déboursa 15 millions de dollars pour devenir, aux côtés du Vatican, actionnaire à 10 % d'Immobiliare. Dans ses comptes, Gulf & Western estimait les actions Immobiliare à une valeur une fois et demie supérieure à celle du marché. Charles Bludhorn, le président de la Paramount, obtint un siège au conseil d'administration de la société. Coppola allait se souvenir avoir été présenté à Sindona par Bludhorn dans un ascenseur du Gulf & Western Building à New York. D'après Peter Bart, Bludhorn était fasciné par Sindona, qui semblait être ami avec tous les riches et puissants d'Europe – et tout connaître des obscures finances du Vatican. Bludhorn se vantaient de ses nouveaux alliés européens – du type de Sindona – en expliquant qu'ils allaient procurer à Gulf & Western des fonds presque illimités qui permettraient à la société de prospérer et d'échapper aux tentatives de rachat hostile qu'envisageaient la chaîne de supermarché A&P et la compagnie aérienne Pan American Airlines. Reste à savoir si Bludhorn ignorait ou non que le propriétaire des studios de la Paramount blanchissait de l'argent pour la Mafia. Peut-être pensait-il que la banque du Vatican et son milliard de dollars d'argent de la Mafia deviendrait aussi la banque privée de la Paramount.

D'après Bart, Sindona acceptait que des films pornos soient tournés dans les studios de la Paramount. « La Paramount allait elle-même finir par devenir le quartier général de la Mafia, une pièce déterminante de la pègre détenue par une société qui avait des liens obscurs avec “les gens du milieu” », écrit Bart.

La Securities and Exchange Commission accusa la société Gulf & Western de gonfler le prix des actions des compagnies qu'elle possédait avec Sindona, c'est-à-dire Immobiliare et sa filiale Paramount Marathon, la société qui détenait la moitié des studios de la Paramount. La SEC accusa également Sindona et Bludhorn de violer les lois de la Bourse en ne cessant de vendre et de racheter des actions sans valeur. Les deux hommes proposèrent d'arrêter leurs agissements et la commission abandonna ses poursuites.

L'empire financier de Sindona s'effondra en 1974, quand le gangster fut accusé de fraude par les autorités italiennes. Il partit en Amérique, espérant pouvoir échapper à l'extradition. En 1979, Sindona engagea un mafioso pour assassiner le magistrat qui liquidait ses biens en Italie. Placé sous étroite surveillance par les autorités américaines et italiennes, Sindona partit en Sicile, où il mit en scène son propre kidnapping : il prétendit avoir été enlevé par un groupuscule d'extrême gauche fictif. En réalité, le financier était caché par les mafiosi locaux. Pour prouver la véracité de ses propos, Sindona se fit anesthésier puis demanda à un mafioso de lui tirer une balle dans la cuisse gauche. Alors qu'il était toujours en planque, il se mit à envoyer des lettres à des politiques qu'il avait auparavant soudoyés, les menaçant de chantage. Sindona espérait que ses amis joueraient de leur influence pour faire débloquer ses comptes – qui étaient en réalité ceux de la Mafia. Son plan échoua et il se rendit au FBI après avoir été relâché par ses prétendus ravisseurs. Sindona mourut en prison en 1986 après avoir bu du café empoisonné.

Sindona avait eu pour allié un politique sicilien nommé Graziano Verzotto. En 1975, une enquête des autorités italiennes révéla que Verzotto touchait des pots-de-vin pour blanchir l'argent de la Mafia, via Sindona. Verzotto connaissait également Frankie « *Three Fingers*[67] » Coppola, le gangster de Miami qui avait lancé la Mafia sicilienne dans le trafic d'héroïne avec l'Amérique. Frankie Coppola était lui-même ami avec Louis Chesler, ancien président de Seven Arts, la société qui avait racheté Warner Bros en 1967. En plus de ses fonctions politiques, Verzotto dirigeait une mine appartenant à l'État italien et possédait le club de football de Syracuse. Il avait quelques autres sociétés, dont un hôtel à Syracuse, le Villa Politi, dont il avait délégué la gestion à son homme de main, Giancarlo Parretti.

Or, d'après certains journalistes d'investigation, ce fut Parretti qui permit à la Mafia sicilienne de s'incruster plus profondément encore dans Hollywood.

---

67. « Trois Doigts » (*N.d.T.*).

XII

Des tas et des tas de jolies filles

Tenter de vérifier le moindre petit détail de la vie de Parretti est une tâche aussi difficile que d'entreprendre de démêler un plat de spaghetti. En effet, il existe toujours au moins deux versions différentes de chaque aspect de sa vie – la sienne et celle des autres. Parretti, par exemple, prétend avoir été le serveur préféré de Winston Churchill à l'époque où il travaillait au Grill Room du Savoy Hotel, à Londres. Mais les responsables du Savoy ont plus tard déclaré que le restaurant ne possédait aucune trace de son passage. D'autres disent qu'il aurait rencontré Churchill à l'époque où il était steward sur le *Queen Elizabeth*. Mais Parretti a répliqué qu'il avait travaillé sur le *Queen Mary*, et non sur le *Queen Elizabeth*, en qualité de manager de restaurant, et non de serveur – et ainsi de suite.

Parretti est probablement né à Orvieto, localité située à environ 120 kilomètres au nord de Rome, le 23 octobre 1941. Il a toujours aimé raconter des anecdotes pour démontrer que tout petit déjà, il était très malin dès qu'il s'agissait d'argent. À l'âge de 12 ans, il travaillait de façon officieuse comme guide à la cathédrale d'Orvieto. Un jour, un touriste américain lui donna une pièce de 5 lires de l'époque de Mussolini, un objet assez rare, mais presque sans valeur. Parretti réfléchit puis dit au touriste qu'il s'agissait d'une récompense beaucoup trop importante pour le petit service qu'il lui avait rendu. L'Américain, sans doute touché par l'honnêteté du garçon, fouilla alors dans sa poche et lui donna un billet de 5 dollars – une petite fortune pour un enfant qui vivait à Orvieto dans les années 1950.

Parretti a raconté qu'il était arrivé en Sicile en 1966 et qu'il avait alors emprunté 20 millions de lires à une banque pour acheter son premier hôtel. Ce serait à partir de ce premier investissement qu'il aurait fait fortune. Il disait avoir travaillé dur et avoir toujours eu un don pour les affaires. Mais d'après ses détracteurs, Parretti ne se serait pas fait lui-même, comme il le prétend, mais aurait été créé de toutes pièces. Il aurait été initié à la Cosa Nostra et le sénateur Graziano Verzotto, associé de la Mafia, lui aurait demandé de gérer ses affaires après avoir échappé à ce que les Siciliens voyaient comme une tentative d'assassinat commandité par la Mafia (un homme lui avait tiré dessus en public). En 1975, Verzotto quitta l'Italie pour le refuge qu'était alors Beyrouth, considéré à cette époque comme le Paris du Moyen-Orient. Il confia à Parretti la gestion de son hôtel et de son club de football. Mais certains disent que Verzotto contrôlait toujours ses biens à distance, depuis le Liban.

Parretti fonda une chaîne de dix journaux régionaux qui soutenaient fermement le parti socialiste italien, alors au pouvoir. Par conséquent, il commença à se faire des amis influents au sein du gouvernement italien.

Ce fut à peu près à cette époque, alors qu'il cherchait à revendre une compagnie d'assurances et à en racheter une autre, que Parretti rencontra le banquier suisse Florio Fiorini. Fiorini était le protégé du financier de la Mafia Michele Sindona, qui lui avait tout appris sur le blanchiment d'argent et la corruption de politiques. Auparavant, Fiorini avait été le directeur financier du conglomérat du pétrole et du gaz italien ENI, poste à partir duquel il avait tenté d'empêcher la faillite de la plus grande banque privée d'Italie, Banco Ambrosiano, en

1982. La banque avait fini par s'effondrer avec 1,4 milliard de dollars de dettes. Elle était soupçonnée d'avoir blanchi l'argent du trafic d'héroïne de la Mafia. Juste avant que la banque ne fasse faillite, le corps de son président, Roberto Calvi, avait été découvert pendu sous le Blackfriars Bridge. Beaucoup pensaient que l'homme avait été assassiné par la Mafia car il menaçait de révéler les implications du Vatican dans le blanchiment de l'argent de la pègre et la corruption de politiques. Son ancien protégé Sindona l'avait dénoncé en disant qu'il avait violé des règles de transaction monétaire. Si ses amis du Vatican ou de la politique n'intervenaient pas en sa faveur, Calvi risquait quatre ans de prison. Quand Parretti rencontra Fiorini, ce dernier était le gérant de la Sasea, un holding genevois très puissant en Europe. Dans les années 1980, Fiorini devint l'un des plus grands, si ce n'est le plus grand corrupteur de politiques et blanchisseur d'argent d'Europe. « Fiorini est le roi du troc », déclara Carlo de Bendetti, président d'Olivetti, à un journaliste du *Sunday Times*. « Il peut échanger un oiseau contre une vache, qu'il échangera ensuite contre une moto. »

En 1983, Fiorini et Parretti s'associèrent pour créer la société écran Interpart, dont les actions furent vendues à la Bourse de Luxembourg. Les deux hommes se mirent à créer une multitude de sociétés écrans qui allaient servir à masquer toutes leurs acquisitions à venir. La société principale de Fiorini, la Sasea, finirait par avoir plus de trois cents filiales dans le monde, dont beaucoup seraient jumelées avec les sociétés écrans de Parretti, qui seraient quant à elles gérées par une mystérieuse entité nommée Comfinance Panama.

En décembre 1986, Interpart reçut un apport de capital de 55 millions de dollars (l'équivalent de 98 millions de dollars actuels). À cette époque, toutes les sociétés italiennes de Parretti – ses hôtels, ses journaux et son club de football – tournaient à perte ou étaient en faillite. Personne n'a jamais pu expliquer d'où provenaient ces 55 millions de dollars. Arthur Andersen, l'expert-comptable de la société d'audit qui s'occupa de la transaction, nota indifféremment qu'aucun document ne permettait d'expliquer la provenance de cet argent. Interpart fut ensuite exclu de la Bourse de Luxembourg faute d'avoir pu procurer les informations financières demandées. Le secrétaire générale de la Bourse comparait Parretti à « un pain de savon tombé dans l'eau » : « à chaque fois qu'on [essayait] de l'attraper, il [glissait] des doigts ».

Au début des années 1970, le producteur italien Dino De Laurentiis affirmait avoir inventé un nouveau système de financement des films, même si certains allaient plus tard contester cette affirmation. De Laurentiis avait réussi à persuader la Slavenberg Bank, une banque privée basée à Rotterdam, de lui prêter de l'argent en échange de contrats de distribution internationale pour ses films, une pratique que l'on allait plus tard nommer « *discounting pre-sales* ». La banque prêtait un pourcentage de la somme que le distributeur étranger – l'utilisateur final – acceptait de fournir pour lancer la production d'un film et sa diffusion dans les cinémas. Mais la Slavenberg Bank, cependant, avait déjà fait l'objet d'enquêtes concernant des activités de blanchiment d'argent de la drogue. De Laurentiis se moquait des rumeurs selon lesquelles ses films allaient être financés avec l'argent de la Mafia, et joua même un tour à une journaliste : il lui promit de la présenter aux mafiosi qui étaient derrière ses films, et elle se retrouva dans une pièce remplie de banquiers hollandais impassibles. La Bank Slavenberg considérait pour sa part que prêter de l'argent à des producteurs indépendants était un bon investissement.

Au début des années 1980, le Crédit lyonnais, banque nationale française, regardait avec envie la Slavenberg Bank, qu'il envisageait de racheter. Fondé en 1863 et nationalisé en 1945, le Crédit lyonnais était, depuis des décennies, l'une des plus grandes banques du monde. C'était, d'après les mots du journaliste d'investigation David McClintick, le joyau de l'économie dirigiste française. Le président François Mitterrand distribuait généreusement de l'argent public à la banque, tant et si bien que le Crédit lyonnais était presque devenu une filiale du gouvernement français. Son siège, magistral bâtiment de style Second Empire situé sur le boulevard des Italiens, reste l'un des plus grands monuments non gouvernementaux de Paris. Le Crédit lyonnais, en partie attiré par le carnet d'adresses de producteurs de la Slavenberg, racheta la banque hollandaise en 1981. La banque française donna son accord pour que sa filiale de Rotterdam, rebaptisée Crédit Lyonnais Bank Netherlands (CLBN), accroisse les sommes d'argent prêtées aux producteurs de cinéma. Entre 1981 et 1987, le Crédit lyonnais prêta 775 millions de dollars à différentes sociétés de production indépendantes, dont Cannon, Carolco, Castle Rock, Gladden Entertainment, Hemdale Pictures, Imagine Films et Nelson Entertainment. La banque finança entre autres les films *Platoon*, *Chambre avec vue*, *Quand Harry rencontre Sally* et *Susie et les Baker Boys*.

Mais les gens commencèrent à froncer les sourcils quand le directeur du service des prêts aux producteurs, Frans Afman, se mit à toucher des centaines de milliers de dollars d'honoraires de la part des sociétés mêmes à qui il prêtait de l'argent, et qui l'engageaient désormais en qualité de consultant. La situation fut perçue comme un conflit d'intérêts. Afman devint également membre du conseil d'administration de plusieurs sociétés qui empruntaient de l'argent à ses employeurs, dont Cannon, Carolco et Hemdale, ce qui tendait à réduire encore la distance nécessaire entre la banque et ses débiteurs. Afman allait plus tard affirmer que c'étaient ses supérieurs qui lui avaient dit de tenir les choses sous étroite surveillance et que tous ses honoraires de consultant étaient directement reversés au Crédit lyonnais.

Néanmoins, un témoin allait affirmer à la Cour supérieure de Californie qu'au cours du Festival de Cannes de 1983, sur un yacht, Afman avait accepté une enveloppe remplie de billets qui lui avait été remise par Bruce McNall, le propriétaire de Gladden Entertainment – la société qui était derrière *Susie et les Baker Boys*. Afman allait nier. McNall serait plus tard emprisonné pour fraude.

Ce fut à Cannes qu'Afman fit la connaissance de Parretti. Au grand étonnement d'Afman, au cours de leur première rencontre, Parretti lui proposa ouvertement de le soudoyer. Parretti était venu à Cannes dans l'espoir de pouvoir racheter Cannon, qui en 1987, était devenu un fardeau pour le Crédit lyonnais. Cannon devait à la banque plus de 150 millions de dollars et n'avait aucun espoir de pouvoir rembourser ses dettes. La société, qui avait utilisé une partie de l'argent du Crédit lyonnais pour racheter une chaîne de cinémas anglaise, avait perdu plus de 22 millions de dollars l'année précédente. Ses comptables refusaient de valider les bilans de ses trois dernières années du fait d'irrégularités. Et aux États-Unis, Cannon était poursuivi en justice par la SEC. Parretti proposa à Afman une somme trois fois équivalente à son salaire annuel : il était bien placé pour lui faire décrocher un prêt qui lui permettrait de racheter

Cannon. Parretti emprunterait d'ailleurs davantage d'argent au Crédit lyonnais pour rayer l'un des débiteurs qui fraudait de ses livres de comptes. Le supérieur d'Afman, Georges Vigon, accepta cet accord. Parretti devint le nouveau propriétaire de Cannon. Il réduisit les dettes de la société de 100 millions de dollars en vendant certains de ses biens, arrangea les problèmes judiciaires américains et persuada les comptables de la société d'approuver les bilans.

Parretti passa à une autre société de cinéma en difficulté, le De Laurentiis Entertainment Group. Il emprunta encore davantage au Crédit lyonnais qui put la rayer de sa liste de débiteurs. Parretti jeta ensuite son dévolu sur la vénérable société de production de films français Pathé. À la fin des années 1980, Pathé en était réduit à se concentrer sur ses chaînes de cinémas et à brader les droits de ses classiques tel *Les Enfants du Paradis*. Parretti déclara à la presse que s'il faisait affaire, Pathé reviendrait à la production de films. Pathé, expliqua-t-il, allait joindre ses forces à celles des cinémas de Cannon en France, en Hollande et au Royaume-Uni afin de devenir le plus grand exploitant d'Europe. Parretti et son associé français, Max Théret, rachetèrent Pathé le 16 décembre 1988. Ils déboursèrent 81 millions de dollars pour acquérir 52 % du capital de la société. Théret, citoyen français, était un homme de paille : il était là pour contenter le gouvernement français, qui souhaitait que Pathé reste entre des mains françaises. 42 % de la société appartenait à d'autres actionnaires : la Banque de Suez, la Lyonnaise des eaux et Tractebel. Le reste du capital était public. La Banque de Suez, qui avait tenté de bloquer la vente, annonça qu'elle se retirait de Pathé.

Parretti quitta l'Italie pour l'Amérique quand les services régulateurs des marchés financiers lui demandèrent de révéler l'identité de ses actionnaires. Parretti s'installa à Los Angeles, où il reprit les bureaux de De Laurentiis, sur Wilshire Boulevard. Il s'offrit une Rolls-Royce marron identique à celle que conduisait De Laurentiis. Au cours d'un dîner, De Laurentiis présenta Parretti à un certain Alan Ladd Jr. Connu dans le milieu du cinéma sous le surnom de « Laddie », Ladd avait été l'un des dirigeants de la 20th Century Fox et de la MGM. C'était lui qui avait donné son accord pour que la 20th Century Fox produise *La Guerre des étoiles*. En tant que producteur indépendant, il avait à son actif *Alien*, *Blade Runner* et *Les Chariots de feu*. À peine six mois auparavant, Ladd était devenu président de la MGM ; il s'était déjà occupé d'*Un poisson nommé Wanda* et d'*Éclair de lune*. Au cours du dîner, Parretti dit à Ladd qu'il avait 5 milliards de dollars à investir dans le cinéma. Mais après avoir étudié la situation de plus près, Ladd n'était pas vraiment convaincu. Parretti lui proposa alors un poste de directeur de la production. En faisant de Ladd un cadre de Pathé, Parretti renforça sa crédibilité à Hollywood.

Parretti, tel un homme jonglant avec des assiettes, avait du mal à gérer toutes ses affaires. Le député français François d'Aubert, qui s'était battu pour l'empêcher de racheter Pathé, essaya de monter une commission gouvernementale chargée d'enquêter sur la provenance de son argent. D'Aubert pensait que les banquiers du Crédit lyonnais s'étaient laissé séduire par le glamour du cinéma – ils n'avaient sans doute jamais rencontré quelqu'un comme Parretti auparavant. Il pensait que le Crédit lyonnais s'était fait piéger par Parretti. La réalité était plus prosaïque. On allait plus tard découvrir qu'en échange de leur accord pour les différents prêts, Parretti avait offert aux cadres de la banque des voyages à Bora-Bora tous frais payés.

De son côté, le gouvernement français fit également savoir qu'il s'interrogeait sur la provenance de l'argent de Parretti. On dit que les services secrets français auraient mené une enquête, mais quoi qu'il en soit, les résultats de leurs recherches ne furent jamais révélés au public.

En avril 1989, à Naples, Parretti fut accusé de fraude pour avoir falsifié les comptes de sa chaîne de journaux. Il avait mis sa société en banqueroute frauduleuse. Il fut jugé coupable et condamné par contumace à trois ans et dix mois de prison.

Craignant un scandale lié à sa filiale de Rotterdam, la banque centrale hollandaise imposa une limite de 200 millions de dollars pour les prêts accordés à chacun de ses clients ou groupes de clients. Le CLBN avait déjà prêté plus de 900 millions de dollars à Parretti. Mais au lieu de chercher à diminuer l'endettement de Parretti, le Crédit lyonnais aida son débiteur à faire croire qu'il remboursait ses dettes. Parretti réussit par exemple à faire croire qu'il avait réglé près de 200 millions de dollars à la banque. Une société appelée Cinema V, qui venait d'être créée au Pays-Bas, avait racheté certains des cinémas Pathé de Hollande et d'Angleterre pour la somme de 184 millions de dollars. Mais ce que la banque centrale hollandaise ignorait, c'était que Cinema V était une société écran qui avait été créée par Fiorini. Cela ne fit qu'ajouter à la confusion. Les 184 millions de dollars n'étaient qu'un autre prêt bancaire. Les transactions avaient été contrôlées du début à la fin par Parretti et Fiorini. La dette de Parretti avait en réalité augmenté. Parretti était désormais comme Atlas, mais c'était une énorme dette qu'il supportait sur ses épaules.

En juin 1989, six mois après que l'affaire eut été conclue, le ministère des Finances français annula la vente de Pathé. Le gouvernement prétendit que les investisseurs étrangers à l'Union Européenne devaient toujours obtenir son aval s'ils souhaitaient racheter plus de 20 % du capital d'une société française. Il argua que la Sasea, la société suisse de Fiorini, s'était portée garante pour le prêt du Crédit lyonnais. Par conséquent, la Sasea avait violé la règle des 20 % puisqu'elle n'avait pas demandé la permission du gouvernement. Un an plus tard, Parretti revendit ses 52 % du capital de Pathé Cinéma à la société française Chargeurs pour la somme de 90 millions de dollars. Mais en annulant la vente de Pathé, le gouvernement français donna sans le vouloir à Parretti quelque chose qui pouvait se révéler tout aussi intéressant que la société elle-même : Parretti avait conservé le droit d'utiliser le nom « Pathé » en dehors de la France. Le Cannon Group fut rebaptisé Pathé Communications Corporation et ses actions furent inscrites à la Bourse de New York. La société de Parretti, qui n'avait rien à voir avec l'illustre maison française, fut rachetée par des investisseurs pour la plupart américains.

Deux mois après que le gouvernement français eut mis un terme à la vente de Pathé, le chef de la direction d'une société de production hollywoodienne engagea un détective privé pour enquêter sur le passé de Parretti. Dans un fax de vingt-huit pages intitulé *STRICTEMENT PRIVÉ ET CONFIDENTIEL*, le détective expliquait que plusieurs documents – provenant d'anciens associés de Parretti et de membres du gouvernement italien – indiquaient que Parretti était lié à la Mafia sicilienne et avait été impliqué dans des affaires de blanchiment d'argent.

Pareillement, au début de l'année 1990, la banque centrale hollandaise écrivit au chef de la direction du Crédit lyonnais, Jean-Yves Haberer, afin de l'informer que les sociétés de Parretti et de Fiorini servaient à blanchir de l'« argent sale ». Mais le responsable du Crédit lyonnais ne se soucia pas de cet avertissement écrit qui lui avait été envoyé par les responsables de la banque centrale hollandaise.

Pendant ce temps, Kirk Kerkorian, magnat des compagnies aériennes basé à Las Vegas, essayait de vendre le studio MGM/UA, dont il était le propriétaire. Malgré plusieurs changements de direction, MGM/UA continuait de tourner à perte. Kerkorian avait racheté la MGM au fondateur de CNN, Ted Turner, afin de l'empêcher de revendre la société à Cannon. Les deux seules franchises de la MGM – les affaires durables sur lesquelles s'appuient principalement les studios – étaient les James Bond et les films de la Panthère Rose. Malgré les réductions de coûts de production, qui avaient fait de la MGM le studio de dernier recours, les dettes continuaient de s'accumuler. À la fin de l'année 1989, le studio révéla qu'il avait perdu 75 millions de dollars au cours de l'année précédente. Qintex, une société de production de télévision australienne, proposa 1,9 milliard de dollars pour racheter la MGM, mais ne réussit pas à rassembler les 50 millions de dollars de l'avance. Les négociations avec la News Corporation de Rupert Murdoch n'aboutirent à rien. Certains observateurs disaient que Kerkorian ressemblait à un vieux croupier bloqué dans une partie de poker qui n'en finissait pas de durer.

À l'instar de Parretti, Kerkorian s'était déjà associé à la Mafia, en l'occurrence celle de New York et de Las Vegas, et non celle de Sicile. En 1961, le FBI avait enregistré une conversation au cours de laquelle Kerkorian disait à un gangster new-yorkais, Charles « *the Blade*[68] » Tourine, qu'il lui verserait 21 300 dollars, pour une raison

68. « La Lame » (*N.d.T.*).

qui restait indéterminée. Kerkorian promettait à Tourine qu'il lui enverrait un chèque au nom de l'acteur George Raft. Raft l'encaisserait et lui remettrait ensuite l'argent. Kerkorian disait à Tourine de ne surtout pas encaisser le chèque lui-même ; qu'il « [risquerait] de se faire griller ». Plus tard, Kerkorian – qui possédait déjà le Flamingo Hotel de Bugsy Siegel – avait acheté à Moe Dalitz le terrain sur lequel il avait fait construire son MGM Grand Hotel. Quand, au cours de l'une des rares interviews accordées par Kerkorian, un journaliste lui rappela le passé criminel de Dalitz, l'homme d'affaires répliqua : « Qu'est-ce vous avez contre Moe ? »

En mars 1990, les cadres de Hollywood restèrent bouche bée lorsqu'ils ouvrirent leur *Variety* et lurent ce titre : « MGM/UA : la victoire de l'Europe ou le rêve de Parretti ? » Pathé Communications avait proposé de racheter la MGM pour la somme de 1,25 milliard de dollars. D'après Alan Ladd Jr, la MGM était le seul studio que Parretti souhaitait racheter ; il rêvait de posséder la MGM depuis qu'il était petit. Le lion de la MGM était en effet hautement symbolique pour l'Italien qu'était Parretti. D'après les termes du contrat, il devait verser à Kerkorian 50 millions de dollars par mois. Pour pouvoir payer, Parretti espérait revendre le catalogue de la MGM – qui comprenait près de cent longs-métrages, dont *West Side Story*, *Annie Hall* et les Rocky – à Time-Warner, le nouveau nom de Warner Communications, la société de Steve Ross. Time-Warner accepta de payer 650 millions de dollars pour acquérir les droits des différents films du catalogue. « Le coq de Pathé va épouser le lion de la MGM », disait Parretti aux journalistes. En attendant la vente, il se rendit un soir à une réception organisée à la Maison-Blanche et bavarda avec le président Bush et son épouse Barbara.

Si Parretti pouvait miser sur quelque chose, c'était bien sûr l'exposition médiatique. Dans les années 1980, les magnats du cinéma avaient perdu beaucoup de leur charme et de leur charisme. Les cadres des studios avaient été formés dans des facultés de droit ou des écoles de commerce, et non en tirant des charrettes à bras, comme Louis B. Mayer ou Harry Cohn. Parretti, pour sa part, faisait vendre. D'après un journaliste, le mélange d'italien, d'anglais et de français dans lequel il s'exprimait réussissait à dérouter les plus cosmopolites des hommes d'affaires. Sa carte de visite annonçait qu'il vivait dans plusieurs villes – Los Angeles, New York, Rome, Madrid et Paris. Parretti se vantait de la villa à 9 millions de dollars qu'il possédait dans le quartier de Beverly Hills connu sous le nom de Platinum Triangle. Située sur 1 hectare de terrain, la propriété avait à une époque appartenu à Barbara Stanwyck et comprenait une maison de sept pièces, une dépendance de deux pièces, une piscine de taille olympique et un court de tennis. Parretti et sa femme avaient dépensé 2 millions de dollars pour la faire rénover. Les tableaux qui ornaient les murs – des Picasso, des Goya et des Miró – avaient été choisis, visiblement au hasard, dans un catalogue de vente aux enchères. Parretti fanfaronnait aussi au sujet de son appartement romain de douze pièces situé tout prêt de la fontaine de Trevi ; et de la Ferrari qui se trouvait dans le garage de sa troisième maison, à Paris ; et du jet d'affaires Gulfstream qui lui servait de bureau lors de ses déplacements.

Peter Bart, rédacteur en chef de *Variety* et ancien cadre de la MGM, a comparé les changements de direction au sein des studios de cinéma au transfert de pouvoir dans les clans de la Mafia. Le *consigliere* reste dans les parages tandis que le nouveau *capo* reçoit une succession de visites cérémonieuses. Les suppliants attendent leur tour dans le couloir. L'atmosphère est électrique, chargée d'espoirs et de craintes. Après sa prise de pouvoir, la principale préoccupation de Parretti fut la suivante : les actrices. Lorsqu'il arriva aux commandes de la MGM, il dit à Alan Ladd Jr : « Laddie, toi, tu fais les films, moi, je me fais les filles. » Florio Fiorini allait plus tard dire qu'à l'apogée de la période de puissance de Parretti, la MGM s'était transformée en harem. Les noms d'au moins trois « actrices » italiennes apparurent dans les livres de comptes ; en échange de leurs services, Parretti leur offrit des bijoux d'une valeur de 1 million de dollars. L'après-midi, les filles se rendaient dans son bureau, dont la porte restait close. Il y avait Carla de Milan, Marina de Venise et Cinzia de Rome. D'après un rapport établi par un ancien agent du FBI, Cinzia – qui était auparavant arrivée troisième au concours de Miss Univers – reçut en l'espace de deux ans plus de 387 000 dollars.

Mais au moment où l'on rédigeait les derniers papiers de vente, *Business Week* accusa Parretti de blanchiment d'argent. Le nouveau propriétaire de la MGM « avait noué des liens étroits avec des familles de mafiosi siciliennes », pouvait-on lire dans le magazine. Ladd rejeta ces affirmations en les qualifiant d'absurdes. Parretti nia et déclara au *Wall Street Journal* : « Les gens disent que c'est l'argent de la Mafia. Mais c'est parce qu'ils sont jaloux. Il existe une liste des gens qui ont des liens avec la Mafia, et mon nom n'y figure pas, à ce que je sache. » Quoi qu'il en soit, le comique Billy Crystal décrocha son plus gros succès de l'année à la cérémonie des Oscars lorsqu'il déclara que Leo le Lion, le célèbre logo de la MGM, n'allait plus rugir, mais invoquer le Cinquième Amendement.

Pour faire son premier versement à Kerkorian, Parretti frauda le Crédit lyonnais. Et les choses ne s'arrêtèrent pas là. Jusqu'à l'échéance, fixée au 10 mars 1990, il fit pas moins de vingt-trois emprunts frauduleux. Parretti affirma par exemple qu'il avait besoin d'un prêt pour payer l'acteur Charles Bronson, à qui il devait 500 000 dollars. Il demanda ensuite 2,3 millions de dollars pour les frais d'entretien du jet de la MGM. Pour ses demandes de prêt, Parretti découpait la signature d'un cadre de la MGM dans un autre document et la recollait au bas de ses demandes, qu'il n'avait plus qu'à faxer au Crédit lyonnais.

Le nouveau président de la MGM réussit à s'isoler du reste du monde du cinéma – une industrie qui, comme l'a fait remarquer Joan Didion, est régie par les mêmes règles que General Motors, même si les produits qu'elle génère sont plus glamour – quelques mois à peine après avoir pris en main le studio. Quand un journaliste lui demanda si les agences de talents telles que la CAA ou la William Morris, garantes des artistes, acteurs et réalisateurs, avaient un rôle à jouer dans ses projets de revitalisation du studio, Parretti répondit : « La CAA, la CIA, l'ICM… tout ça, c'est des conneries. » Il fit des avances à l'actrice Meryl Streep, qui les repoussa. Et tout le monde racontait que quand Parretti avait rencontré Clint Eastwood et son agent au Festival de Cannes, il s'était présenté en disant : « Mr Eastwood, j'ai toujours adoré ce que vous faites. » Malheureusement il s'était adressé à l'agent, et non à l'acteur. Et il y eut pire encore : Parretti organisa une réception pour la presse dans sa ville natale d'Orvieto. Au cours du dîner, il présenta Yoram Globus, ancien dirigeant de Cannon, en expliquant qu'ils appartenaient tous deux à la Mafia. « Yoram est de la Mafia juive, et moi, je suis de la Mafia italienne », dit-il sur le ton de la plaisanterie. Tous les convives observèrent un silence gêné, mis à part Florio Fiorini, qui riait aux éclats.

Au cours d'une interview accordée au journal communiste *L'Unità*, Parretti déclara que les Juifs et les Japonais étaient ses ennemis – ce qui était assez déplacé, compte tenu du fait qu'Universal Pictures et Columbia TriStar étaient détenus par des sociétés japonaises, et qu'il était en train d'essayer d'obtenir 650 millions de dollars de la main de Steve Ross, le dirigeant juif de Time-Warner.

Time-Warner annula son offre de rachat du catalogue MGM/UA, estimant que Parretti ne respecterait pas sa part du marché, qui consistait à apporter en contrepartie 600 millions de dollars de capitaux. Tout ce que Parretti pouvait faire, c'était emprunter de nouveau 370 millions de dollars, ce qui ne satisfaisait pas Ross. Time-Warner allait plus tard engager des poursuites contre Parretti et lui réclamer 100 millions de dollars pour fraude et négligence. Parretti répliquerait en réclamant à son tour 500 millions de dollars à Time-Warner, qu'il accuserait d'être revenu sur sa promesse.

Les problèmes de trésorerie de la MGM commençaient à affecter l'image qu'elle renvoyait dans le milieu du cinéma. Plusieurs chèques destinés à des acteurs, entre autres Dustin Hoffman et Sylvester Stallone, furent rejetés. Certains employés de la MGM ne purent pas toucher leurs salaires car il n'y avait pas assez d'argent à la banque pour couvrir les chèques qui leur avaient été adressés. Les versements destinés à Sean Connery, star du film MGM *La Maison Russie*, furent différés – et en proposant, dans le but d'apaiser l'acteur, de lui faire envoyer un jet privé pour le conduire de sa maison de Marbella à la première du film, organisée à Londres, Parretti ne fit qu'empirer les choses. Quand Connery arriva à l'aéroport, il n'y avait aucun avion, et il fut obligé de prendre un charter espagnol pour se rendre à la projection. Quelques mois après le changement de direction, des créanciers de la MGM, dont le producteur Roger Corman, qui disait qu'on lui devait 6,1 millions de dollars, firent pression pour que le studio soit mis en liquidation judiciaire.

L'ampleur de la crise devint manifeste le 4 février 1991. Alan Ladd dut différer la sortie de pas moins de trente films, dont *Thelma et Louise* de Ridley Scott. La MGM n'avait plus assez d'argent pour payer les copies et la publicité. Les éditeurs de journaux n'avaient pas touché leurs versements pour la publicité. Et il n'y avait même plus assez d'argent pour payer le laboratoire qui imprimait les copies des films destinées aux cinémas. Ladd écrivit à Parretti, qui se trouvait à Rome : « Les fonds de production n'ont jamais été disponibles que sur une base sporadique et imprévisible. Les termes de mon contrat sont violés à chaque fois que Pathé ne peut fournir de fonds ou payer une facture. Ces défauts de paiements ne vous touchent peut-être pas, mais à cause d'eux, beaucoup de gens ont déjà perdu leurs maisons. »

Ladd n'eut pas d'autre choix que de contourner Parretti et de contacter directement le Crédit lyonnais. Il téléphona à la banque pour l'alerter de l'ampleur de la crise, mais ses responsables ne se donnèrent pas la peine de répondre à ses coups de fil. À cette époque, le Crédit lyonnais avait déjà prêté environ 1,3 milliard de dollars à Parretti, sans compter les 800 millions de dollars qui lui avaient permis d'acquérir la MGM. Ladd insista auprès du Crédit lyonnais. Les dirigeants de la banque parisienne finirent par se rendre à Los Angeles pour le rencontrer. Ladd leur expliqua que le studio perdait environ 1 million de dollars par jour. Il leur dit également que Parretti prétendait que le Crédit lyonnais était sur le point d'approuver un nouveau prêt dont le montant s'élevait à 250 millions de dollars. Les banquiers n'étaient pas au courant. Le Crédit lyonnais força Parretti à démissionner de son poste de président et chef de la direction, lui reprochant « son indifférence et mépris vis-à-vis de ses obligations judiciaires et contractuelles ». Ladd engagea Charles Meeker, un avocat en droit du travail qui travaillait pour White & Case, le cabinet d'avocats du Crédit lyonnais. Meeker devait l'aider à gérer le studio. Ladd fut promu au rang de président et chef de la direction. Meeker engagea à son tour Lawrence Lawler, ancien dirigeant du FBI à Los Angeles, à qui il demanda d'enquêter sur Parretti. À ce moment-là, les services secrets de la LAPD spécialisés dans le crime organisé menaient également des recherches sur Parretti. Mais l'un des amis de Meeker l'avertit qu'en acceptant le poste, il avait mis sa vie en danger. En effet, le 6 juin, Parretti alla trouver Meeker et dit au nouveau directeur général de la MGM qu'il était « complètement fou ». « Il faut que tu saches que je suis un homme très dangereux. Je suis vraiment très dangereux », ajouta-t-il.

Ladd, cependant, doutait que Meeker encoure un quelconque danger. « Parretti faisait peut-être quelques affaires avec la Mafia, mais son activité principale, c'était d'arnaquer la banque pour en tirer des milliards de dollars », estimait-il.

Pourtant, certains des journalistes qui couvraient l'affaire MGM-Pathé reçurent des coups de téléphone de menaces. On expliqua au journaliste italien Sergio di Cori, qui avait rapporté dans *L'Unità* les propos que Parretti avait tenus sur les Juifs – « Le gang des Juifs s'est ligué contre moi » –, que les membres de sa famille risquaient d'avoir des ennuis s'il ne cessait pas immédiatement de rédiger des articles sur Parretti.

En septembre 1991, Parretti fut sommé de quitter le territoire américain suite à l'annulation de son visa. On lui expliqua que c'était parce qu'il avait omis de mentionner sa condamnation pour fraude lors de sa première demande de visa, en 1982. Cependant, les services de l'immigration allaient plus tard s'excuser auprès de Parretti. Ce n'était qu'en 1989 que Parretti avait été condamné. Parretti retourna en Italie, mais fut arrêté le 27 décembre 1991 à l'aéroport de Rome alors qu'il tentait de prendre un vol privé à destination de la Tunisie. La police sicilienne expliqua que Parretti était accusé d'« association avec des criminels », un euphémisme local pour désigner les gens qui travaillaient avec la Mafia. Les magistrats italiens étaient en train d'enquêter sur treize des sociétés de Parretti basées en Sicile et touchant des domaines aussi différents que la production de films, la vente de voitures, l'immobilier, l'hôtellerie et l'agriculture. Parretti était également soupçonné de fraude fiscale ; on estimait qu'entre 1984 et 1988, il avait omis de verser 120 milliards de lires (l'équivalent de 150 millions de dollars actuels) au gouvernement italien. En attendant le procès, Parretti fut incarcéré. Un politique italien déclara publiquement qu'il espérait qu'il ne serait pas empoisonné en prison comme Sindona.

Pendant ce temps, le Crédit lyonnais avait engagé des poursuites pour tenter de reprendre à Parretti le contrôle de la MGM. Le procès se déroula à Wilmington (Delaware), ville où était situé le siège du studio. Parretti retourna en Amérique pour l'audience. Ladd et Meeker déclarèrent tous deux qu'il avait ponctionné de l'argent dans les caisses du studio pour le reverser dans celles d'autres sociétés qu'il possédait avec sa femme. Les recherches de Lawrence Lawler révélaient que Parretti avait détourné, soit directement soit indirectement, environ 100 millions de dollars de la MGM et de Pathé

Communications. Le 30 décembre 1991, le juge William Allen attribua la gestion de MGM-Pathé au Crédit lyonnais. Il déclara qu'au cours du procès, Parretti avait menti et fait usage de faux.

Suite à la faillite de sa société, la Sasea, Florio Fiorini fut arrêté par les autorités suisses. Les journaux européens expliquaient qu'il avait engrangé des millions de dollars après sa dispute avec les responsables du Crédit lyonnais. En 2001, Fiorini plaida coupable lors du procès intenté contre lui par le gouvernement américain au sujet du rachat de la MGM. Il fut condamné à quarante et un mois de prison.

Après l'éviction de Parretti, le Crédit lyonnais versa de nouveau 700 millions de dollars à la MGM et embaucha Frank Mancuso – l'ancien cadre de la Paramount qui avait lancé *Le Parrain 3* – pour diriger le studio. En 1996, la banque revendit la MGM à Kerkorian pour la somme de 1,3 milliard de dollars, soit le prix qu'elle l'avait achetée. En 2004, Kerkorian revendit la MGM à un groupe d'investisseurs rattaché à Sony Pictures pour la somme de 6 milliards de dollars.

Du fait de l'importance de ses mauvaises dettes, le Crédit lyonnais continuait de perdre d'énormes sommes d'argent. Au début des années 1990, le gouvernement français fut forcé d'intervenir, et les contribuables durent se porter caution des prêts non remboursés qui avaient été accordés par le Crédit lyonnais (entre autres, à Parretti) et dont le montant total était estimé à 18 milliards de dollars. En 1993, le président du Crédit lyonnais, Jean-Yves Haberer, l'homme qui avait ignoré les avertissements de la banque centrale hollandaise sur le blanchiment d'argent de la Mafia, donna sa démission. En 1999, peu de temps après la privatisation du Crédit lyonnais, certains des cadres de la banque qui avaient prêté de l'argent à Parretti furent inculpés. Ils étaient accusés d'avoir acquis frauduleusement une compagnie d'assurances californienne et son portefeuille de *junk bonds*. Le 30 juillet 2003, un grand jury de Los Angeles accusa le Crédit lyonnais et ses cadres, dont Haberer, de conspiration, fraude et blanchiment d'argent. On estimait que loin d'avoir été le dupe de Parretti, le Crédit lyonnais avait été complice de l'escroquerie de la MGM et de Pathé. « Beaucoup de gens pensent que les banquiers se sont eux aussi rempli les poches avec tout l'argent qui était détourné. Il semblerait bien que le Crédit lyonnais ait été le complice de Parretti et l'ait aidé à ponctionner les caisses du studio », déclara Ladd.

En juin 1996, deux jours avant son procès, Parretti fuit le territoire américain pour l'Italie ; il encourait dix ans de prison. En octobre de la même année, il fut accusé de parjure et de faux et usage de faux : il avait falsifié un document lié au rachat de la MGM lors du procès du Delaware. Parretti est toujours considéré comme un fugitif par les autorités américaines et françaises. Il brigue actuellement à un poste politique à Orvieto.

En repensant à la catastrophe de la MGM, Irving Shimer – le juge de la Cour supérieure de Californie qui présida l'enquête menée par le grand jury sur le Crédit lyonnais – estimait que les banquiers qui avaient prêté des milliards de dollars à Parretti et à d'autres producteurs « ne s'intéressaient pas au cinéma » : « Tout ce qui les intéressait, c'était de s'amuser avec des filles sur des yachts. C'est pour ça que les banquiers viennent à Hollywood – parce qu'il y a des tas et des tas de jolies filles. »

XIII

Sur le déclin

Le 3 mars 1999, le FBI enregistra une conversation entre Anthony Rotondo, l'un des hommes des DeCavalcante, une famille de mafiosi du New Jersey, et un autre gangster nommé Joseph « *Tin Ear*[69] » Sclafani. Sclafani – surnommé « *Tin Ear* » en raison de sa prothèse auditive – se vantait de connaître Johnny Depp ainsi que d'autres stars et producteurs. Dans une voiture, les deux hommes discutaient d'une série télé qu'ils avaient vue la veille au soir et qu'ils admiraient pour son réalisme. « C'est quoi ces putains de *Soprano* ? », disait Sclafani. « Qui c'est ? C'est nous, ou quoi ? » Rotondo admit : « À chaque fois que tu regardes un épisode, tu reconnais quelqu'un. Un soir, c'était Corky, la semaine d'après… au début, c'était Albert G. » Mais Sclafani avait l'impression d'être laissé pour compte – l'éternelle angoisse du gangster de province. « Ici, c'est comme si je n'existais pas », se plaignait-il.

Les Soprano, la série dont parlaient les truands de DeCavalcante, avait été lancée sur la chaîne câblée HBO le 10 janvier 1999. *Les Soprano* mêlait deux genres, le film de gangsters et le soap opera. Ce serait la seule série télé qui donnerait lieu à une rétrospective au Museum of Modern Art de New York. Ses trois premiers épisodes reçurent cinquante-six nominations aux Emmy Awards et en remportèren six. La série était centrée sur Tony Soprano, *sotto capo* d'une famille de mafiosi du New

69. « Oreille de fer » (*N.d.T.*).

Jersey, qui, incapable de gérer l'échec de son mariage, le caractère dominateur de sa mère et l'atomisation de sa famille, entamait une thérapie. Le créateur de la série, David Chase, dont le véritable nom était DeCesare, était né à Naples, mais avait grandi à North Caldwell (New Jersey). Chase disait que pour écrire *Les Soprano*, il s'était inspiré de sa propre relation avec sa mère, qu'il décrivait comme « une femme complètement cinglée ». Il racontait des histoires très drôles à son sujet, si bien que ses amis lui avaient conseillé d'en faire un scénario. Chase essaya sans succès de vendre *Les Soprano* en tant que film. Puis en 1996, la société de production de télévision Brillstein-Grey lui demanda de créer une série type *Le Parrain*. Le réseau de télévision Fox, qui avait commandé le projet, rejeta le pilote, de même que ses concurrents CBS et NBC – mais HBO le retint, ce qui lui valut l'acclamation de la critique. Dans le *Guardian*, John Patterson compara Chase à « un Balzac ou un Dos Passos du New Jersey, menant des recherches encore plus poussées encore sur deux milieux – la banlieue américaine et "Notre Chose" – qu'il connaissait bien. » D'après Patterson, *Les Soprano* était « une symphonie italo-américaine en quatre mouvements, un quatuor d'exceptionnels romans américains, une pièce montée à quatre étages glacée du sang séché des gros durs ».

Les points forts de la série étaient ses acteurs, son scénario, mais surtout, ses airs de discours d'adieux. Dans les années 1990, la pègre avait été pulvérisée de l'extérieur et rongée de l'intérieur. Elle s'était peu à peu sclérosée. Sa grande époque semblait loin derrière elle. *Les Soprano* était le reflet de tout cela. Les escroqueries dans lesquelles se lançaient Soprano et son équipe – fausses cartes de téléphone, vente d'airbags usagés, vol de câbles de téléphone – semblaient presque ridicules comparées aux projets de l'*Outfit*, qui avait un jour rêvé de s'emparer de Hollywood. Chase disait que la pègre avait reçu tellement de coups mortels que sa chute lui évoquait une sorte d'effondrement nerveux comique. « Ici en Amérique, on a l'impression que tout est en train de tomber en morceaux, et les choses ne sont pas différentes pour la pègre », expliquait-il. Comme Joey Gallo, Tony Soprano restait dans sa tanière à regarder des films de gangsters des années 1930. Il disait à son thérapeute : « J'ai l'impression que je suis arrivé trop tard, que le meilleur est derrière nous. » Le médecin lui répondait que beaucoup d'Américains partageaient ce sentiment.

Or, dans un autre enregistrement lié aux DeCavalcante, on pouvait entendre un gangster qui semblait avoir des problèmes similaires à ceux de Tony Soprano. Joseph « Joey O » Masella grommelait que le FBI avait envoyé à sa mère une citation à comparaître, que son ex-femme – qui l'avait quitté pour son chirurgien esthétique – avait jeté ses vêtements par la fenêtre, que sa fille avait besoin de suivre une thérapie, que sa petite amie – qui fumait trop de cannabis – voulait se faire faire des implants mammaires ; et qu'il n'avait plus les moyens de payer pour tout cela. En outre, Joey O, chauffeur du chef d'un gang du New Jersey, Vincent « Vinny Ocean » Palermo, devait 100 000 dollars à d'autres gangsters. Il avait également un problème avec la paternité. Au cours d'une conversation téléphonique enregistrée, il avait demandé à son ex-femme de s'occuper seule de ses enfants. « Viens chercher tes filles. Je ne peux plus les supporter », disait-il. « Tu m'as imposé cette responsabilité. J'ai 50 ans. J'ai besoin de respirer. Elles vont me faire péter un câble. »

Le FBI avait commencé à mettre les DeCavalcante sur écoute dès le début des années 1960 : des agents avaient placé des mouchards dans les bureaux du chef de gang Simone Rizzo DeCavalcante. L'homme était surnommé « Sam *the Plumber* » car il possédait une entreprise de matériel de plomberie. On pense que DeCavalcante fut l'un des inspirateurs du personnage de Don Vito Corleone. Le FBI possédait en effet des enregistrements sur lesquels on pouvait entendre DeCavalcante exprimer des sentiments patriarcaux par des phrases comme « Je donnerais ma vie pour nos hommes ». Mais, déjà à cette époque, la pègre n'était plus aussi influente que les gens le pensaient. DeCavalcante disait que son équipe était composée de trente et un ou trente-deux hommes, qui pour la plupart étaient vieux et gagnaient mal leur vie. Sur un autre enregistrement, il faisait penser à un fonctionnaire calculant la retraite qu'il allait toucher : « Si je fais encore deux ou trois ans, je pourrais demander 40 000 ou 50 000 dollars et m'arrêter. Comme ça, ma famille pourra vivre sans problèmes. »

Il existait tant de parallèles entre les DeCavalcante et les Soprano qu'un agent du FBI se demanda si les scénaristes de la série n'étaient pas en contact direct avec la famille de mafiosi du New Jersey. « Ils doivent connaître quelqu'un, là-bas », disait-il. Tout comme Tony Soprano possédait le club de strip-tease Bada-Bing, Vinny Ocean possédait le Wiggles, une boîte de danse exotique située dans le quartier du Queens. Plusieurs des escroqueries dans lesquelles la Mafia fut impliquée à la fin des années 1990 furent présentées dans la série, parfois avant même qu'elles n'aient été révélées au public. En janvier 1998, John A. (Junior) Gotti, le fils du chef du gang des Gambino John Gotti, fut accusé d'avoir vendu de fausses cartes téléphoniques d'appels longue distance. Comme dans la série, un médecin se fit arrêter pour avoir prescrit à des patients non malades d'onéreux médicaments fabriqués par une société liée à la pègre. À New York, un groupe d'ouvriers du bâtiment noirs et latinos manifesta devant des sièges d'entreprises gérées par des Blancs pour demander du travail. Personne ne savait exactement comment ces prétendues coalitions avaient réussi à faire monter des piquets de grève devant des entreprises contrôlées par la pègre. Là encore, comme dans l'un des épisodes des *Soprano*, on s'aperçut que certains des groupes contestataires avaient été infiltrés par la Mafia. Quand la coalition avait bloqué l'immeuble, la Mafia était intervenue en proposant de régler tous les problèmes – en échange d'une certaine somme. La Mafia avait empoché l'argent du promoteur immobilier après avoir versé une certaine somme au leader de la coalition. En bref, il s'agissait d'un racket de syndicat adapté à l'ère de l'*affirmative action*.

Le 10 octobre 1998, Joey O fut retrouvé mort sur le parking d'un terrain de golf de Flatbush. On lui avait tiré dans le pancréas, dans l'estomac, dans la rate et dans les intestins. Peu de temps avant sa mort, Joey O avait dit : « On a une vie de merde. Qui pourrait avoir envie de ça ? Plus moi, en tout cas. » L'assassinat de Joey O apporta aux autorités la justification dont elles avaient besoin pour se confronter aux DeCavalcante. La famille de mafiosi du New Jersey fut décapitée par trois rafles qui eurent lieu entre décembre 1999 et mars 2001. Dix gangsters furent arrêtés, parmi lesquels Vinny Ocean et Joseph Sclafani. Vinny Ocean fut accusé d'avoir commandité le meurtre de Joey O. Devant la cour, l'avocat de Sclafani argua que toutes les conversations au sujet d'un assassinat ou d'une escroquerie que le FBI pouvait avoir enregistrées n'étaient en fait que des histoires que « *Tin Ear* » avait entendues à la télévision ou au cinéma. Me Francisco Celedonio déclara que son client était tout aussi imprégné de légendes sur la Mafia que les autres personnes. Tout ce que Joseph Sclafani savait de la Mafia, il l'avait appris des *Soprano* ou des romans de Mario Puzo, expliqua Celedonio. Et il était vrai qu'à la fin des années 1990, il n'existait plus aucune différence entre la Mafia de la réalité et la Mafia de la fiction. Si dans les années 1920, le seul lien entre la Mafia et Hollywood avait été la visite des studios effectuée par Al Capone, si dans les années 1940, c'était George Raft qui dictait aux gangsters comment ils devaient s'habiller, dans les années 1990, les plus malins des gangsters avaient eux-mêmes du mal à faire la différence entre la réalité et la fiction. L'histoire même de la Mafia à Hollywood peut d'ailleurs être considérée comme une disparition progressive des barrières séparant les gangs et les studios.

Comme cela s'était produit avec *Le Parrain* et *Les Incorruptibles*, des associations d'Italo-Américains accusèrent *Les Soprano* de noircir leur héritage. Plusieurs villes du New Jersey interdirent la diffusion de la série, expliquant qu'elles la considéraient comme diffamatoire. L'American Italian Defence Association (Aida) engagea des poursuites contre Time-Warner, propriétaire de la chaîne HBO ; elle considérait que *Les Soprano* présentait les Italiens comme des gens ayant un penchant naturel pour la criminalité. L'Aida ne demandait pas de dommages à Time-Warner ; elle voulait simplement que la société reconnaisse que la série violait la « garantie de dignité individuelle » de la Constitution de l'Illinois. Theodore Grippo, président de l'association, déclara qu'il souhaitait que la série soit interdite car elle tendait à présenter une vision romancée de la violence et des armes à feu. Mais Chase rejeta les critiques qui prétendaient que *Les Soprano* glorifiait le crime. Il déclara qu'au contraire, la série décrivait le cancer qui rongeait les modes de vie liés à la Mafia. Tous les personnages des *Soprano* ne cessaient de se mentir à eux-mêmes ou de se mentir entre eux ; seule Carmela, la femme de Soprano, avait une vision plus ou moins objective de sa situation. Tous les protagonistes de la série vont droit dans le mur, déclara Chase, et ils le savent très bien. Les éléments rassemblés par l'Aida ne furent pas jugés suffisants ; un non-lieu fut prononcé.

Chase pense que le succès de la série est en partie dû au désir du spectateur de voir tous ses rêves se réaliser. La plupart des gens aimeraient pouvoir rentrer dans un restaurant et se voir attribuer, comme Tony Soprano, la meilleure table. Et la plupart des gens aimeraient, comme Tony Soprano, pouvoir avoir des aventures avec des stripteaseuses sexy tandis que leurs épouses feraient comme si de rien n'était. Et puis il y a les dîners grandioses et les moments tranquilles passés dans le bar de Soprano. On dirait qu'il n'y a pas besoin de se donner beaucoup de peine pour réussir. Comme dans le schéma de la vente pyramidale, plus on atteint une position importante au sein de l'organisation, plus l'argent afflue. Le travail de Tony Soprano semble consister à feuilleter des books d'agences de mannequins pour trouver les filles qu'il fera travailler dans son club de strip-tease. *Les Soprano* joue également sur le fantasme de la cohésion. L'équipe de Soprano ressemble à une famille de substitution, dont les membres prennent soin les uns des autres. Comme dans toute famille, il y a des bons moments, des disputes et des réconciliations. Dans une Amérique en proie à la thérapie et au développement personnel, dont le noyau de la sagesse semble réduit à « Tu rechercheras le bonheur immédiat » et « Tu oublieras tes responsabilités vis-à-vis des autres », le rôle de *capo* de Soprano, qui consiste à prendre soin de son équipe, a un aspect réconfortant. Les initiés de la Mafia savent qu'ils peuvent toujours aller trouver Tony en cas de problème. Chase a admis que *Les Soprano* présentait parfois une vision édulcorée de « Notre Chose ». Tony et son gang, par exemple, ne font pas dans le trafic de drogue. Or, dans la réalité, on estime que dans les années 1980, la pègre aurait généré aux alentours de 78 millions de dollars par an grâce à la vente de drogue. Aujourd'hui, des colis de drogue sont toujours échangés entre la Sicile et les gangs de New York et du New Jersey. Dans la vraie vie, dit Chase, l'honneur n'a plus rien d'important pour les voyous. Carmine Sessa, l'un des membres de la famille Colombo, a lui-même dit : « Le film *Les Affranchis* le montre bien. On se fera tous tuer par une bande de chiens ou par des soi-disant amis. Le truc que je pensais respecter à fond quand j'étais jeune ne mérite en fait pas du tout le respect. » À chaque fois que le spectateur tend à trop s'identifier à l'équipe de Tony, Chase le ramène à la réalité à l'aide de moments de violence inattendus – un assistant se fait tirer sur le pied parce qu'il ne va pas assez vite ou un serveur qui se plaint de ne pas être assez payé se fait assassiner.

L'autre illusion réconfortante propagée par *Les Soprano*, c'est l'idée que les gens qui commettent une trahison sont toujours punis. Les traîtres sont torturés par les remords. Ou bien, pour une raison ou pour une autre, leur vie devient un enfer. Quand Soprano découvre que son meilleur ami, « *Big Pussy*[70] » Bonpensiero, est devenu un informateur du FBI, il le fait assassiner lors d'une partie de pêche – mais il restera hanté par le souvenir de ce meurtre. Bob Buccino, homme de main de la pègre du New Jersey, a affirmé que la moitié des membres de la

70. « Gros Matou » (*N.d.T.*).

Mafia devenaient des informateurs – et que la moitié de ces informateurs signaient de juteux contrats. « Tout est devenu comme dans un film », a déclaré Buccino. Dans la réalité, non seulement les truands se trahissent les uns les autres impunément, mais ils abandonnent parfois la Mafia pour de meilleures affaires, notamment le show business.

D'ailleurs, *Les Soprano* révèle le lien qui, tel un ruban de Möbius sans début ni fin, unit Hollywood à la Mafia. Les membres du gang de Soprano citent de façon plus ou moins précise des répliques du *Parrain*. Dans un épisode, un mafioso qui cherche à se lancer dans le cinéma aide un scénariste à rendre son script plus réaliste ; il finit par conclure que le cinéma est un milieu encore plus dur que celui de la pègre – au moins, dans le gang de Tony, l'honneur a un petit rôle à jouer. Dans un autre épisode, un scénariste de série télé perd tout son argent après avoir été happé dans l'une des parties de poker de Tony Soprano.

Et inversement, il se trouve qu'un acteur qui apparut dans deux épisodes de la série avait participé à un meurtre commis par des gangsters en 1992 à Brooklyn. Ce comédien, Michael « *Big* Mike » Squicciarini, était un membre de la famille DeCavalcante, le gang qui servit de modèle aux *Soprano*. Des témoins du meurtre l'identifièrent après l'avoir vu jouer dans la série. L'acteur Tony Sirico, qui, dans *Les Soprano*, incarnait le gangster Paulie « *Walnuts*[71] » Gualtieri, avait également eu des liens avec la véritable pègre. Sirico avait commencé à jouer la comédie en prison. En 1971, il avait menacé le propriétaire d'un club new-yorkais en lui disant : « J'ai toute une cargaison d'armes et toute une

71. « Les Noix » (*N.d.T.*).

armée de soldats. Je n'hésiterai pas à m'en servir. Une fois que je me serai occupé de [la police], je vais revenir ici et je vais graver mes initiales sur ton front. » En décembre 1998, la famille Colombo organisa un dîner de Noël dans un restaurant italien de Little Italy. Les agents du FBI qui tenaient le restaurant sous surveillance furent surpris de constater que Sirico s'y présenta accompagné de Vincent Pastore, l'acteur qui jouait le rôle de « *Big Pussy* » Bonpensiero dans la série. Et en décembre 2005, Lillo Brancato Jr, un autre comédien des *Soprano*, fut grièvement blessé par balle alors qu'il tentait apparemment de cambrioler une maison. Brancato Jr se serait introduit dans la demeure avec un certain Steven Armento, homme qui, d'après les autorités, aurait été un petit membre de la famille Genovese avant de se faire bannir du clan à cause de son addiction à la drogue.

Chase a un jour déclaré que le show business, comme la Mafia, avait tendance à attirer les sociopathes. Mais dans le crime organisé, quand une personne va trop loin, elle s'expose à des représailles, et risque même de se faire assassiner. Dans le show business, il n'y a pas de frein aux mauvais comportements. Des centaines de personnes se piétinent les unes les autres pour monter sur le radeau de Hollywood, mais il n'y a de la place que pour quelques-uns. Seuls les plus rapaces et les plus avides réussissent à embarquer. Dans un épisode de la série, Soprano reproche à Hollywood d'avoir détruit la Cosa Nostra. En attrapant par la gorge un gangster qui vient de signer un contrat avec un studio, Soprano dit : « Tu sais combien il y a de gangsters qui vendent des scénarios et qui foutent tout en l'air ? L'âge d'or de la pègre est terminé, pour toujours – et la seule responsable, c'est la pègre elle-même. »

Les avocats généraux[72] de Manhattan et de Brooklyn avaient travaillé près de vingt ans à la destruction des cinq familles de New York. En automne 1998, tous les chefs des familles de mafiosi étaient derrière les barreaux : John Gotti de la famille Gambino, Carmine Persico de la famille Colombo, Vincent Gigante de la famille Genovese, Vittorio Amuso de la famille Lucchese, et Joseph Massino de la famille Bonanno. D'après le FBI, à la fin du millénaire, le nombre de membres de la Mafia avait nettement diminué : il n'en restait plus que deux ou trois mille personnes sur les trente-cinq millions d'Italo-Américains. Cinquante ans plus tôt, ce chiffre aurait probablement dû être doublé. On estimait qu'en 2002, les familles new-yorkaises comptaient cinq cent soixante-dix membres, contre six cent trente-quatre en 2000 et neuf cent quarante en 1986. La plus grande était la famille Genovese, avec ses cent cinquante-deux membres, dont neuf nouvelles recrues. Les Gambino, qui avaient perdu trente-trois membres l'année précédente, n'étaient plus que cent trente. La famille Lucchese comptait cent treize membres, dont trois nouvelles recrues. Venait ensuite la famille Colombo, avec ses quatre-vingt-dix membres, soit vingt-six de moins que l'année précédente. La plus petite était la famille Bonanno, qui ne pouvait se vanter que de quatre-vingt-cinq membres. Le journaliste Dave Remnick allait écrire : « D'anciens milliardaires transpirent sur des citations à comparaître ; et à New York, Little Italy se dissout dans Chinatown tandis que les touristes font revivre le souvenir du dernier dîner de *Crazy* Joe Gallo. Tout est sur le déclin. »

La pègre avait également été décimée sur la côte ouest. En 1998, John Van de Kamp, attorney général de

72. *Federal prosecutors* (*N.d.T.*).

Californie, déclara que la Mafia était le cadet des soucis de Los Angeles, surtout si on la comparait aux gangs de rue qu'étaient les Crips et les Bloods. Entre 1985 et 1988, la LAPD avait enregistré une augmentation de 71 % du nombre de gangs présents dans la ville. En 1991, les Crips comptaient trente mille membres et les Bloods neuf mille. Les Colombiens du cartel de Medellín – qui se servaient des Crips et des Bloods comme dealers – avaient remplacé la Mafia dans le rôle du grand méchant loup du crime organisé. En 1991, le FBI lança un ultime assaut contre la pègre de Los Angeles. « Rising Star », une mission du FBI visant le crime organisé, détruisit la famille Peter John Milano, c'est-à-dire tout ce qu'il restait de la Cosa Nostra en Californie. Peter John Milano et quatorze autres personnes furent inculpés de dix-huit chefs d'accusation. L'attorney général Edwin Meese III déclara que ce procès contre le crime organisé était « le plus pertinent de tous ceux qui avaient eu lieu sur la côte ouest [...] ces dix dernières années ». « Ces inculpations, et celles qui vont suivre, porteront sur tous les gens que le gouvernement soupçonne d'être des membres de la Cosa Nostra de Los Angeles », ajoutait-il. Le procureur[73] Robert Bonner ajouta que la Mafia de Los Angeles avait été détruite de l'intérieur. James Henderson, chef de la Los Angeles Organised Crime Strike Force, déclara à un journaliste du *Los Angeles Times* : « Je crois que cela va les mettre hors jeu pendant un bon bout de temps. Si le gouvernement recommence ne serait-ce qu'une seule fois, il n'y aura plus de Cosa Nostra à Los Angeles. » Anthony Fiato, ancien homme de main de la famille Milano, résuma ainsi sa désillusion : « Le gouvernement a trop de moyens. Les dés sont pipés. Je ne sais pas si les

73. *US attorney* (*N.d.T.*)

types de la rue le savent, mais tout est fini. On ne pourra rien faire pendant des années. »

Alors que le gouvernement éliminait tout ce qu'il restait de la pègre à Los Angeles, d'illustres noms du passé étaient également en train de disparaître. Le torse démembré de Johnny Rosselli fut retrouvé dans un bidon d'huile, au parc national des Everglades (Floride). Sam Giancana reçut une balle dans la tête alors qu'il était en train de se préparer du porc et des haricots. Korshak, l'*éminence grise*[74], s'enfonça encore plus profond dans l'ombre. Il était toujours très respecté à Las Vegas, mais à Hollywood, les gens ne se soucient que de ce que vous pouvez faire pour eux sur l'instant. À mesure que les syndicats de Hollywood s'étaient purgés des liens qui les unissaient au crime organisé, Korshak avait perdu de son influence. En 1976, les journalistes d'investigation Seymour Hersh et Jeff Gerth avaient levé le voile sur le côté obscur de la vie de Korshak dans un exposé en quatre parties publié dans le *New York Times*. Les grands de Hollywood, tel Wasserman, avaient commencé à prendre leurs distances vis-à-vis de leur ancien ami. Korshak, qui se déplaçait désormais en fauteuil roulant, était furieux de la façon dont il avait été mis de côté. Par une ironie du sort, cet homme qui était célèbre pour sa prodigieuse mémoire commença à souffrir de la maladie d'Alzheimer. Il mourut à Beverly Hills, dans sa résidence *sise* au 808 North Hillcrest Road, le 20 juin 1996.

Les grands fusils étaient devenus silencieux, mais il serait naïf de croire que la Mafia avait perdu tout intérêt pour Hollywood. Il y avait toujours des escarmouches à la frontière entre la Cosa Nostra et l'industrie du cinéma.

---

74. En français dans le texte (*N.d.T.*).

En février 2004, le producteur de Steven Seagal fut condamné à dix-huit mois de prison pour avoir conspiré avec la Mafia afin d'extorquer des centaines de milliers de dollars au comédien. Le FBI possédait un enregistrement sur lequel on pouvait entendre l'un des membres de la famille Gambino se vanter d'avoir terrorisé Seagal en le menaçant de violence. Le producteur, Julius Nasso, plaida coupable et, en plus de sa peine de prison, écopa d'une amende de 75 000 dollars. Par cette condamnation digne des *Soprano*, il fut également forcé à suivre une thérapie après sa sortie de prison.

Julius Nasso avait été le producteur de Seagal pendant quinze ans, de 1986 à 2001. Il avait travaillé avec l'acteur sur dix longs-métrages, dont *Piège à grande vitesse* (1995) et *Terrain miné* (1994), films dont Seagal était la star, le réalisateur et le producteur. L'oncle de Nasso avait des liens avec la famille Gambino et sa belle-sœur était elle-même une Gambino. Nasso avait commencé sa carrière dans le cinéma en qualité de messager du réalisateur Sergio Leone, qui travaillait alors sur *Il était une fois en Amérique* (1984), film dans lequel Robert De Niro incarnait un personnage inspiré de Meyer Lansky. Nasso et Seagal s'étaient rencontrés pour la première fois en 1987, à Madeo, un restaurant italien de Brooklyn. Ils s'étaient liés d'amitié et avaient travaillé ensemble tout au long de l'apogée de la carrière de Seagal, c'est-à-dire les années 1990. Ils étaient à une époque devenus si proches qu'ils avaient acheté des maisons voisines à Staten Island. Le fils aîné de Seagal vécut pendant quatre ans chez les Nasso, comme un membre de la famille. Pour Warner Bros, le studio qui finança et distribua tous les films de l'acteur dans les années 1990, l'association Nasso-Seagal généra plus de 1 milliard de dollars de bénéfices. La carrière de Seagal atteignit son point culminant en 1992, avec *Piège en haute mer*, film dans lequel il jouait un ancien SEAL devenu chef cuisinier. *Piège en haute mer* n'avait pas été produit par Nasso, mais la Warner était tellement contente du producteur qu'en 1991 Terry Semel, le chef de la direction du studio, l'invita à déjeuner au restaurant new-yorkais Le Cirque. Cependant, en 2000, Warner Bros commençait à être las de tous les procès intentés contre Seagal par d'anciennes employées qui l'accusaient de harcèlement sexuel. Le studio était également exaspéré par le tour de taille de l'acteur, qui ne cessait d'augmenter. Et Seagal ne faisait rien pour limiter les dégâts ; on retrouvait parfois des miettes de biscuit près de ses appareils de musculation. La relation de Seagal et de la Warner prit définitivement fin en 2000.

Nasso et Seagal décidèrent de devenir indépendants. L'acteur avait encore de bonnes affaires à faire sur le marché de la vidéo. L'acteur et le producteur projetèrent de financer et de produire une série de films à budget moyen dont Seagal serait la star. Dans l'un d'entre eux, l'acteur devait incarner Genghis Khan. Le cachet de Seagal était désormais passé à 2,5 millions de dollars par film. Mais Nasso avait de plus en plus de mal à supporter que son ami se prenne pour la réincarnation d'une déité bouddhiste. Avant la première production, *The Prince of Central Park* (2000), Seagal se rétracta. Ce fut Harvey Keitel qui remplaça le comédien. Seagal coupa complètement les ponts avec son associé. En mars 2001, Nasso intenta des poursuites contre lui, lui réclamant 60 millions de dollars pour rupture de contrat.

Pendant ce temps, le FBI avait mené une enquête sur la corruption au sein des docks de New York. Des agents fédéraux avaient mis sur écoute des membres de la famille Gambino et enregistré plusieurs conversations intéressantes. Le 4 juin 2001, la police des États de New York et du New Jersey arrêta aux aurores dix-sept gangsters, qui furent inculpés de soixante-huit chefs d'accusation, principalement extorsion, menaces et usure. Le plus illustre d'entre eux était Peter Gotti, le cerveau de la famille Gambino. Peter était le frère aîné de John « *Drapper Don*[75] » Gotti, qui était mort en prison peu de temps auparavant. Parmi les personnes arrêtées figuraient également plusieurs hommes de main des Gambino, dont Anthony « *Sonny*[76] » Ciccone, Frank « Red » Scollo, Primo Cassarino – et Julius Nasso.

Le mois suivant, le FBI rendit publiques les transcriptions des deux mille deux cents enregistrements de conversations de la famille Gambino. Sur l'un d'entre eux, on pouvait entendre Ciccone, Cassarino, Julius Nasso et son frère Vincent parler de forcer Seagal à leur donner 150 000 dollars pour chacun des films qu'il avait faits avec Nasso. Ciccone conseillait à Nasso de se montrer plus dur avec Seagal : « Il faut vraiment que tu lui tombes dessus. Je sais comment ils sont, ces saloperies, ces merdes. » En 2000 Ciccone chercha à intimider Seagal à Gage & Tollner, un restaurant à viande de Brooklyn. Il lui demanda de continuer à travailler avec Nasso. Seagal fut apparemment tellement choqué qu'il versa 700 000 dollars à la famille Gambino. Sur un autre enregistrement, on pouvait entendre Cassarino dire que Seagal avait dû penser que « s'il ne le faisait pas [Ciccone interrompait sa phrase], [il allait lui] faire la peau ».

Seagal comparut en tant que témoin au cours du premier « procès des quais », qui aboutit à la condamnation de Peter Gotti, de son frère Richard V. Gotti et de son

75. « Le Dandy » (*N.d.T.*).

76. « Fiston » (*N.d.T.*).

neveu Richard G. Gotti, entre autres. Les Gotti avaient été accusés de s'être rendus coupables de racket et de blanchiment d'argent dans le cadre de leurs activités de gestion du Local 1814 de la Longshoreman's Union, le syndicat corrompu qui avait servi de modèle aux scénaristes de *Sur les quais*.

Le procès révéla que plutôt que de parler à la police, Seagal avait préféré se tourner vers un mafioso incarcéré, à qui il avait demandé son aide. Angelo Prisco, *capo* de la famille Genovese, purgeait une peine de douze ans de prison pour incendie volontaire et conspiration de racket. Seagal avoua avoir versé 10 000 dollars à l'avocat de Prisco pour qu'il le laisse voir son client au printemps 2001. Seagal voulait que Prisco intervienne « pour voir si [Nasso et ses amis pouvaient] régler les choses comme des hommes d'affaires plutôt que comme des voyous », d'après les avocats des Gotti.

Nasso plaida coupable, ce qui évita à Seagal d'être interrogé au sujet de ses propres agissements violents. En 1993, Seagal avait invoqué le Cinquième Amendement quand on lui avait demandé s'il avait proféré des menaces de mort dans une affaire de violence. Un gardien de parking l'accusait de l'avoir malmené au cours d'une bagarre.

On aurait pu penser que compte tenu des problèmes qu'il avait eus avec la Mafia, Seagal aurait cherché à éviter les gangsters. Mais pas du tout. À l'instar de son collègue acteur James Caan, il semblerait qu'il se soit laissé séduire par les mauvais garçons – ce fut tout du moins l'un des arguments utilisés par les avocats de Gotti. Seagal était apparemment ami avec « *Sonny* » Franzese, cambrioleur de banque récidiviste et *capo* de la famille Colombo. Franzese et son ami Danny Provenzano se seraient rendus au Canada, sur le plateau d'*Hors limites* (2000), le dernier film Warner Bros dans lequel avait joué Seagal.

Là, Provenzano, producteur délégué de *Vampire Vixens from Venus* (1995), aurait persuadé Seagal d'engager Franzese et lui-même pour remplacer Nasso (Provenzano allait nier, en expliquant qu'il n'aurait jamais travaillé avec Seagal. « Je n'aime pas les gens qui ne sont pas loyaux envers leurs amis », déclara-t-il, en faisant certainement référence à Nasso). À l'époque de sa supposée visite au Canada, Provenzano encourait deux cents ans de prison. Il était accusé d'avoir extorqué près de 1,5 million de dollars à des hommes d'affaires via des violences, des kidnappings et des menaces de mort. L'une des victimes de Provenzano avait été menacée avec une batte de baseball. Provenzano, ainsi que huit autres personnes, avait été inculpé de quarante-quatre chefs d'accusation, dont racket, conspiration de racket, vol par extorsion, kidnapping, possession d'armes à des fins illégales, violence aggravée, blanchiment d'argent et menaces terroristes. Provenzano était le petit-neveu de l'ancien dirigeant des Teamsters « Tony Pro » Provenzano, l'homme qui aurait commandité le meurtre de Jimmy Hoffa. En 2003, Provenzano fit une apparition sur une chaîne de télévision nationale et expliqua de façon assez confuse que la Cosa Nostra n'existait pas, tout en faisant la promotion de *Mafia Connexion*, un film sur les gangsters d'aujourd'hui dont il était la star, le scénariste et le réalisateur. James Caan et Vincent Pastore (des *Soprano*) étaient également à l'affiche du film. Certaines scènes étaient inspirées par la propre expérience de Provenzano, notamment celle où un gangster écrasait le pouce d'un homme avec un marteau, crime que Provenzano était accusé d'avoir lui-même commis. Les fanfaronnades télévisées de Provenzano au sujet de cet acte de torture eurent bien sûr un impact sur le verdict du procès, qui était imminent. Provenzano plaida coupable et avoua avoir été un associé de la famille Genovese. L'un des acteurs du film, Frank Vincent, un résident de l'État du New Jersey qui avait également joué dans *Les Affranchis* et *Casino*, comparut en tant que témoin. Bien qu'il plaidât coupable, Provenzano, 39 ans, fut condamné à dix ans de prison en septembre 2003. Dans son verdict, William Meehan, le juge de la Cour supérieure, déclara que Provenzano était incapable de déterminer si sa vie était un film ou si les films étaient un moyen de gagner sa vie. Vaugh McKoy, avocat général du New Jersey[77], allait plus tard affirmer au sujet de Provenzano : « Ce type est peut-être un réalisateur talentueux, mais le fait est qu'il s'est servi de son procès pour faire la promotion de son film. »

Les menaces de la Mafia à l'encontre de Seagal et les liens de l'acteur avec des personnages associés au crime organisé engendrèrent une forte agitation médiatique. On pensait que Seagal avait tenté de dissuader une journaliste de trop fouiller dans sa vie privée en simulant une menace de mort émanant de la Mafia. Seagal aurait embauché Anthony Pellicano – détective privé qui comptait parmi ses clients Arnold Schwarzenegger, Elizabeth Taylor et Michael Jackson – pour intimider Anita Busch, journaliste du *Los Angeles Times*. Le détective privé aurait lui-même engagé le dealer Alexander Proctor pour casser le pare-brise de Busch. Devant un journaliste de *Vanity Fair*, Proctor avoua avoir placé sur le pare-brise cassé un poisson mort et une rose, ainsi qu'une feuille de papier sur laquelle était écrit le mot « Stop ». Il expliqua que l'idée du poisson et de la rose était de faire croire à une menace de mort émanant de la Mafia, et non de Seagal. L'avocat de Seagal déclara que Proctor avait

77. *New Jersey State Prosecutor* (*N.d.T.*).

menti et que son histoire avait l'air d'un mauvais scénario de film. Suite à une enquête du FBI, Seagal fut ensuite libéré de tout soupçon concernant l'affaire de l'intimidation de Busch.

En juillet 2004, Nasso tenta de réduire sa peine de dix-huit mois de prison en aidant le FBI à enquêter sur des menaces prononcées à l'encontre d'un autre journaliste, Ned Zeman, qui avait écrit des articles peu flatteurs sur Seagal : une voiture s'était arrêtée près de Zeman, et un homme avait pointé une arme sur sa tête. Via un détective privé, Nasso révéla à des agents du FBI qu'il y avait dans cette voiture un certain John Christian Rottger, un ancien SEAL qui jouait de petits rôles dans les films de Seagal. Les autorités ne se laissèrent pas émouvoir par le sens civique de Nasso. Il termina sa peine de prison pour le rôle qu'il avait joué dans le racket de Seagal. Après sa sortie, Nasso annonça qu'il allait lancer un studio de montage à Staten Island, Cinema Nasso Film Studios. Les premiers films qui bénéficièrent de ses équipements de postproduction furent ceux de Nasso lui-même. Il y eut notamment *King of Sorrow*, avec Chazz Palminteri et Michael Madsen (*Reservoir Dogs*). Le cas de Nasso semble illustrer que le cinéma, comme la Mafia, est un milieu dans lequel on tombe facilement, mais que l'on quitte plus difficilement.

En avril 2006, deux policiers new-yorkais, Louis Eppolito et Steven Caracappa, furent jugés coupables d'avoir joué un rôle dans huit massacres organisés par la pègre, ainsi que dans des affaires de corruption, de blanchiment d'argent et de trafic de drogue. Caracappa et Eppolito, onzième policier le plus décoré de l'histoire de New York, travaillaient même en qualité de tueurs à gages pour la famille Lucchese. Après avoir pris sa retraite et quitté la NYPD, Eppolito – qui avait joué dans *Les*

Affranchis, *Coups de feu sur Broadway* et *Predator 2* – s'était improvisé producteur. Basé à Las Vegas, Eppolito escroqua 65 000 dollars à des femmes âgées, à qui il promit qu'il allait faire des films adaptés de leurs histoires. L'une d'entre elles, Jane McCormick, 61 ans, avait été call-girl au casino Sands dans les années 1960 et 1970 et disait avoir eu des relations sexuelles avec Frank Sinatra. Un comptable véreux qui fut interrogé au cours du procès déclara qu'Eppolito cherchait à tout prix à financer ses projets – et qu'il ne se souciait pas de la provenance de l'argent. Eppolito avait écrit un scénario et avait besoin d'aide pour rassembler le million et demi de dollars nécessaire au financement du film. « Il se fichait complètement de l'endroit d'où l'argent provenait ; l'important, pour lui, c'était qu'il y ait de l'argent », expliqua le comptable Steven Corso au jury de la Cour fédérale de Brooklyn. Quand Eppolito organisait des rendez-vous dans son bureau, il était entouré de photos sur lesquelles il apparaissait en compagnie de grands noms du cinéma tels Robert De Niro ou Martin Scorsese.

Pendant ce temps, le *New York Post* révéla qu'une guerre des gangs avait éclaté entre les studios de Hollywood, chacun voulant faire son film adapté de l'histoire d'Eppolito. Un procureur de Brooklyn avait engagé des discussions avec des agents de Hollywood avant même le début du procès. Les studios Universal, la Warner et la Columbia s'étaient tous mis à développer leurs propres versions de l'histoire du « flic de la Mafia ». Pour contrer la Columbia, qui avait fait appel à Nicholas Pileggi, scénariste des *Affranchis*, la Warner rassembla de nouveau l'équipe qui avait produit les films de gangsters *Donnie Brasco* et *Mafia Blues*. Dans leurs cellules, Eppolito et Caracappa discutaient de développer leur propre projet de film.

Malgré quelques incidents isolés, telle l'affaire Seagal, on peut dire qu'au tournant du siècle, la plus grande partie de la Mafia italienne disparut en s'intégrant aux classes moyennes. Les chefs de gangs d'aujourd'hui dépensent d'énormes sommes d'argent dans l'éducation de leurs enfants. Ils envoient leurs fils dans les meilleures écoles privées. Ils mettent toutes les chances de leur côté pour qu'ils ne soient pas obligés de devenir, comme eux, des gangsters. Les chefs de gangs ne veulent pas que leurs fils intègrent « Notre Chose » – qu'ils mènent la « vie de merde » dont parlait Joey O. Dans *Les Soprano*, le fils du personnage principal, Anthony Jr Soprano, est moins dur que son père et, à 18 ans, a toujours besoin de la protection physique de sa mère. Les enfants des mafiosi d'aujourd'hui tendent en effet à devenir comptables, médecins ou avocats. Mais comme la nature abhorre le vide, d'autres groupes d'immigrants plus motivés n'ont pas tardé à occuper l'espace laissé libre par la Mafia. Dans l'imagination populaire, la *Mafya* russe a remplacé la Cosa Nostra en qualité d'organisation criminelle détenant un pouvoir quasi occulte. Comme l'a dit Anthony Colannino, procureur adjoint du district de Los Angeles : « Les gangsters italiens sont devenus gras et paresseux, tout comme le reste des Américains, mais eux [les gangsters russes], ils ont l'habitude d'en baver. Quand vous les jetez en prison, vous leur offrez de meilleures conditions de vie que celles qu'ils ont connues. »

Le nom exact de la *Mafya* russe est *vori v zakone*, ce qui signifie « les voleurs dans la loi ». À la fin des années 1980, après l'effondrement de l'Union soviétique, la *Mafya* étendit son emprise de l'autre côté de l'océan et, à New York, se mit à concurrencer les familles Colombo, Lucchese et Genovese. Le crime organisé, tout comme le commerce légal, a adopté la mondialisation. En décembre 1991, la *Mafya* organisa une réunion au sommet dans le style de celles d'Atlantic City afin de discuter de la façon dont elle pouvait optimiser ses affaires de blanchiment d'argent. Ce fut au cours de cette rencontre que l'on décida que Vyacheslav Ivankov – également connu sous le nom de *Yaponchik* ou *Little Japanese* du fait de son apparence asiatique – superviserait les opérations de la *Mafya* aux États-Unis. Né en 1940, Ivankov avait vécu à Vladivostok et avait été le leader de l'un des gangs les plus puissants de Russie orientale. Il était célèbre pour torturer ses victimes en leur enfonçant un chalumeau dans l'anus. Ivankov émigra en Amérique en 1993 et prétendit vouloir lancer à New York une société de production de films russes. Il s'installa dans le quartier russe de Brighton Beach. Ivankov ne tarda pas à se lancer dans des affaires de trafic de drogue, de blanchiment d'argent et d'extorsion. Il fut arrêté en 1995 et condamné à neuf ans de prison en 1997.

Vers 1998, à Londres et dans d'autres capitales européennes, des gangsters russes lancèrent des opérations de blanchiment d'argent à grande échelle. Grâce à la drogue, la fraude, la prostitution et l'extorsion, et grâce à la participation d'anciens agents du KGB, l'argent affluait. À Londres, il était souvent blanchi par le biais de l'immobilier. À cette époque, les opérations de blanchiment se déroulaient en trois étapes, connues sous le nom de placement, marcottage et intégration. Tout d'abord, l'argent était canalisé vers une petite entreprise ; ensuite, il était mêlé à de l'argent propre ; et on le faisait finalement passer dans des actions complètement propres ou dans une plus grosse propriété foncière. Au terme de ce processus, l'argent de la *Mafya* était blanc comme neige. On estime qu'en 2000, 200 milliards de dollars étaient sortis illégalement de Russie.

Il a souvent été dit que l'industrie du cinéma offrait de bonnes opportunités à ceux qui souhaitaient blanchir de l'argent. Contrairement aux usines, qui ont besoin de temps pour s'installer et pour s'équiper, les films ont immédiatement besoin de grosses quantités d'argent. D'après le lobby Motion Picture Association of America (MPAA), le coût moyen de production et de lancement d'un film est de 96 millions de dollars. Si l'on poursuit la comparaison, il faut également dire que dans le cinéma, les investisseurs sont remboursés plus rapidement. Si vous vous situez en haut de la cascade de revenus, un film met moins de deux ans à devenir rentable et à commencer à engendrer des bénéfices. Tout d'abord, le film est diffusé dans les cinémas ; quatre mois plus tard, il sort en DVD ; puis est diffusé sur les chaînes payantes et les chaînes gratuites ; et il y a encore tous les autres marchés secondaires.

La plupart des budgets de films sont constitués à partir d'un mélange d'avances, de subventions et d'investissements de capitaux. Mais il est parfois nécessaire de commencer le tournage avant que la totalité de l'argent soit réunie – il se peut par exemple que Tom Cruise ne soit disponible que pour trois semaines, au mois d'août. C'est là qu'intervient ce que l'on appelle le *gap financing*. Une banque prête au producteur la partie du budget manquante, en estimant que les ventes du produit généreront une somme plus importante que celle qui a été prêtée. Mais au cours des années 1990, beaucoup de films étaient financés de cette façon non à cause de problèmes d'emploi du temps, mais parce que les producteurs ne savaient plus où se tourner pour obtenir des fonds. Un nouveau stratagème s'était ajouté au *gap financing* – assurer le prêt par une compagnie d'assurances privée qui devait rembourser la banque en cas d'échec commercial du film. Si au bout de deux ans, les producteurs ne pouvaient pas rembourser leur emprunt, c'était la compagnie d'assurances qui devait régler la dette, tout du moins en théorie. Il s'agissait d'un procédé qui laissait beaucoup de gens perplexes : si une banque était si peu sûre de son investissement qu'elle devait s'appuyer sur une assurance, pourquoi accordait-elle un prêt ? Les assureurs marchèrent dans la combine, estimant qu'il y avait beaucoup à gagner. À la fin de la décennie, les compagnies d'assurances avaient garanti une somme estimée à 3 milliards de dollars, engrangeant aux alentours de 400 millions de dollars de bénéfices.

Les criminels organisés touchaient en général 30 % du capital illégal pour l'avoir blanchi, un pourcentage similaire aux intérêts que le producteur du film devait rembourser lorsqu'il utilisait le système de *gap financing* soutenu par une assurance. En général, pour chaque million emprunté, 700 000 dollars finissaient dans le film. À la fin des années 1990, l'émergence du *gap financing* soutenu par les assurances procura un excellent prétexte au blanchiment d'argent. Ce facteur, ainsi que la facilité avec laquelle les finances du cinéma peuvent être avancées par rapport aux schémas de finances classiques, expliquent sans doute pourquoi des rumeurs se mirent à circuler au sujet d'affaires de blanchiment d'argent à Wardour Street, cœur de l'industrie du cinéma britannique et, d'après certains, seule rue de Londres dont les deux côtés restent toujours dans l'ombre.

Les rumeurs visaient plus particulièrement l'une des entreprises, Flashpoint. Il s'agissait d'une société offshore qui avait des intérêts financiers dans deux cinémas russes. À la fin des années 1990, elle exploita à fond le système du *gap financing* soutenu par les assurances et accumula ainsi 250 millions de dollars, qui furent investis dans soixante films et séries télé, dont le long-métrage « oscarisé » *Ni dieux ni démons*. Flashpoint était tellement fier de son succès que ses dirigeants dépensaient des sommes colossales pour des publicités en pleine page dans des journaux nationaux. On aurait dit qu'ils voulaient toujours dépenser plus. D'après une source, le producteur de *Ni dieux ni démons* fut même obligé de demander à Flashpoint d'arrêter de mettre de l'argent dans sa production. Des millions de dollars étaient prêtés à d'obscures sociétés de production indépendantes américaines. Flashpoint racheta deux sociétés commerciales basées à Los Angeles et un studio de postproduction à Hollywood. L'entreprise envisageait de racheter 33 kilomètres carrés de studios à Montréal et une agence de talents de Los Angeles. Mais elle n'expliquait jamais d'où provenait son argent. Peut-être n'était-ce que Wardour Street qui en ajoutant deux à deux réussissait à obtenir cinq, mais le mystère de l'argent de Flashpoint alimentait les rumeurs les plus diverses.

En octobre 1999, Flashpoint organisa une réception à Londres pour le lancement d'Alchymie, sa nouvelle société de production et de distribution. Via Alchymie, Flashpoint avait de nouveau investi 250 millions de dollars dans l'industrie du cinéma. La réception eut lieu au restaurant de l'Oxo Tower, qui, à cette époque, demandait 30 000 livres pour la simple location de sa salle – une somme qui, comme allait le dire un journaliste du magazine *Insurance Insider*, ne vous donnait pas le droit à la moindre petite olive. Les magnums de champagne décorés du logo de la société allaient et venaient. Les réceptions de Wardour Street sont en général très ennuyeuses, aussi conscientes de l'importance de la caste que l'Inde rurale. Mais cette soirée-là fut différente. De jeunes hommes slaves aux airs de durs à cuire étaient assis au bar aux côtés de jolis mannequins de l'Europe de l'Est. Et l'actuel secrétaire de la Culture du gouvernement britannique était présent, venu donner sa bénédiction au lancement de la société et rayonnant devant les photographes. Pendant son discours, les invités s'échangeaient des regards qui signifiaient : « Il va le regretter. » L'argent, et la façon dont Alchymie l'obtenait, étaient les principaux sujets de conversation.

On disait qu'une société financière offshore comme Flashpoint pouvait être financée par des fonds illégaux. Via une filiale spécialisée dans la production de films – telle la société de production de Flashpoint, Prosperity Films –, elle pouvait produire des films. Et même si leur qualité était plus que douteuse, si la source de l'argent était préparée pour financer la production (et dépendante, bien sûr, d'un assureur), alors, le plan pouvait réussir. L'assureur – qui évaluait les risques encourus au dos du formulaire de conseil du « *risk-manager* » (qui, dans le cas de Flashpoint, n'était autre que Flashpoint) finissait par demander des compensations pour absence de bénéfices. Les indemnités qu'il touchait étaient de l'argent propre – l'assureur jouant à son insu un rôle dans le processus de blanchiment d'argent. Les personnes qui étaient à l'origine de cet accord – le courtier et le *risk-manager* – prenaient grassement leurs parts – en général 15 % de la somme assurée. C'était tout du moins ce que la rumeur prétendait.

On pense que la plus grande partie de l'argent de Flashpoint provenait de prêts de soutien sécurisés accordés par des assureurs de la banque d'investissement Crédit Suisse First Boston. « Sécurisation » signifie qu'une banque accorde des prêts à une société en se basant sur ses futures sources de revenus, en l'occurrence sur le nombre de films qui allaient faire des bénéfices dans le futur. Mais de l'argent propre pouvait avoir été mêlé à de l'argent sale avant d'avoir été assuré. « En fait, tout le monde se fichait de l'endroit d'où provenait l'argent d'Alchymie. L'important, c'était qu'ils le dépensent dans des films », dit un producteur.

Et puis, aussi vite qu'elle était apparue, la société Flashpoint se volatilisa. En privé, les producteurs estimaient l'espérance de vie d'Alchymie à deux ans, car c'était en général comme cela que les choses se passaient à Wardour Street. Quatre mois après son lancement, Alchymie licencia la plus grande partie de son personnel, n'ayant plus assez d'argent pour financer le moindre film. En mars 2001, Flashpoint fut placé sous administration judiciaire. La Cour supérieure estima que les dirigeants de la société avaient détourné près de 9 millions de dollars de l'argent destiné à la production de films. Ces derniers n'expliquèrent jamais à quelle fin cet argent avait été utilisé – on sut simplement qu'il avait été dépensé. Le juge de la Cour supérieure déclara que les livres de comptes de Flashpoint étaient « opaques », voire « complètement obscurs » concernant des transactions de sommes s'élevant à plusieurs millions de dollars. Aucun des films de la société n'obtint le succès escompté. Un film pour lequel Flashpoint avait emprunté 16,4 millions de dollars ne rapporta que 1,6 million de dollars, laissant un déficit de 14,8 millions de dollars. Un autre film donna des résultats pires encore : il ne rapporta que 829 000 dollars.

Malgré la nature douteuse des productions de Flashpoint, la compagnie d'assurances australienne HIH remboursa les 50 millions de dollars de demandes d'indemnités, espérant récupérer une grande partie de cet argent par le biais de ses réassureurs – les autres compagnies d'assurances qui avaient amorti les risques qu'elle encourait. HIH engagea des poursuites judiciaires contre le courtier en assurances de Flashpoint, JLT Risk Solutions, que la société accusait de fraude, mais un non-lieu fut prononcé en 2006. Les autres compagnies d'assurances qui devaient couvrir HIH en cas de problèmes refusèrent de lui rembourser l'argent, en expliquant que la société Flashpoint n'avait pas produit le nombre de films qu'elle s'était contractuellement engagée à faire. La faillite de HIH fut la plus grosse qu'ait jamais connue l'Australie, ses dettes étant estimées à 5,3 milliards de dollars, dont une grande partie provenant de l'association de la société avec l'industrie du cinéma.

En Amérique, on pense que ce que les gens prennent souvent pour la *Mafya* russe n'est autre que des centaines de milliers de petites entreprises criminelles liées par les liens du sang, de la religion, de l'ethnicité ou de l'opportunisme. À Los Angeles, par exemple, la communauté russophone comprend désormais près de cinq cent mille membres, pour la plupart groupés à Glendale, Hollywood et West Hollywood. Los Angeles, ville qui compterait environ huit cents criminels originaires de l'Europe de l'Est, n'est que le second centre d'activité de la pègre russe, le premier étant New York. D'après Louise Shelley, directrice du centre d'étude de la corruption et du crime transnationaux à l'American University de Washington, les organisations criminelles tendraient à se multiplier au sein de la communauté de plus en plus importante des immigrants d'Europe de l'Est. Le procureur adjoint du district de Los Angeles Anthony Colannino a quant à lui déclaré que chaque année, des centaines de criminels de l'ex-Union soviétique entraient illégalement sur le territoire américain, et qu'il s'agissait parfois d'anciens officiers du KGB ou d'anciens soldats des forces spéciales.

Jusqu'à aujourd'hui, la *Mafya* russe n'a fait que de petites incursions dans le monde du cinéma. L'un des moyens les plus communément employés par la *Mafya* pour extorquer de l'argent est le kidnapping. En mars 2002, l'entrepreneur George Safiev, qui investissait beaucoup dans le cinéma, et son associé le producteur Nick Kharabadze furent assassinés, par des gangsters de la *Mafya* résidant dans la vallée de San Fernando. Le pire, c'est que les cadres du cinéma furent tués, alors que la rançon de 1 million de dollars avait été payée. Les corps décomposés et attachés à des poids de Safiev et de Kharabadze furent retrouvés dans le lac de barrage New Melones, près du parc national de Yosemite, le 21 mars 2002. Avant d'être jetés à l'eau, les deux hommes avaient été soit asphyxiés soit étranglés.

D'après l'acte d'accusation du grand jury, Kharabadze aurait été utilisé comme appât pour parvenir à Safiev. Kharabadze dirigeait la société de production de Safiev, Matador Media. Safiev, dont la fortune était estimée à 10 millions de dollars, s'était enrichi en introduisant des systèmes informatiques dans les banques russes. Le 5 décembre 2001, il reçut un coup de téléphone de Rita Pekler, la comptable de Matador Media. Pekler demanda à rencontrer Safiev, mais celui-ci lui répondit qu'il devait partir à Moscou pour affaires et qu'il n'était pas disponible. En réalité, Pekler avait été enlevée et avait téléphoné de l'une des propriétés du gang, à Sherman Oaks. Elle avait été prise en otage par trois hommes : Iouri Mikhel d'Encino, Jurijus Kadamovas de Sherman Oaks et Petro Krylov de West Hollywood. Mikhel et Krylov possédaient un magasin d'aquariums, le Designed Water World, *sis* à Sherman Oaks. On pense que leur plan consistait à utiliser Pekler pour attirer Safiev dans un guet-apens. Comme Pekler n'avait pu organiser le rendez-vous, les trois hommes l'auraient tuée en l'étouffant. Mikhel et Kadamovas auraient ensuite pris la route du nord jusqu'au piedmont de la Sierra Nevada et attaché le corps de la comptable à un poids avant de le jeter dans le lac de barrage de New Melones. Le cadavre de Pekler avait été retrouvé au fond du lac.

Kadamovas enrôla ensuite sa maîtresse, Natalya Solovyeva, 26 ans, à qui il demanda d'obtenir un rendez-vous avec Kharabadze. Alors que ce dernier travaillait dans son bureau de Matador Media, le 18 janvier 2001, il reçut plusieurs coups de téléphone de Solovyeva. La jeune femme laissa également un message sur le répondeur de son téléphone portable dans lequel elle lui demandait de rappeler « Natalya de Moscou ». L'après-midi du 20 juin, Kharabadze se rendit au magasin d'aquariums de Ventura Boulevard. À peine était-il entré que les gangsters lui tombèrent dessus. Ils attachèrent sa jambe à une chaise. D'après le gangster Ainar Altmanis, 45 ans, qui allait plus tard plaider coupable et coopérer avec les avocats généraux, Mikhel et Kadamovas auraient dit à Kharabadze de ne pas s'inquiéter – c'était Safiev, et non lui, qu'ils voulaient.

Les trois gangsters ordonnèrent également à Kharabadze de téléphoner à Safiev. Quand Safiev arriva à Ventura Boulevard, ce soir-là, il fut immédiatement capturé. Les ravisseurs emmenèrent Kharabadze et Safiev dans la résidence de Kadamovas et les enfermèrent dans deux pièces distinctes. D'après le témoignage d'Altmanis, les gangsters auraient obligé Safiev à téléphoner à Londres pour que sa rançon soit transférée d'un compte en banque de Singapour à un compte de Miami. Les proches d'anciennes victimes du gang de kidnappeurs avaient reçu des fax de Russie par lesquels on leur demandait de transférer de l'argent sur des comptes en banque lettons et américains. On dit à Safiev et Kharabadze qu'ils seraient relâchés dès que l'argent serait transféré. Les avocats généraux allaient plus tard décrire les accusés comme des hommes qui faisaient preuve d'une totale indifférence vis-à-vis des souffrances de leurs victimes.

Safiev fit ce qu'on lui avait ordonné de faire et l'argent fut transféré sur le compte en banque de Miami. Néanmoins, le 24 janvier 2001, Safiev et Kharabadze furent conduits dans la Sierra Nevada. Mikhel, Kadamovas et Krylov demandèrent à Altmanis de rester surveiller Kharabadze dans un motel proche du lac New Melones. Les trois hommes auraient ensuite emmené Safiev dans un endroit isolé, où ils l'auraient apparemment étranglé. Ils auraient alors attaché son corps à un poids et l'auraient jeté du haut du Stevenot Bridge. Une fois le cadavre de Safiev englouti, ils seraient partis chercher Kharabadze, avec qui ils auraient répété le même scénario.

Le gang fut bientôt arrêté, et Altmanis accepta de coopérer avec les autorités. Les trois autres accusés attendent toujours d'être jugés pour meurtre. Ils auraient aussi kidnappé et assassiné des gens en Turquie et à Chypre, et enlevé une autre victime dans l'Idaho. En mars 2004, Mikhel, Krylov et Kadamovas tentèrent de s'évader de la prison de Los Angeles. Des gardiens fouillèrent la cellule de Mikhel et découvrirent des outils, ainsi qu'un trou qui avait été creusé derrière un miroir et qui menait à une cage d'escalier. Neuf mois plus tard, une femme qui avait aidé Mikhel à blanchir 50 000 dollars provenant d'une rançon fut condamnée à vingt-sept mois de prison.

Avec le temps, il se peut que la *Mafya* tente de prendre le contrôle des syndicats de Hollywood, l'IATSE ou la Screen Actors Guild, tout comme l'avaient fait l'*Outfit* et le *Syndicate* dans les années 1930 et 1940. À l'instar des ploutocrates du pétrole russe rachetant les clubs de football européens, la *Mafya* pourrait s'intéresser de près à l'un des studios de cinéma de Hollywood et réaliser le vieux rêve de William Bioff. Mais les experts de l'industrie en doutent. Les agences fédérales ont tiré les leçons de leurs erreurs. Pendant trop longtemps, les agences, telles que le FBI, ont accordé trop peu d'attention à la Mafia, qui ne cessait de prendre du pouvoir. Aujourd'hui, les autorités ne sont pas disposées à laisser la *Mafya* se développer, se retrancher dans la communauté russe, puis infester le reste de la société. Peter Bart, le rédacteur en chef de *Variety*, estime qu'il n'y a plus de place à Hollywood pour le crime organisé. Les studios font partie de conglomérats en partie détenus par des capitaux publics, ils sont régis par la gouvernance d'entreprise, observés de près, voire contrôlés à la loupe. « Il n'y a plus de crime organisé en Amérique », dit Bart. « Il n'y a plus de Mafia. »

Mais si les enfants de mafiosi sont devenus comptables, dentistes ou avocats, comme l'explique l'ancien avocat général Richard Stavin, il est aussi difficile d'échapper au crime organisé qu'à un tourbillon. Dans *Le Parrain 3*, Michael Corleone se lamentait : « Juste au moment où je pensais que j'étais fini, ils m'ont fait revenir. » Penser que les enfants de mafiosi sont devenus les nouveaux joueurs de golf de la classe moyenne, c'est peut-être aussi se faire des illusions. D'après James Morton, expert du crime organisé, le fils dentiste de l'un des chefs de gangs laisserait des membres de la Mafia utiliser son cabinet pour organiser des réunions. D'ailleurs Tony Soprano et son oncle Junior se donnent également rendez-vous dans un cabinet de médecin. Joseph Pistone, agent du FBI qui a réussi à infiltrer deux familles de la Mafia et dont la vie a été retracée dans le film *Donnie Brasco*, a déclaré que les enfants des Bonanno et des Colombo étaient tous impliqués dans la Mafia. Tous les enfants de mafiosi que Pistone a rencontrés quand il travaillait sous couverture savaient ce que leurs pères faisaient – et aucun de ces derniers n'a jamais essayé de dissuader son fils d'intégrer « Notre Chose ». « Les enfants de mafiosi côtoient les géants de l'industrie, mais ils n'ont pas oublié leurs racines », dit Stavin. « Je suis absolument sûr que la Mafia est toujours impliquée dans des affaires de corruption à Hollywood – la question est de savoir où et comment elle agit. »

Ainsi, l'histoire de la Mafia et de la corruption de Hollywood se poursuit. Peut-être le mal est-il contagieux, peut-être se transmet-il par simple contact avec un sujet infecté. Et peut-être que comme pour certaines maladies, nous ne sommes pas tous égaux face au mal, certains étant plus vulnérables que d'autres. On a l'impression que le sujet infecté transmet la permission de mal se comporter. Ainsi, comme dans une version insidieuse de *La Ronde*, Giancarlo Parretti rachète la MGM à Kirk Kerkorian, tandis que Michele Sindona, ami de Parretti, accepte que des films pornos soient tournés dans les studios de la Paramount ; et Sidney Korshak menace Kerkorian pour qu'il attribue le rôle principal du *Parrain* à Al Pacino ; et Johnny Rosselli, l'ami de Korshak, menace de tuer Harry Cohn de la Columbia ; et Rosselli terrorise les maîtres chanteurs de Joan Crawford ; et Louis B. Mayer dit à Crawford que si elle ne laisse pas des gangsters l'observer jouer, elle est finie dans le monde du cinéma ; et Frank Sinatra sort de son avion à La Havane et se dirige vers Lucky Luciano ; et Luciano, assis dans sa voiture, attend Thelma Todd ; et Al Capone visite les studios du cinéma muet ; et Capone et Luciano, enfants, marchent ensemble dans une rue, créant ainsi l'histoire de la Mafia à Hollywood.

Bibliographie

Allen, Steve, *Ripoff : A Look at Corruption in America* (Lyle Stuart Inc., 1979)

Anger, Kenneth, *Hollywood Babylon* (Straight Arrow Books, 1975)

Anger, Kenneth, *Hollywood Babylon II* (Arrow Books, 1986)

Bart, Peter, *Fade Out : The Calamitous Final Days of MGM* (William Morrow and Company, Inc., 1990)

Bergreen, Laurence, *Capone : the Man and his Era* (Macmillan, 1994)

Best, Katherine et Katherine Hillyer, *Las Vegas Playtown USA* (David McKay Company Inc., 1955)

Biskind, Peter, *Down and Dirty Pictures : Miramax, Sundance and the Rise of Independant Film* (Bloomsbury, 2004)

Biskind, Peter, *Easy Riders, Raging Bulls : How the Sex-Drugs-and-Rock'n'Roll Generation Saved Hollywood* (Simon & Schuster, 1998)

Biskind, Peter, *The Godfather Companion* (HarperCollins, 1990)

Block, Max et Ron Kenner, *Max the Butcher : The Life and Times of Max Block* (Lyle Stuart, Inc., 1982)

Brashler, William, *The Don : The Life and Times of Sam Giancana* (Ballantine Books, 1977)

Bruck, Connie, *Master of the Game : Steve Ross and the Creation of Time Warner* Simon & Schuster, 1994)

Bruck, Connie, *When Hollywood Had a King : the Reign of Lew Wasserman, Who Leveraged Talent into Power and Influence* (Random House, 2003)

Carpozi Jr, George, *Bugsy : The Godfather of Las Vegas* (Everest Books, 1976)

Clarke, Gerald, *Get Happy : The Life of Judy Garland* (Random House, 2000)

Cohen, Mickey, *Mickey Cohen : In My Own Words* (Prentice-Hall, Inc., 1975)

Cowie, Peter, *The Godfather Book* (Faber and Faber, 1997)

Cummings, John et Ernest Volkman, *Mobsters : The Improbable Rise and Fall of John Gotti and his Gang* (Warner Books, 1996)

Davis, Mike, *City of Quartz : Excavating the Future in Los Angeles* (Verso, 1990)

Decharne, Max, *Hardboiled Hollywood : The Origins of the Great Crime Films* (No Exit Press, 2001)

Demaris, Ovid, *The Last Mafioso : The Treacherous World of Jimmy Fratiano* (Corgi Books, 1981)

Dickie, John, *Cosa Nostra : A History of the Sicilian Mafia* (Hodder & Stoughton, 2004)

Didion, Joan, *After Henry* (Simon & Schuster, 1992)

Edmonds, Andy, *Hot Toddy : The True Story of Hollywood's Most Schocking Crime – the Murder of Thelma Todd* (Avon Books, 1989)

Evans, Robert, *The Kid Stays in the Picture* (Aurum Press, 1994)

Exner, Judith, *Judith Exner : My Story* (Grove Press, Inc., 1977)

Finstad, Suzanne, *Warren Beatty : A Private Man* (Aurum Press, 2005)

Fisher, Eddie, *Been There, Done That : An Autobiography* (St Martin's Paperbacks, 1999)

Ford, Luke, *A History of X : 100 Years of Sex in the Cinema* (Prometheus Books, 1999)

Fox, Stephen, *Blood and Power : Organized Crime in Twentieth Century America* (William Morrow and Company, Inc., 1989)

Friedrich, Otto, *City of Nets : A Portrait of Hollywood in the 1940s* (Harper & Row, 1986)

Gabler, Neil, *An Empire of Their Own : How the Jews Invented Hollywood* (Crown Publishers, Inc., 1988)

Gage, Nicholas, *The Mafia Is Not an Equal Opportunity Employer* (Corgi Books, 1973)

Giancana, Antoinette et Thomas C. Renfer, *Mafia Princess : Growing up in Sam Giancana's Family* (William Morrow, 1984)

Giancana, Sam et Chuck, *Double Cross : The Story of the Man Who Controlled America* (Macdonald & Co., 1992)

Goodman, Ezra, *The Fifty Year Decline and Fall of Hollywood* (Macfadden Books, 1962)

Guiles, Fred Lawrence, *Joan Crawford : The Last Word* (Pavilion Books, 1995)

Hanna, David, *Sinatra : Ol'Blue Eyes Remembered* (Gramercy Books, 1997)

Higham, Charles, *Merchant of Dreams : Louis B. Mayer, MGM and the Secret Hollywood* (Sidgwick & Jackson, 1993)

Hill, Henry, *Gangsters and Goodfellas : Wiseguys... and Life on the Run* (Mainstream Publishing, 2004)

Hiney, Tom et Frank MacShane, *The Raymond Chandler Papers : Selected Letters and Non-fiction 1909-1959* (Hamish Hamilton, 2000)

Horne, Gerald, *Class Struggle in Hollywood 1930-1950 : Moguls, Mobsters, Stars, Reds and Trade Unionists* (University of Texas Press, 2001)

Jacobs, George et William Stadiem, *Mr S : The Last Word on Frank Sinatra* (Sidgwick & Jackson, 2003)

Jennings, Dean, *We Only Kill Each Other : The True Story of the Life and Bad Times of Bugsy Siegel* (Arrow Books, 1969)

Kashner, Sam et Jennifer Macnair, *The Bad and the Beautiful : Hollywood in the Fifties* (Little, Brown, 2002)

Knoedelseder, William, *Stiffed : A True Story of MCA, the Music Business and the Mafia* (Harper Perennial, 1993)

Kobler, John, *Capone : The Life and World of Al Capone* (Fawcett Publications, 1972)

Lacey, Robert, *Little Man : Meyer Lansky and the Gangster Life* (Century, 1991)

Lait, Jack et Lee Mortimer, *USA Confidential* (Crown Publishers, Inc., 1952)

Lernoux, Penny, *In Banks We Trust : Bankers and Their Close Associates the CIA, the Mafia, Drug Traders, Dictators and the Vatican* (Anchor Press/Doubleday, 1984)

Levy, Shawn, *Rat Pack Confidential : Frank, Dean, Sammy, Joey and the Last Great Showbiz Party* (Fourth Estate, 1998)

Lovelace, Linda, *Ordeal* (Berkley Books, 1998)

Lovelace, Linda, *Out of Bondage* (Berkley Books, 1986)

Lunde, Paul, *Organised Crime : An Inside Guide to the World's Most Successful Industry* (Dorling Kindersley, 2004)

McCarthy, Todd, *Howard Hawks : The Grey Fox of Hollywood* (Grove Press, 1997)

McClintick, David, *Indecent Exposures : A True Story of Hollywood and Wall Street* (William Morrow, 1982)

McDougal, Dennis, *The Last Mogul : Lew Wasserman, MCA and the Hidden History of Hollywood* (Da Capo Press, 1998)

McNeil, Legs, *The Other Hollywood : The Uncensored Oral History of the Porn Film Industry* (Regan Books, 2004)

Marx, Samuel et Joyce Vanderveen, *Deadly Illusions : Who Killed Jean Harlow's Husband ?* (Century, 1991)

Messick, Hank, *The Beauties and Beasts : The Mob in Show Business* (Pyramid Books, 1973)

Messick, Hank et Joseph L. Nellis, *The Private Lives of Public Enemies* (Dell Publishing, 1973)

Morgan, John, *Prince of Crime* (Stein and Day, 1985)

Morton, James, *Gangland International : An Informal History of the Mafia and Other Mobs in the 20th Century* (Little, Brown, 1998)

Munn, Michael, *The Hollywood Connection : The True Story of Organised Crime in Hollywood* (Robson Books, 1993)

Nielsen, Michael, *Motion Picture Craft Workers and Craft Unions in Hollywood : The Studio Era, 1912-1948* (Universiy of Illinois, 1985)

Pearson, John, *The Cult of Violence : The Untold Story of the Krays* (Orion Books, 2001)

Puzo, Mario, *The Godfather* (William Heinemann, 1969)

Rappleye, Charles et Ed Becker, *All American Mafioso : the Johnny Rosselli Story* (Doubleday, 1991)

Roemer, Jr, *William F. Accardo : The Genuine Godfather* (Donald I. Fine, 1995)

Ridley, Philip, *The Krays* (Methuen, 1997)

Rose, Frank, *The Agency : William Morris and the Hidden History of Show Business* (HarperCollins, 1995)

Russo, Gus, *The Outfit : The Role of Chicago's Underworld in the Shaping of Mordern America* (Bloomsbury, 2003)

Sancton, Thomas et Scott MacLeod, *Death of a Princess : An Investigation* (Weidenfeld & Nicolson, 1998)

Scaduto, Tony, *Lucky Luciano : the Man Who Modernised the Mafia* (Sphere Books, 1976)

Scheim, David E., *Contract on America : The Mafia Murder of President John F. Kennedy* (Shapolsky Publishers, Inc., 1988)

Schlosser, Eric, *Reefer Madness and Other Tales from the American Underground* (Houghton Mifflin, 2003)

Schwartz, Ted, *Joseph P. Kennedy : The Mogul, the Mob, the Statesman and the Making of an American Myth* (John Wiley & Sons, Inc., 2003)

Shapiro, Harry, *Shooting Stars : Drugs, Hollywood and the Movies* (Serpent's Tail, 2003)

Shulman, Irving, *Harlow : An Intimate Biography* (Bernard Geis Associates, 1964)

Simon, David, *Tony Soprano's America : The Criminal Side of the American Dream* (Westview Press, 2002)

Smith, Greg B., *Made Men : The True Rise-and-Fall Story of a New Jersey Mob Family* (Berkley Books, 2003)

Smith, John L., *The Animal in Hollywood : Anthony Fiato's Life in the Mafia* (Barricade Books, 1998)

Stuart, Mark A., *Gangster : The Story of Longy Zwillman, the Man Who Invented Organized Crime* (W.H. Allen, 1987)

Summers, Anthony, *Goddess : The Secret Lives of Marilyn Monroe* (Victor Gollancz, 1985)

Thompson, David, *Levinson on Levinson* (Faber and Faber, 1992)

Thomson, David, *Showman : The Life of David O. Selznick* (Alfred A. Knopf, 1992)
Van Meter, Jonathan, *The Last Good Time : Skinny D'Amato, the Notorious 500 Club, the Rat Pack and the Rise and Fall of Atlantic City* (Bloomsbury, 2003)
Vizzini, Sal, Oscar Fraley et Marshall Smith, *Vizzini : The Secret Life of America's Most Successful Undercover Agent* (Futura, 1974)
Wallace, David, *Hollywoodland* (LA Weekly Books, 2002)
Wilson, Earl, *The Show Business Nobody Knows* (Bantam Books, 1973)
Yablonsky, Lewis, *George Raft* (McGraw Hill, 1974)
Yacowar, Maurice, *The Sopranos on the Couch* (Continuum, 2003)
Yallop, David A., *The Day the Laughter Stopped : The True Story Behind the Fatty Arbuckle Scandal* (Hodder & Stoughton, 1976)
Zollo, Paul, *Hollywood Remembered : An Oral History of its Golden Age* (Cooper Square Press, 2002)

Remerciements

Tout d'abord, je sais bien que cet ouvrage ne fait qu'ajouter une graine ou deux à l'immense silo de sources traitant déjà des liens qui unissent le crime organisé et Hollywood. Cet ouvrage n'est qu'une modeste tentative de creuser plus profond un terrain qui a déjà été couvert par de multiples auteurs, dont les nombreux biographes d'Al Capone, John F. Kennedy, Marilyn Monroe, Lucky Luciano, Bugsy Siegel et Frank Sinatra, personnages fascinants et légendaires dont les seuls points communs sont la Mafia et le cinéma. Je voudrais plus particulièrement distinguer les travaux réalisés par Connie Bruck, Shawn Levy, David McClintick, Dennis McDougal et Hank Messick, qui m'ont été très utiles.

Je tiens aussi à remercier un autre auteur publié chez Bloomsbury, Gus Russo, pour l'aide qu'il m'a apportée et pour son exemplaire histoire du crime organisé à Chicago : *The Outfit : The Role of Chicago's Underworld in the Shaping of Mordern America*.

Je n'oublie pas les essayistes Anthony Summers et Robbyn Swan, qui ont relu certains passages de mon manuscrit et m'ont fait remarquer certaines imprécisions et inexactitudes. Je considère Summers – biographe de Richard Nixon et de J. Edgar Hoover – comme le doyen des biographes d'investigation. Je me sens très redevable envers ces deux auteurs, qui m'ont laissé fouiller dans leurs dossiers et leur poser d'ennuyeuses et rigoureuses questions. Ils m'ont tous deux permis de définir comment ce livre devait être écrit.

Je tiens en second lieu à remercier tous les gens de Los Angeles qui ont accepté d'être interviewés pour ce livre, notamment Peter Bart, rédacteur en chef de *Variety* ; Dave Robb, ancien journaliste du *Hollywood Reporter* ; et Richard Stavin, du cabinet d'avocats Stavin & Associates, qui m'a parlé ouvertement des recherches qu'il avait menées sur la Mafia et la corruption de Hollywood dans les années 1980.

Alan Ladd Jr, l'ancien président et chef de la direction de la Metro-Goldwyn-Mayer, s'est lui aussi montré très expansif au sujet de son expérience dans les années 1990.

L'essayiste Peter Cowie, auteur du *Godfather Book* – ouvrage de référence sur la trilogie de Francis Ford Coppola – et James Morton, spécialiste du crime organisé, auteur, entre autres, de *Gangland International* et de *Gangland Today*, m'ont donné de précieux conseils, notamment au sujet des gens à rencontrer et des sources à consulter.

Je me sens également très reconnaissant envers l'essayiste Peter Evans de m'avoir autorisé à citer une interview non publiée d'Ava Gardner.

Jonathan Davis, conseiller en stratégie pour l'UK Film Council et polyglotte, m'a très justement conseillé d'explorer certains coins d'Italie.

Les personnels de la British Library, de la collection British Library Newspapers et de la bibliothèque du British Film Institute – en particulier le bibliothécaire en chef Sean Delaney – ont fait tout ce qui était en leur pouvoir pour m'aider dans mes recherches.

En ce qui concerne les illustrations, Kristine Krueger de la Margaret Herrick Library de l'Academy of Motion Picture Arts and Sciences (Beverly Hills) a réalisé un travail assidu pour me trouver des photographies pertinentes.

Je tiens à remercier mon éditeur de Bloomsbury, Mike Jones, d'avoir attentivement lu mon manuscrit et de m'avoir remis sur le bon chemin aux moments où je me sentais désespérément perdu. L'éditrice Victoria Millar mérite également des éloges pour avoir relu et corrigé mon travail afin de le rendre plus agréable à lire.

Je voudrais aussi témoigner ma reconnaissance à mon agent londonien, Laura Morris, pour son enthousiasme à toute épreuve vis-à-vis de ce projet ; mes agents de traduction Jessica et Rosie Buckman de la Buckman Agency ; et mon agent américain Susan Crawford – dont le soutien m'a été très utile à l'époque où j'écrivais cet ouvrage.

Enfin, je voudrais « remercier » le défunt critique de cinéma de l'*Evening Standard* Alexander Walker qui, quand je lui avais parlé du projet *La Mafia à Hollywood*, m'avait dit que pour bien traiter le sujet, il faudrait se donner dix ans et engager toute une équipe de chercheurs. De façon assez arrogante, j'ai allègrement ignoré ce conseil. Avec le recul, je me dis qu'il avait probablement raison.

Table des matières

Table des matières

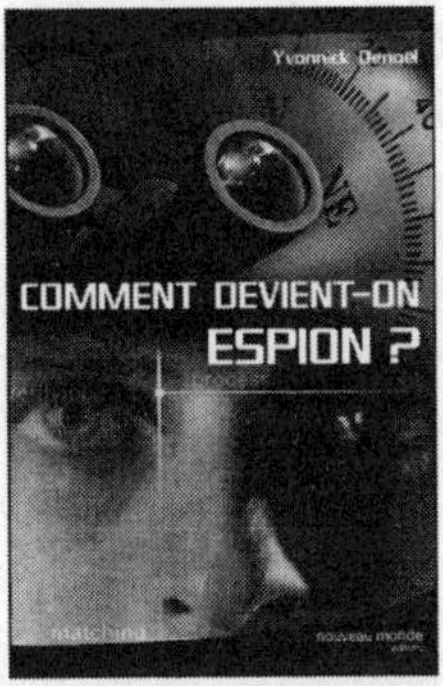

Comment devient-on espion ?

Yvonnick Denoël

Qui et comment les « services » recrutent-ils ? Quelles qualités faut-il pour faire un « bon » espion ? Les métiers du renseignement fascinent mais restent méconnus. Pour la première fois, un ouvrage lève le voile sur cet univers, de façon documentée et précise.

Renseignement militaire, contre-espionnage, service action, opérations spéciales ou clandestines : informé aux meilleures sources, ce livre décrit les rouages du métier et les modes de recrutement des plus importants services de renseignement extérieur : le MI-6 (Grande-Bretagne), la CIA (États-Unis), le Mossad (Israël), et la DGSE (France).

La sélection des recrues est ici expliquée en détail : concours et entretiens, sélection des profils, tests psychologiques, enquêtes de personnalité et d'environnement, etc. On y révèle les méthodes de formation aux différentes fonctions : recherche et analyse, écoute et cryptographie, surveillance, recrutement et traitement de sources à l'étranger… ainsi que les formations de type « action ».

Le lecteur découvrira enfin la vie d'un apprenti espion, les carrières possibles, avec leurs avantages et leurs servitudes. Tous les sujets sont traités sans tabou : fait-on fortune dans le renseignement ? peut-on concilier vie privée et missions secrètes ? quels profils sont les plus recherchés ? une femme a-t-elle les mêmes chances qu'un homme ?

Historien, spécialiste du renseignement, Yvonnick Denoël a publié chez Nouveau Monde éditions Le Livre noir de la CIA *(2007) et* 1979, guerres secrètes au Moyen-Orient *(2009).*

13 euros

ISBN : 978-2-84736-440-8

www.nouveau-monde.net **nouveau monde**

Espionnage et technologie

Olivier Voizeux

Durant la Première Guerre mondiale, l'essor conjugué de la reconnaissance aérienne et des interceptions radio a ouvert une nouvelle ère pour les services de renseignement : celle de l'espionnage technologique. Que ce soit pour protéger ses secrets ou dévoiler ceux d'autrui, nul ne saurait désormais se couper de la recherche scientifique.

Écoute téléphonique, surveillance par satellites ou par drones, armes fatales, techniques de contrôle mental, élaboration de codes secrets toujours plus sûrs (que l'on songe à la lutte acharnée contre la fameuse machine Enigma, capitale dans la victoire alliée en 1939-1945) et bien sûr gadgets de tout poil (appareils photo miniatures, poisons, déguisements…) émaillent ce livre. Où l'on découvrira que la créativité des ingénieurs et techniciens œuvrant pour les services secrets ne connaît qu'une seule limite : celle du financement de leurs projets. Et qu'au final, Ian Fleming n'a pas inventé grand-chose, et surtout pas le savoureux personnage de « Q » qui approvisionne l'agent 007 en artifices diaboliques !

Rédacteur en chef adjoint au magazine Science & Vie Junior, *Olivier Voizeux a notamment dirigé un hors-série sur les espions.*

13 euros
ISBN : 978-2-84736-439-2

www.nouveau-monde.net
nouveau monde
éditions

Les Espions Russes
de Staline à Poutine

Patrick Pesnot

Qui fut le véritable assassin de Trotski ? Comment le rapport secret sur les crimes de Staline a-t-il été divulgué ? Quel a été le rôle des services secrets dans l'écrasement par l'Armée rouge des mouvements de libération hongrois et tchécoslovaque ? Comment Eltsine a-t-il fait chuter Gorbatchev ? Comment Poutine, obscur colonel du KGB, s'est-il servi de la guerre en Tchétchénie pour accéder au pouvoir ?

Autant de questions auxquelles Monsieur X et Patrick Pesnot tentent de répondre, entraînant le lecteur dans un écheveau de machinations plus cyniques les unes que les autres. Des purges de Staline aux faux attentats orchestrés par Poutine, ils nous montrent qu'en dépit de l'effondrement du système soviétique, le gouvernement russe pratique la corruption, la coercition et la violence, n'hésitant pas à faire taire les opposants et à sacrifier leurs citoyens au profit de la raison d'État.

Qui est Monsieur X ? Nul ne le sait. Mais depuis plus de dix ans, semaine après semaine, il livre ses secrets sur France Inter. Une véritable moisson de révélations et surtout une lecture inédite et toujours surprenante des événements contemporains les plus brûlants.

Cette collection rassemble pour la première fois en volumes thématiques ses meilleures enquêtes, constituant ainsi une véritable encyclopédie de notre histoire secrète.

Écrivain, journaliste et homme de radio, Patrick Pesnot anime sur France Inter depuis 1997 Rendez-vous avec X. *Il a publié* Morts suspectes sous la Ve République *et* Terrorisme islamique dans la collection *(Nouveau Monde éditions).*

21 euros

ISBN : 978-2-84736-326-5

www.nouveau-monde.net **nouveau monde**

Les Espions du Vatican

David Alvarez

Préface de Sébastien Laurent, maître de conférences à l'université de Bordeaux III et Sciences-Po Paris.
Traduit de l'anglais (États-Unis) par Violaine de Arriba et Élise Fromentaud.

La papauté suscite de nombreux fantasmes quant à sa secrète influence dans l'histoire occidentale. On lui attribue souvent un rôle occulte et déterminant. Pour la première fois, un ouvrage rigoureux permet de rétablir la vérité des faits. Peuplée de têtes couronnées et de chefs d'État, de diplomates espions, de prêtres déchus et de mercenaires, cette fresque dévoile les ressorts peu connus de l'histoire diplomatique des XIXe et XXe siècles.

De Pie VII, farouche adversaire de Napoléon, à Pie XII, accusé de complaisance envers le nazisme, l'auteur brosse une histoire de l'espionnage au service du Vatican. On apprend que pendant la Grande Guerre, l'assistant personnel du pape Benoît XV était un espion allemand et que, pendant la Seconde Guerre mondiale, les nazis ne reculèrent devant rien pour faire pression sur Pie XII et infiltrer le Vatican de faux prêtres. On y découvre par ailleurs que le Saint-Siège a parfois succombé à la tentation d'opérations clandestines, tantôt contre des catholiques jugés trop libéraux, tantôt contre le régime communiste d'URSS. Enfin, l'ouvrage fait la lumière sur ce que savait le Vatican de la Shoah. Un sujet très sensible depuis la volonté de Benoît XVI de rapprocher les religions juive et catholique.

David Alvarez est professeur de sciences politiques au Saint-Mary College de Californie. Il a publié plusieurs ouvrages consacrés à l'histoire du renseignement pendant la Seconde Guerre mondiale. Il est le seul historien vivant à avoir eu accès aux archives les plus confidentielles du Vatican sur la Shoah.

9,50 euros
ISBN : 978-2-84736-442-2

www.nouveau-monde.net
nouveau monde éditions

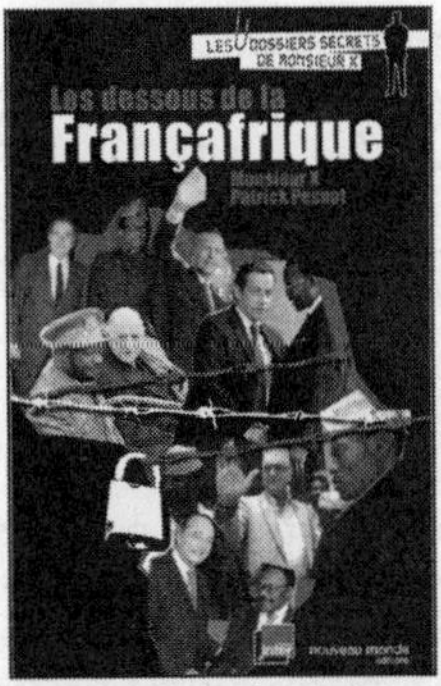

Les Dessous de la Françafrique

Patrick Pesnot

On ne touche pas à la Françafrique ! Aujourd'hui encore, alors que nos intérêts en Afrique sont de plus en plus menacés par la Chine, il ne fait pas bon critiquer les liens traditionnels qui unissent la France aux dirigeants de ses anciennes colonies. Jean-Marie Bockel, secrétaire d'État à la Coopération, l'a appris à ses dépens : ayant osé mettre en cause la Françafrique, il a été remercié par Nicolas Sarkozy. Il en fut de même en 1981 lorsque Jean-Pierre Cot voulut profiter de l'élection de François Mitterrand pour établir des rapports moins ambigus avec les États francophones d'Afrique…

Depuis l'indépendance de ces pays, Paris n'a jamais cessé d'imposer sa tutelle pour préserver ses intérêts économiques et politiques (uranium nigérien, pétrole gabonais, cacao ivoirien…). Pour réaliser cette ambition, les gouvernements français successifs ont employé les moyens les plus retors : putschs, envois de mercenaires, accords secrets autorisant Paris à s'immiscer dans les affaires intérieures, constitutions de réseaux barbouzards, pressions économiques… Ces intrusions ont parfois donné lieu à des épisodes sanglants et à des massacres dans lesquels la responsabilité de la France est engagée.

Écrivain, journaliste et homme de radio, Patrick Pesnot anime sur France Inter depuis 1997 Rendez-vous avec X. *Il est l'auteur* de Morts suspectes sous la Ve République, *de* Terrorisme islamique *et de* Espions russes de Staline à Poutine, *dans la collection « Les dossiers secrets de Monsieur X » (Nouveau Monde éditions).*

22 euros

ISBN : 978-2-84736-385-2

www.nouveau-monde.net

nouveau monde
éditions

Histoire secrète du Mossad

de 1951 à nos jours

Gordon Thomas

L'avis de Marianne :

« Pour assurer le futur d'un Israël assiégé, le Mossad a été à l'origine des faits d'espionnage, d'antiterrorisme et d'assassinats parmi les plus saisissants du XXᵉ siècle. Pour ce livre unique sur le sujet, Gordon Thomas a pu interviewer de nombreux agents du Mossad, informateurs, espions et anciens dirigeants. Il a eu accès à des documents confidentiels et des sources secrètes qui permettent des révélations inédites sur les services secrets israéliens. Aujourd'hui, dans cette nouvelle édition, Thomas met à jour ce texte et montre le Mossad tel qu'il est vraiment : brillant, violent et impitoyable. »

Thèmes d'actualité couverts par les derniers chapitres :

– comment le Mossad avait planifié d'assassiner Saddam Hussein ;
– les sociétés américaines basées en Chine et leurs liens avec Oussama Ben Laden ;
– le rôle caché du Mossad dans l'avant et l'après 11 septembre ;
– les révélations du Mossad sur la mort de la princesse Diana ;
– la disparition des millions transférés de la banque du Vatican à Solidarnosc ;
– le rôle caché du Mossad dans la guerre en Irak et la traque de Saddam Hussein et Oussama Ben Laden.

24 euros

ISBN : 978-2-84736-158-2

Les Services secrets et la Shoah

sous la direction de David Bankier

À la fin de la Seconde Guerre mondiale, les gouvernements américain et britannique n'ont pas rendu publiques les informations secrètes qu'ils détenaient sur la politique d'extermination nazie. Bien que ces éléments aient pu ajouter des informations d'importance lors des procès des criminels nazis, les intérêts nationaux prévalaient pendant la guerre froide.

Or depuis 1997, plus de 8 millions de documents secrets ont été déclassifiés et permettent de répondre à des questions telles que : lequel des gouvernements alliés avait connaissance de l'extermination des Juifs ? Pourquoi les gouvernements britannique et américain de Churchill et Roosevelt n'ont-ils pas rendu publique l'information ? Est-ce qu'une réponse militaire ou une campagne de propagande révélant les atrocités nazies aurait pu mettre fin aux déportations et à l'extermination ?

Les archives permettent ainsi de découvrir que les alliés en savaient plus sur la solution finale que ce qu'ils ont bien voulu en dire. Ainsi, en 1941, des radios britanniques avaient intercepté et décodé des messages nazis, révélant l'existence du génocide juif. En septembre 1941, les services secrets britanniques étaient tout à fait en mesure d'affirmer que les nazis menaient une politique génocidaire dans les territoires conquis en Union soviétique.

Comble du cynisme ? Ces informations « humanitaires » n'intéressaient pas les responsables politiques et militaires et la libération des Juifs n'était qu'un plus par rapport à la victoire des alliés contre les nazis : sauver des Juifs n'était en aucun cas une priorité et il ne pouvait être question d'y gaspiller les ressources militaires. D'autre part, prendre parti pour la « cause juive » aurait discrédité l'effort de guerre allié, les Allemands y auraient vu la preuve de la manipulation des alliés par les Juifs…

26 euros

ISBN : 978-2-84736-240-4

www.nouveau-monde.net nouveau monde

Le Terrorisme islamique

Patrick Pesnot

Le réseau Al-Qaïda existe-t-il ou ne doit-il son existence qu'à la propagande américaine ? L'islamisme menace-t-il la France ? Les moines de Tibhirine ont-ils été assassinés par le GIA ou par des agents de la Sécurité algérienne ? Qui se trouve réellement derrière les attentats qui ont frappé notre pays en 1995 ?

La France n'a pas attendu le 11 septembre 2001 pour s'intéresser aux réseaux islamiques : dès les années 1980, Paris est frappé par des groupes liés à l'Iran et entretient des liens étroits avec la Sécurité algérienne. Plus tard, dans les années 1990, les services français surveillent étroitement Oussama Ben Laden. Ce sont les fruits d'une longue expertise que Monsieur X livre ici, traquant une vérité parfois sulfureuse, toujours surprenante, à rebours des thèses officielles.

Qui est Monsieur X ? Nul ne le sait. Mais depuis plus de dix ans, semaine après semaine, il livre ses secrets sur France Inter. Une véritable moisson de révélations et surtout une lecture inédite et toujours surprenante des événements contemporains les plus brûlants.

Cette collection rassemble pour la première fois en volumes thématiques ses meilleures enquêtes, constituant ainsi une véritable encyclopédie de notre histoire secrète.

Écrivain, journaliste et homme de radio, Patrick Pesnot anime sur France Inter depuis 1997 Rendez-vous avec X. *Il a notamment publié une trilogie romanesque,* La Malédiction des Médicis *(Éditions n°1).*

19,50 euros
ISBN : 978-2-84736-293-0

www.nouveau-monde.net

nouveau monde
éditions

Les Armes secrètes de la CIA
Tortures, manipulations et armes chimiques

Gordon Thomas

« Dans la guerre contre le terrorisme, les États-Unis n'ont jamais toléré et ne tolèreront jamais la torture. »

George W. Bush, 4 janvier 2006

Hélas, si… et depuis plus de cinq décennies !

Dans ce livre-choc, l'auteur révèle, preuves à l'appui, comment la CIA a développé dès le début de la guerre froide des « programmes de recherche » utilisant manipulations mentales, tortures et armes chimiques, toutes prohibées par les conventions de Genève, avec l'aide de médecins de haut niveau liés par le serment d'Hippocrate.

Des armes chimiques telles que l'anthrax ont été testées à grande échelle dès la guerre de Corée, sur l'ennemi, mais aussi sur des populations carcérales et des objecteurs de conscience. L'existence de ces mêmes armes, attribuée à Saddam Hussein, devait pourtant justifier, des années plus tard, une guerre contre l'Irak. Les tortures et autres humiliations commises dans les prisons de Guantanamo, d'Abou Ghraib et dans celles d'Europe de l'est n'ont rien d'un dérapage ponctuel lié à des circonstances exceptionnelles (elles sont d'ailleurs codifiées dans un manuel interne de la CIA reproduit ici pour la première fois). Dès les années 1950, des cliniques nord-américaines financées par la CIA ont administré à d'innocents dépressifs, pris au hasard, des doses massives de drogues, d'électrochocs et autres traitements inhumains, à seule fin de trouver la clé du « reconditionnement mental » des ennemis des États-Unis, à l'époque les communistes.

26 euros
ISBN : 978-2-84736-240-4

www.nouveau-monde.net
nouveau monde éditions